LUFTTROCKNENDER TON

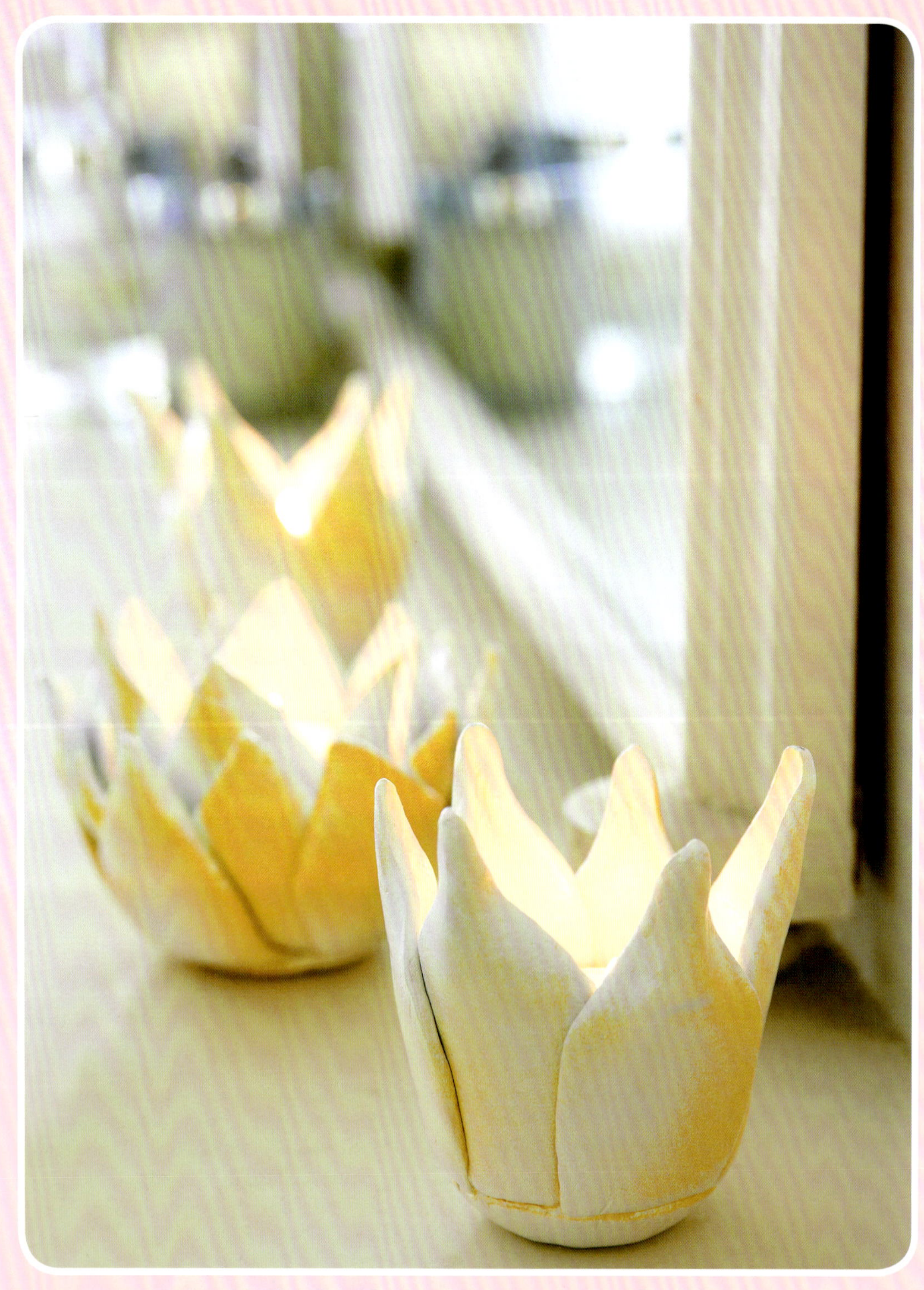

LUFTTROCKNENDER TON

Schöne Dinge im Nu modelliert

Aus dem Englischen von Rita Kloosterziel

Fay De Winter

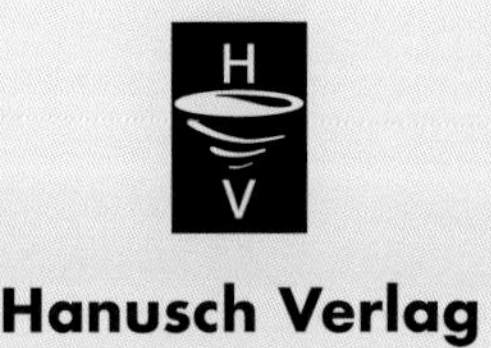

Hanusch Verlag

INHALTSVERZEICHNIS

Titel der englischen
Originalausgabe:
MAKE IT IN AIR-DRY CLAY

Fay de Winter
Lufttrocknender Ton.
Schöne Dinge im Nu modelliert.
Aus dem Englischen
von Rita Kloosterziel

2. Auflage 2022

ISBN 978-3-936489-59-0

Martin Kring
Emser Straße 3
56112 Lahnstein
Internet: www.hanusch-verlag.de
e-mail: info@hanusch-verlag.de

Satz: Martin Kring, Lahnstein
Druck: Printed in China

Einleitung 5

Kapitel 1 **6**

Materialien 7

Werkzeuge und Ausrüstung 10

Daumendrucktechnik 12

Wulsttechnik 14

Plattentechnik 16

Eindrückformen 18

Oberflächendekoration 20

Versiegeln 24

Kapitel 2 **26**

Ornamente für Deckeldosen 28

Federanhänger 32

Festlicher Baumschmuck 36

Wandschmuck 40

Schälchen mit Prägemuster 44

Spiegelparade 48

Kleine Knöpfe 52

Ring mit Prägemuster 56

Bunte Perlen 60

Vogelbrosche 64

Exotische Ohrstecker 68

Bunte Vögel 70

Ein Haus aus Ton 74

Perlenarmband 78

Blütenkelch 82

Blumentopf mit
Ecken & Kanten 86

Deckeldose aus Wülsten 92

Ballonschalen 98

Schälchen mit Marmormuster 102

Ein, zwei, drei Schalen 106

Schablonen 110

Register 111

Danksagungen 112

EINLEITUNG

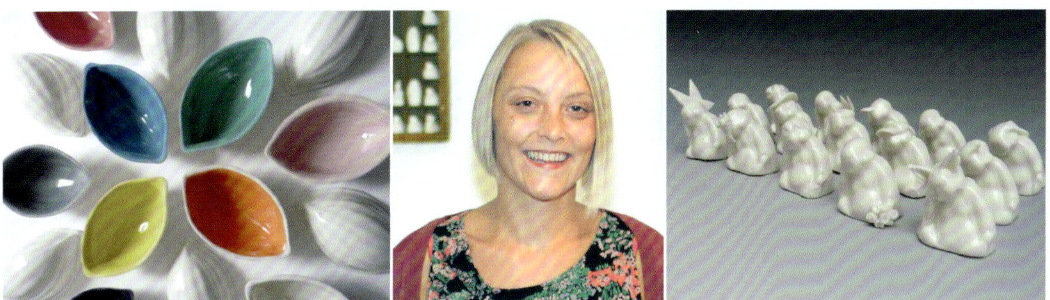

Ich liebe es, mit Ton zu arbeiten und zu experimentieren. Ich erinnere mich daran, wie ich im Alter von vier Jahren dabei fotografiert wurde, wie ich in der Schule ein Haus aus Ton modelliert habe. Das Bild erschien sogar in der Lokalpresse. Wer hätte damals gedacht, dass ich die Keramik zum Beruf machen würde?

Mit lufttrocknendem Ton zu modellieren macht großen Spaß. Einen Klumpen Ton in die Hand zu nehmen und daraus etwas zu formen ist reine Magie, und wenn Sie sich ein wenig mit unterschiedlichen Modellier- und Dekorationstechniken auskennen, steht Ihnen eine unendliche Bandbreite an Möglichkeiten offen. Und das Wunderbarste: Lufttrocknenden Ton können Sie ganz unkompliziert am heimischen Küchentisch verarbeiten und haben keine zusätzlichen Kosten durch das Brennen im Töpferofen.

Ein Leben ohne Ton kann ich mir nicht vorstellen. Und wenn Sie einmal anfangen, damit zu spielen, zu modellieren und zu dekorieren, geht es Ihnen sicher auch so.

Genießen Sie Ihre Kreativität!

Fay De Winter

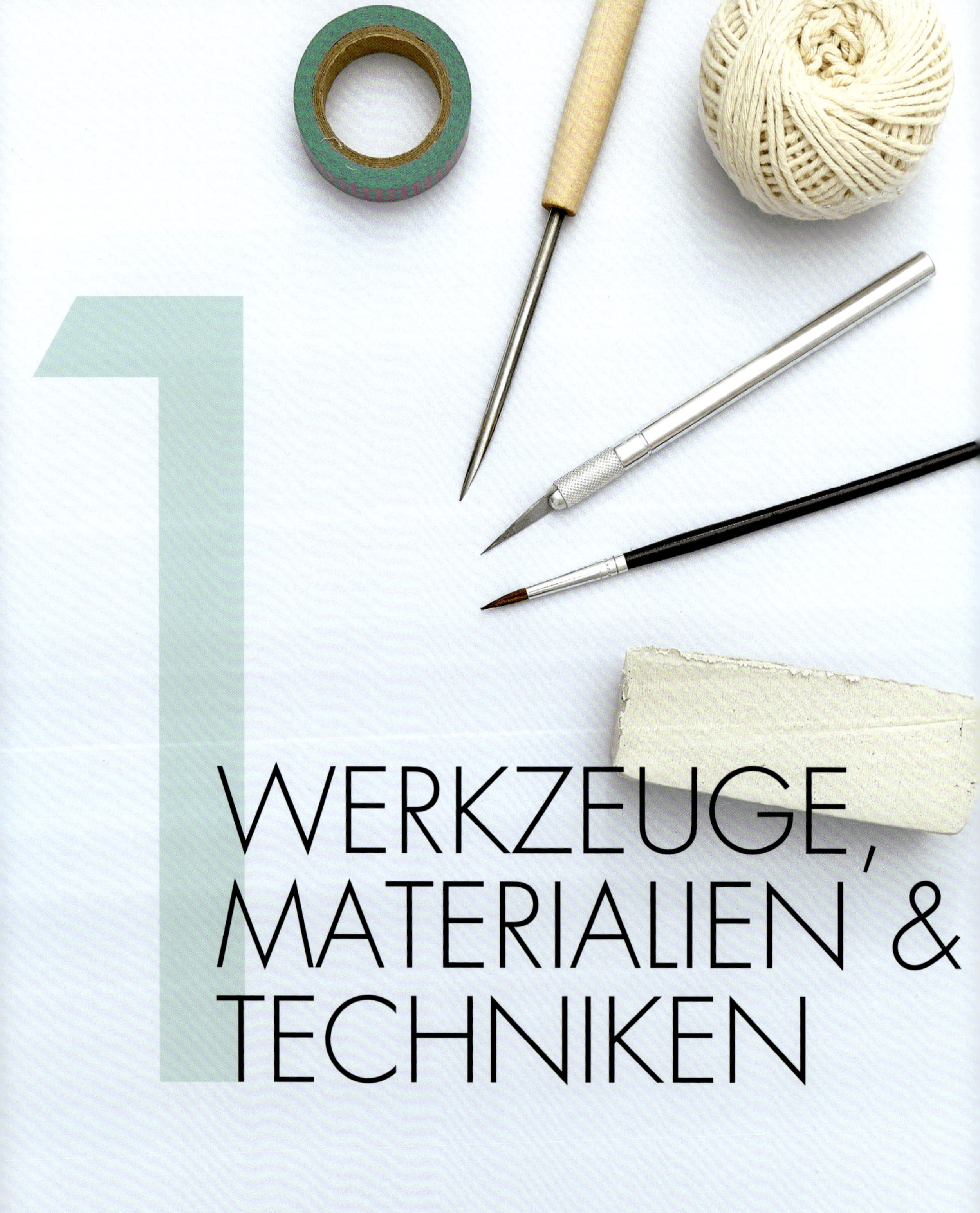

1 WERKZEUGE, MATERIALIEN & TECHNIKEN

Materialien

Lufttrocknender Ton ist eine künstliche Modelliermasse, die Sie wie ganz normalen Ton verarbeiten können, ohne sie in einem teuren Töpferofen brennen zu müssen: Sie härtet ganz einfach an der Luft aus.

Was ist lufttrocknender Ton?

Wenn Sie auf der Suche nach einer unkomplizierten Modelliermasse sind, ist lufttrocknender Ton genau das richtige Material. Bei den Modellierteckniken haben Sie die Wahl zwischen der einfachen Daumendrucktechnik, der Wulsttechnik oder der Plattentechnik, die sich vor allem für dreidimensionale Figuren eignet. Nach dem Durchtrocknen (normalerweise nach 24 Stunden) können Sie sie mit Filzstiften, allen handelsüblichen Farben oder mit Nagellack verzieren.

Mit lufttrocknendem Ton können Sie Ihrer Fantasie freien Lauf lassen. Für die Projekte, die in diesem Buch vorgestellt werden, haben wir weißen lufttrocknenden Ton der Marke DAS verwendet. Mit seiner glatten, gleichmäßigen und geschmeidigen Textur eignet er sich hervorragend als Modelliermasse für den Einstieg, mit der Künstler und Hobbymodellierer zu Hause und in der Werkstatt arbeiten können.

Details:

- Erhältlich in Weiß und Terrakotta
- Packungsgrößen: 500 g bzw. 1000 g
- Säurefrei
- Ungiftig

Mit lufttrocknendem Ton arbeiten

OBERFLÄCHEN

Mit dieser Modelliermasse lässt sich auf allen harten Oberflächen arbeiten. Am besten schützen Sie Ihre Arbeitsfläche mit einer Holz- oder Plastikplatte und reinigen nach der Arbeit mit Wasser.

AUFBEWAHRUNG

Bewahren Sie die Modelliermasse zunächst in der luftdichten Verpackung auf, in der Sie sie kaufen. Verschließen Sie die Verpackung nach jedem Gebrauch sorgfältig und lagern Sie sie an einem kühlen, dunklen Ort.

KONSISTENZ

Die Modelliermasse ist sofort gebrauchsfertig, wenn Sie die Verpackung zum ersten Mal öffnen. Falls Sie eine angebrochene Packung jedoch eine Weile gelagert oder unter ungünstigen Bedingungen aufbewahrt haben, sollten Sie zunächst die Konsistenz der Masse prüfen. Brechen Sie dazu ein Stück Ton ab. Das Material sollte so weich sein, dass Sie es zwischen den Fingern kneten können. Außerdem sollte die Tonprobe problemlos wieder an der restlichen Modelliermasse haften bleiben.

WASSER (Schlicker)

Wie bei Töpferton kann Wasser auch bei der Arbeit mit der lufttrocknenden Variante durchaus nützlich sein. Wenn die Masse etwa an der Arbeitsfläche klebt, hilft es, die Oberfläche oder die Hände mit etwas Wasser zu benetzen.

Mit etwas Wasser am Finger können Sie auch die Oberflächen der modellierten Gegenstände glätten und Fugen verstreichen.
Durch Wasser entsteht auf der Tonoberfläche Schlicker, der wie ein Kleber fungiert, sodass Sie Teile aus lufttrocknendem Ton fest zusammenfügen können.

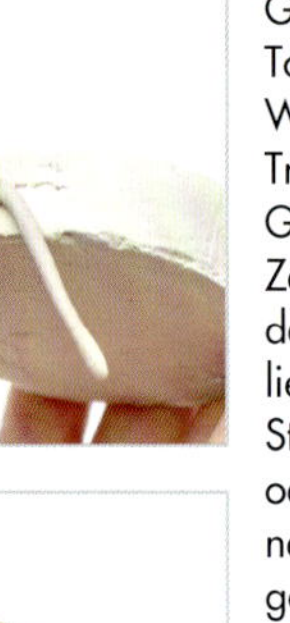

TROCKNEN

Gegenstände aus lufttrocknendem Ton brauchen für jeden Zentimeter Wandstärke etwa 24 Stunden zum Trocknen, für dickere und massivere Gegenstände müssen Sie also mehr Zeit einplanen. Legen Sie während der ersten 24 Stunden eine Plastikfolie locker darüber. Drehen Sie die Stücke in regelmäßigen Abständen oder stellen Sie sie auf einen trockenen Schwamm, um den Trockenvorgang zu beschleunigen. Verzieren Sie die Oberflächen erst, wenn sie komplett durchgetrocknet sind. Getrocknete Gegenstände sind porös und können Feuchtigkeit aufnehmen. Mit einem Farbüberzug oder einer Versiegelung können Sie die Oberfläche schützen (siehe Seite 24-25).

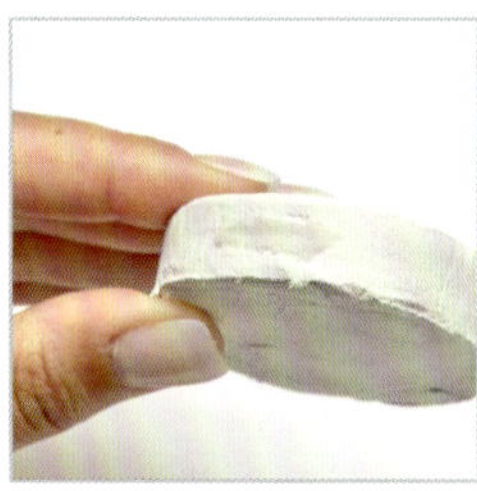

RISSE

Wenn Ihre Stücke beim Trocknen reißen, können Sie die Risse mit dünnen Materialwülsten auffüllen (siehe links). Die Abdeckung mit Plastikfolie ist wichtig, um die Trockenphase zu verlangsamen und weitere Risse zu vermeiden.

SCHNEIDEN

Schneiden Sie Stücke von einem Tonblock am besten mit einem scharfen Messer ab. Um modellierte Stücke zu schneiden oder aus ausgewalzten Platten zuzuschneiden, können Sie Bastelmesser oder Küchenmesser benutzen.

Modelliermasse selbst herstellen

Modelliermassen gibt es zu kaufen, Sie können sie aber auch selbst herstellen. Sind Sie auf der Suche nach etwas Schnellem und Unkompliziertem? Oder möchten Sie das fertig modellierte Stück im Backofen härten, um es haltbarer zu machen? Hier finden Sie zwei Rezepte, die unterschiedliche Bedürfnisse erfüllen.

MODELLIERMASSE MIT KLEBSTOFF

Diese Masse lässt sich schnell zusammenmischen, eignet sich also vor allem für den schnellen Einstieg. Sie brauchen:

- 2 Tassen Maisstärke
- 1 Tasse weißen Holzleim
- Schüssel

Geben Sie die zwei Tassen Maisstärke in die Schüssel. Daraus ergibt sich eine handhabbare Menge für den Anfang.

Fügen Sie nach und nach den Leim hinzu, bis die Mischung eine gute Konsistenz hat. Das Verhältnis beträgt etwa zwei Teile Maisstärke zu einem Teil Leim.

- Wenn die Masse zu klebrig ist, fügen Sie mehr Maisstärke hinzu.
- Wenn sie zu klumpig ist, fügen Sie weiteren Leim hinzu.

VERARBEITUNG

Wenn Sie mit der Konsistenz zufrieden sind, lassen Sie die Masse an einem kühlen, trockenen Ort hart werden. Mischen Sie nicht mehr Modelliermasse, als Sie für Ihr Projekt brauchen, da sie im Laufe der Zeit austrocknet, selbst wenn Sie sie in einem luftdichten Behälter oder in Plastikfolie eingewickelt aufbewahren.

KALTPORZELLAN

Kaltporzellan ist eine hervorragende Alternative zu lufttrocknender Modelliermasse und eignet sich vor allem für Kerzenhalter, Schmuck und andere kleinere Gegenstände. Das feine, zarte Material schrumpft leicht beim Trocknen. Sie brauchen:

- 1 Tasse (ca. 240 ml) weißen Holzleim
- 2 Esslöffel Essigessenz (30 ml)
- 2 Esslöffel Babyöl (30 ml)
- 1 Tasse Maisstärke
- Frischhaltefolie
- Mikrowellengeeignete Schüssel
- Zusätzliches Babyöl für die Hände, damit die Masse nicht an den Fingern klebt

Geben Sie alle Zutaten in die Schüssel. Mischen Sie zunächst die feuchten Zutaten Leim, Essigessenz und Babyöl, bevor Sie nach und nach die Maisstärke hinzufügen. Verrühren Sie alles, bis eine glatte Mischung ohne Klumpen entsteht. Die Masse hat eine zähe, klebrige Konsistenz.

Stellen Sie die Schüssel für 15 Sekunden auf der höchsten Stufe in die Mikrowelle, dann holen Sie sie heraus und rühren die Mischung um, die heiß und immer noch klebrig ist. Nachdem Sie die Schüssel noch einmal für 15 Sekunden bei höchster Stufe in der Mikrowelle erhitzt haben, sollte die Oberfläche der Mischung nicht mehr klebrig sein, sondern etwas Festigkeit aufweisen.

Nach dem dritten Durchgang in der Mikrowelle sollte sich die Mischung zu einem leicht klebrigen Klumpen zusammengezogen haben.
Wenn sie Ihnen immer noch zu klebrig vorkommt, stellen Sie sie noch einmal in die Mikrowelle. Die fertige Mischung sollte leicht klebrig und geschmeidig sein. Wenn sie trocken ist, war sie zu lange in der Mikrowelle.

Kneten Sie die Modelliermasse. Lassen Sie sie zunächst ein wenig abkühlen, dann ölen Sie sich die Hände ein und kneten die Masse ungefähr drei Minuten lang, bis sie glatt und dehnbar ist. Prüfen Sie die Konsistenz, indem Sie eine Kugel formen, die Sie mit beiden Händen auseinanderziehen. Die Masse ist fertig, wenn sie sich dehnt und beim Auseinanderreißen ein Zipfel stehenbleibt. Wenn sie in Stücke zerfällt, ist sie zu trocken.

Wickeln Sie das Kaltporzellan in Frischhaltefolie. Bewahren Sie den Klumpen Modelliermasse fest in Folie eingewickelt auf, damit sie nicht austrocknet.

Einfärben

Statt gekaufte oder selbst gemachte lufttrocknende Modelliermassen nach dem Trocknen zu bemalen, können Sie sie im feuchten Zustand einfärben. Vermischen Sie ein wenig wasserbasierte Farbe wie Acrylfarbe oder Plakatfarbe mit dem lufttrocknenden Ton. Sie können auch Farbpasten oder -gele verwenden, wie sie bei der Tortenherstellung eingesetzt werden. Flüssige Lebensmittelfarben sind allerdings nicht geeignet.

Testen Sie Farbton und Farbintensität immer an einem kleinen Stück weißem Ton, bevor Sie eine größere Menge einfärben.

Die Farbe in den Ton kneten. Kneten Sie den Ton zunächst mit den Händen weich, dann streifen Sie Gummihandschuhe über, um die Haut nicht mitzufärben, und geben nach und nach die Farbe zu, während Sie den Ton weiterhin kneten. Auf diese Weise wird die Farbe gleichmäßig verteilt. Durch die allmähliche Farbzugabe können Sie immer wieder prüfen, ob Sie den gewünschten Farbton getroffen haben.

Decken Sie Ihre Arbeitsfläche mit Wachspapier oder Folie ab, die Sie später wegwerfen können, oder arbeiten Sie auf einem abwaschbaren Schneidebrett aus Plastik.

Wenn Sie aus einem Tonblock unterschiedliche Farben herstellen wollen, zerteilen Sie ihn erst und färben Sie die einzelnen Portionen einzeln ein.

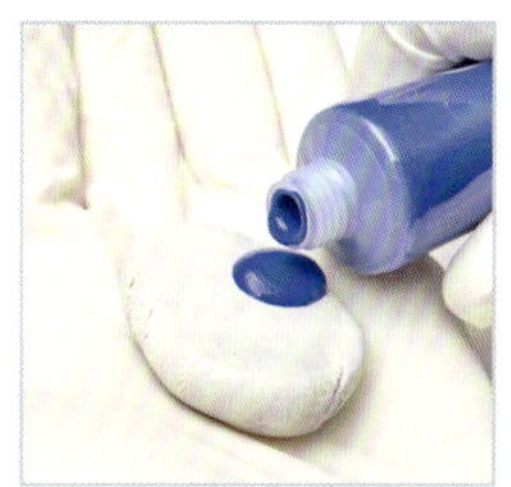

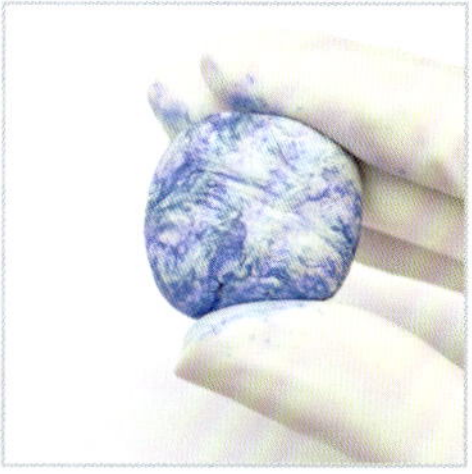

Werkzeuge und Ausrüstung

Lufttrocknender Ton lässt sich mit einer Vielzahl an Werkzeugen formen, bearbeiten und dekorieren. Lassen Sie Ihrer Fantasie freien Lauf und experimentieren Sie nach Herzenslust.

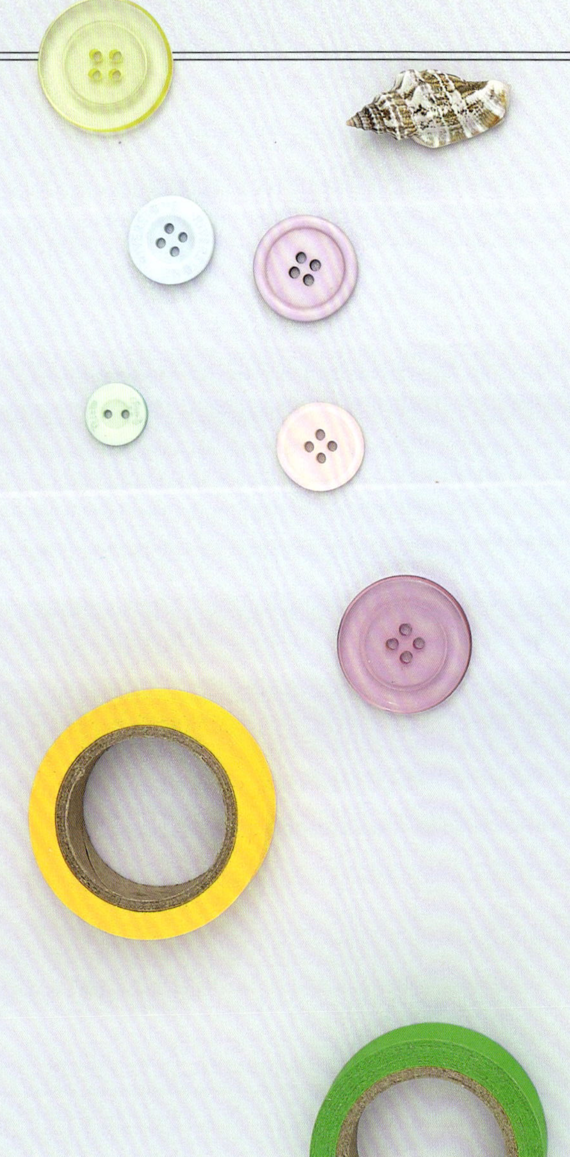

… zum Formen

Zum Modellieren oder zum Bearbeiten einer Form brauchen Sie z.B. einen Teigroller, Schneidebretter, Messer, ein Lineal und unterschiedlich geformte Gegenstände wie Schüsseln in verschiedenen Größen, die als Umrissschablone dienen können. Neben Ausstechförmchen für Teig und Fondant sind auch Stifte und Lochschneider sehr nützlich, mit denen sich saubere Fädellöcher an Schmuckstücken stechen lassen. Keramikwerkzeuge eignen sich zum Ritzen oder Glätten der Oberfläche.

… zum Verzieren

Dinge zum Verzieren finden sich überall. Knöpfe, Muscheln, Spitzen und Blätter ergeben hübsche Abdrücke und mit Stempeln und gemusterten Klebebändern lassen sich Oberflächen hübsch dekorieren. Sie können selbst Perlen oder Reis in die feuchte Modelliermasse drücken.

… zum Bemalen und Versiegeln

Wenn der Ton völlig trocken und hart ist, können Sie ihn bemalen. Acryl- und Wasserfarben, mit Pinsel oder Schwamm aufgetragen, eignen sich ebenso wie Sprühfarben, die vor allem mit Schablonen oder Ausspartechniken schöne Muster ergeben.

Gegenstände aus lufttrocknendem Ton sollten nach Möglichkeit versiegelt werden, wenn Material und Farbauftrag trocken sind. Dadurch wird der Ton geschützt und stabilisiert und die Textur sieht besser aus. Zum Versiegeln eignen sich verschiedene Materialien (siehe Seite 24-25). Eine Möglichkeit ist Holzleim, der außerdem den Vorteil bietet, dass man ihn einfärben kann, falls Sie eine getönte Versiegelung wünschen.

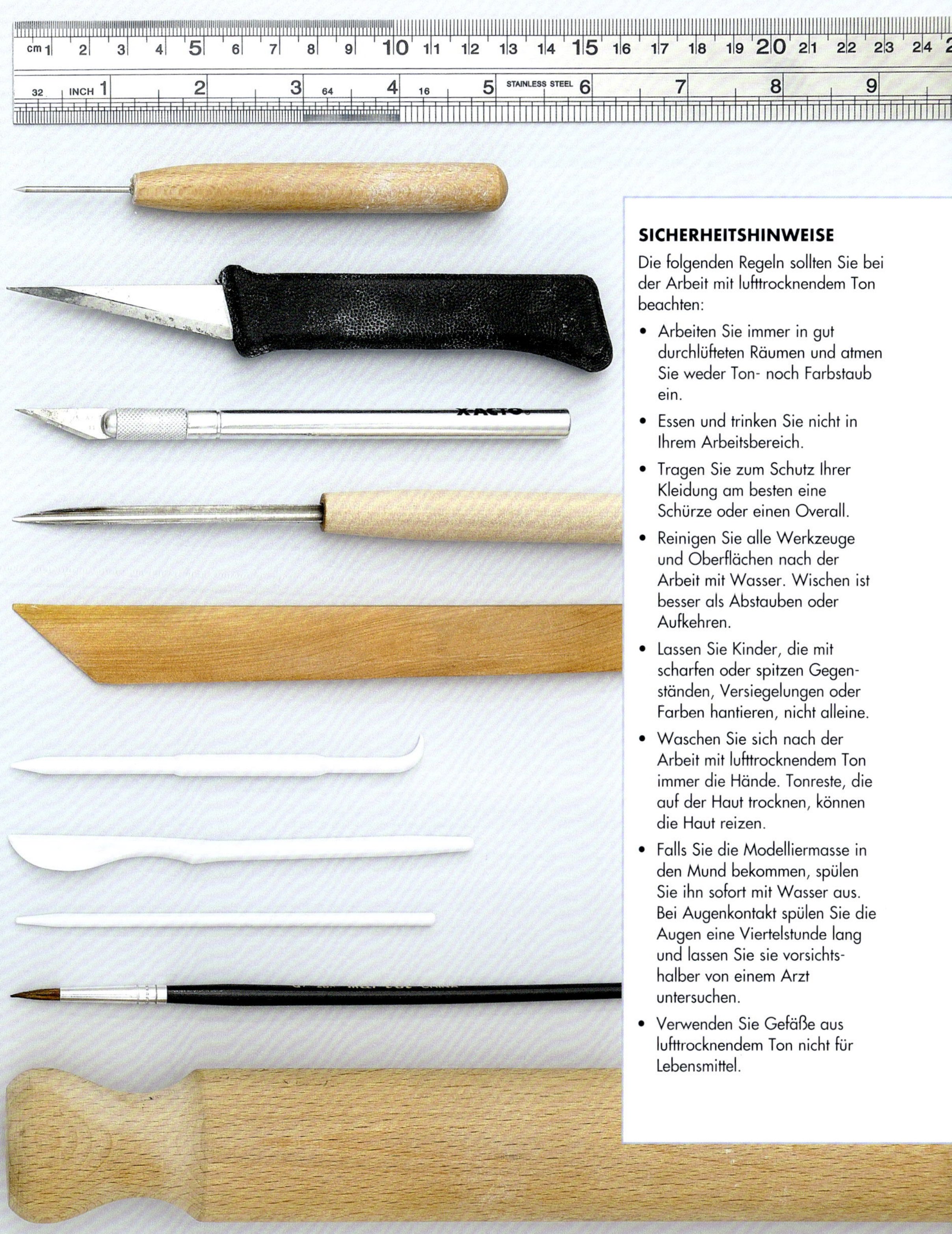

SICHERHEITSHINWEISE

Die folgenden Regeln sollten Sie bei der Arbeit mit lufttrocknendem Ton beachten:

- Arbeiten Sie immer in gut durchlüfteten Räumen und atmen Sie weder Ton- noch Farbstaub ein.
- Essen und trinken Sie nicht in Ihrem Arbeitsbereich.
- Tragen Sie zum Schutz Ihrer Kleidung am besten eine Schürze oder einen Overall.
- Reinigen Sie alle Werkzeuge und Oberflächen nach der Arbeit mit Wasser. Wischen ist besser als Abstauben oder Aufkehren.
- Lassen Sie Kinder, die mit scharfen oder spitzen Gegenständen, Versiegelungen oder Farben hantieren, nicht alleine.
- Waschen Sie sich nach der Arbeit mit lufttrocknendem Ton immer die Hände. Tonreste, die auf der Haut trocknen, können die Haut reizen.
- Falls Sie die Modelliermasse in den Mund bekommen, spülen Sie ihn sofort mit Wasser aus. Bei Augenkontakt spülen Sie die Augen eine Viertelstunde lang und lassen Sie sie vorsichtshalber von einem Arzt untersuchen.
- Verwenden Sie Gefäße aus lufttrocknendem Ton nicht für Lebensmittel.

Daumendrucktechnik

Bei der Daumendrucktechnik machen Sie mit dem Daumen eine Mulde in die Modelliermasse und „kneifen" oder „pinchen" die Wände mit Daumen und Fingern hoch. So lassen sich rasch vielseitige Formen herstellen.

SIE BRAUCHEN

lufttrocknenden Ton

Plastikfolie

Messer

Schwamm

TIPPS

- *Die Wände dürfen beim Pinchen nicht zu dünn werden, sonst hat die Form nicht die nötige Festigkeit und fällt womöglich in sich zusammen.*
- *Stützen Sie die Form beim Trocknen mit einem Schwamm, Zeitungen oder einer umgedrehten Schüssel, falls sie sich nicht selbst tragen kann.*
- *Wenn Sie zwei gleich große und schwere Gefäße zusammenfügen, entsteht eine Hohlform, die Sie als Grundform für viele verschiedene Projekte verwenden können.*

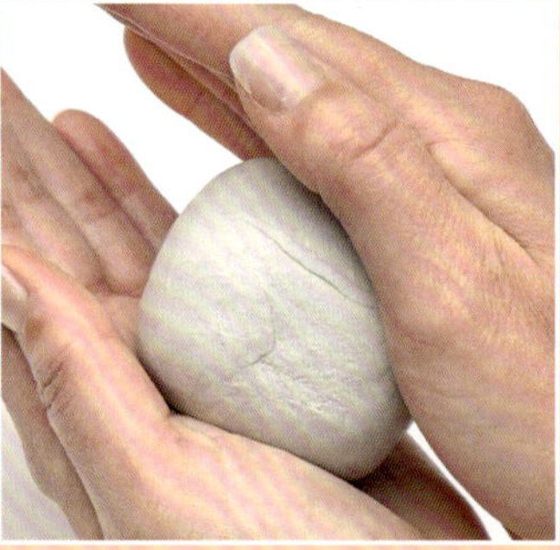

1 Schneiden Sie mit einem Messer ein 180 g schweres Stück vom Block ab und rollen Sie es zwischen den Handflächen zu einer Kugel.

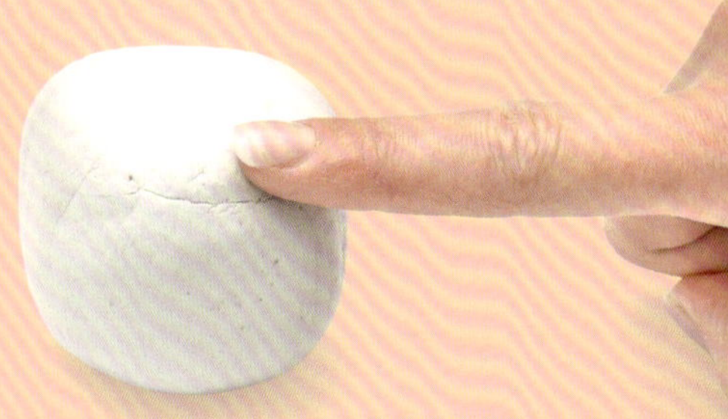

2 Tauchen Sie die Fingerspitze in sauberes Wasser und streichen Sie die Oberfläche glatt.

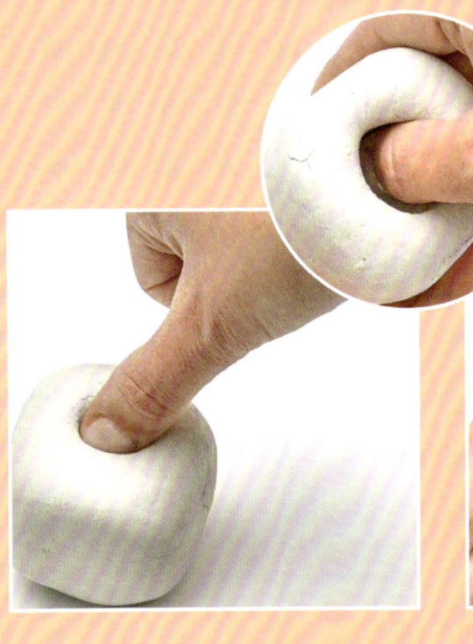

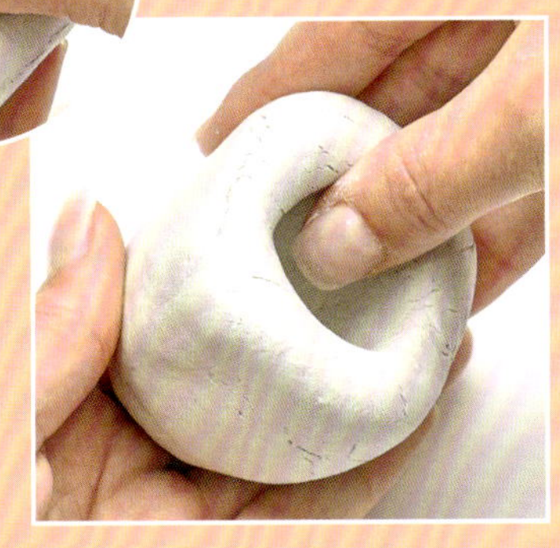

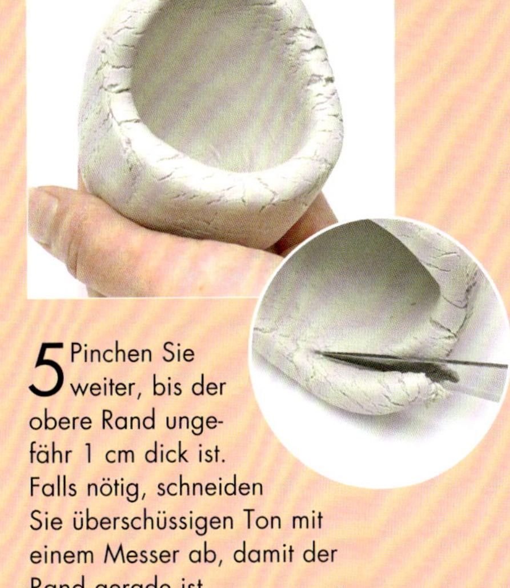

3 Drücken Sie den Daumen mittig bis 1 cm vom Boden in die Kugel. Dann drücken Sie behutsam den Daumen in die Seiten der Tonkugel. Dabei drehen Sie sie in der Hand, um die Wandstärke gleichmäßig zu halten. Stützen Sie die Wand von außen mit den Fingern. Auf diese Weise können Sie gleichzeitig die Wandstärke prüfen.

4 Pinchen Sie die Wände, indem Sie mit dem Daumen von innen vom Boden zum oberen Rand fahren.

5 Pinchen Sie weiter, bis der obere Rand ungefähr 1 cm dick ist. Falls nötig, schneiden Sie überschüssigen Ton mit einem Messer ab, damit der Rand gerade ist.

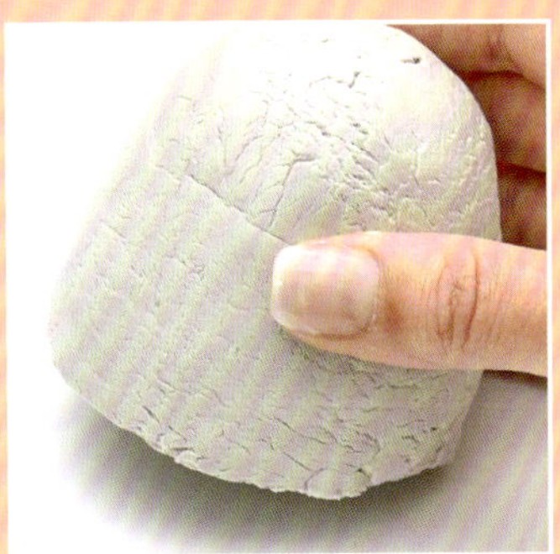

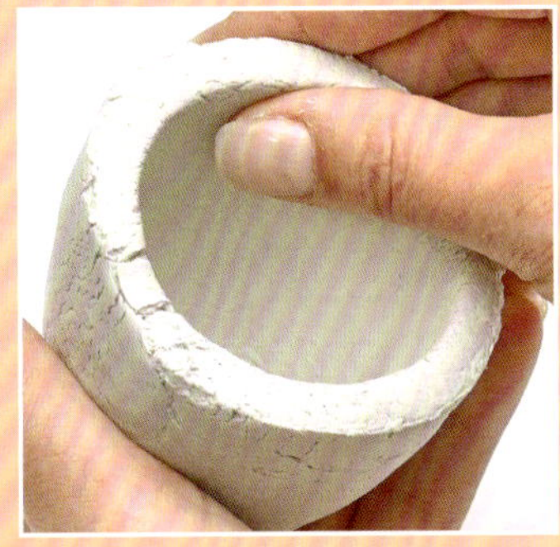

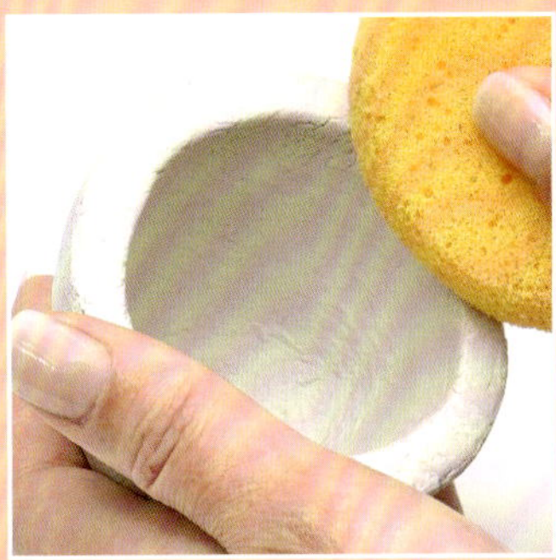

6 Flachen Sie den oberen Rand der Schale ab, indem Sie damit vorsichtig auf eine glatte Oberfläche klopfen. Decken Sie die Oberfläche mit Plastikfolie ab, damit der Ton nicht kleben bleibt.

7 Pinchen Sie den Rand vorsichtig zwischen Daumen und Zeigefinger, um ihn gleichmäßig dünn zu machen.

8 Tunken Sie einen Schwamm in sauberes Wasser und glätten Sie die Oberfläche des Daumendruckschälchens.

Wulsttechnik

Bei der Wulsttechnik stapeln Sie Tonwülste aufeinander und verbinden sie miteinander. Die Übergänge können Sie sichtbar lassen oder verstreichen. Vor dem Ansetzen sollten Sie die Ansatzstellen aufrauen, damit die Wülste besser haften und sich beim Trocknen keine Risse bilden.

SIE BRAUCHEN

lufttrocknenden Ton

Messer

Plastikfolie

Überform (hier: 8 cm Pappröhre mit 8 cm Durchmesser)

Papier

Zahnbürste

Schwamm

Klebeband

TIPPS

- *Sie können die Wülste auf einer ausgerollten Platte aufbauen (siehe Seite 16-17), sodass das Gefäß eine stabile Basis hat.*
- *Denken Sie daran, die stabilisierende Form aus dem Gefäß zu ziehen, wenn es fertig modelliert ist. Beim Trocknen schrumpft der Ton und würde reißen.*

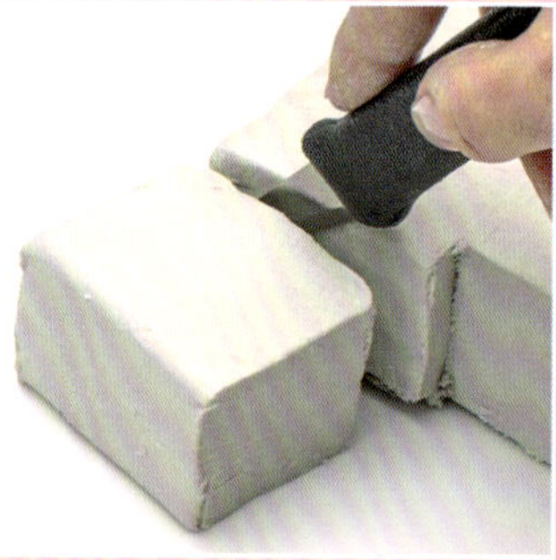

1 Schneiden Sie mit dem Messer ein 180-g-Stück von dem Tonblock.

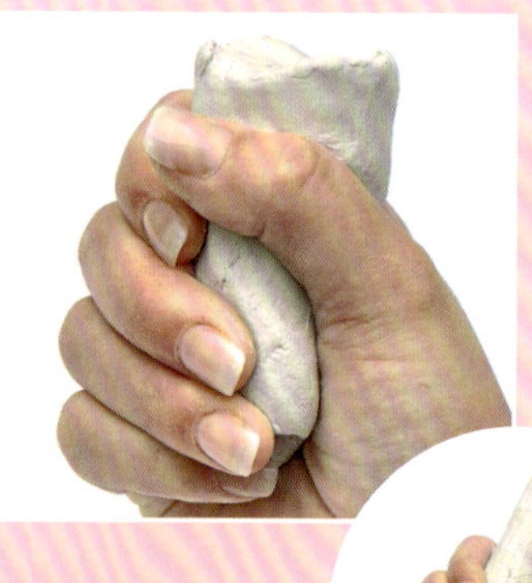

2 Drücken Sie den Ton behutsam zu einem länglichen Wulst.

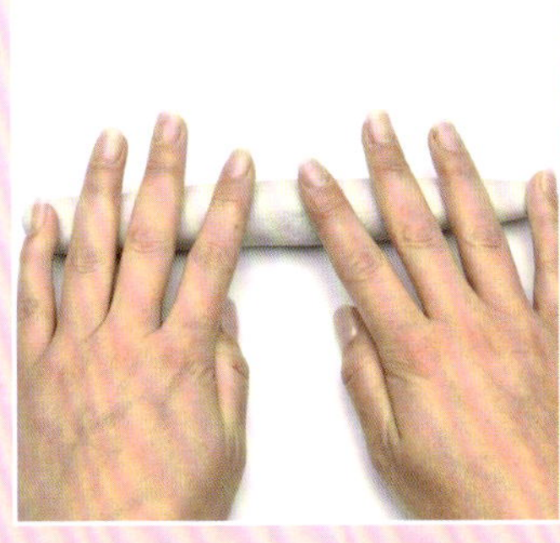

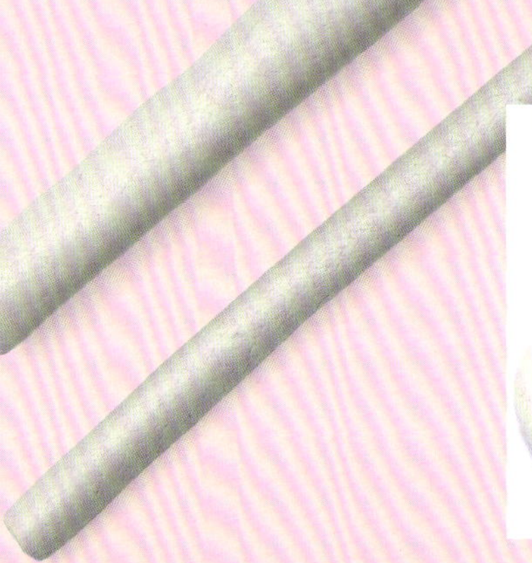

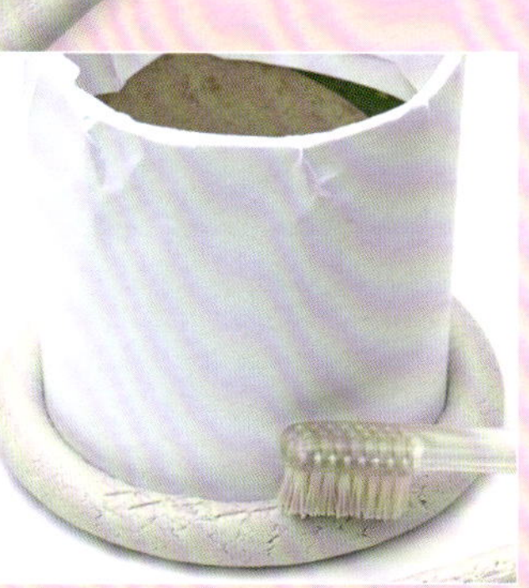

3 Decken Sie Ihre Arbeitsfläche mit Plastikfolie ab, damit der Ton nicht klebt. Formen Sie gleichmäßig dicke Wülste, indem Sie die gespreizten Finger vor und zurück rollen. Arbeiten Sie von der Mitte zu dem Wulstenden.

4 Rollen Sie die Wülste, bis sie den gewünschten Umfang haben. Dickere Wülste sind stabiler, je dünner die Wülste sind, desto feiner wird der Gegenstand, den Sie auf diese Weise aufbauen.

5 Umwickeln Sie eine Pappröhre mit Papier, befestigen Sie es mit Klebeband, sodass sie sich später leicht entfernen lässt, und legen Sie den ersten Wulst darum. Ritzen Sie die Oberseite mit einem Messer ein und fahren Sie dann mit einer feuchten Zahnbürste darüber. Auf der angerauten und geschlickerten Ansatzfläche haftet der nächste Wulst sicher und ohne Rissbildung.

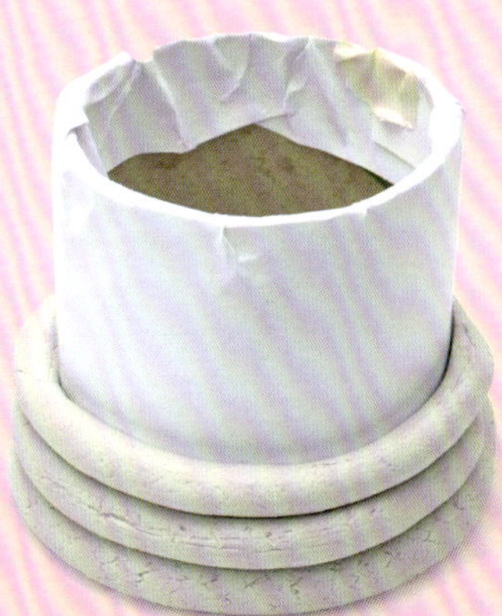

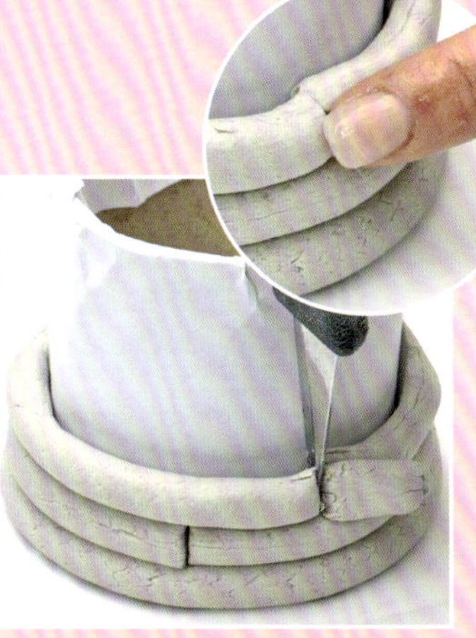

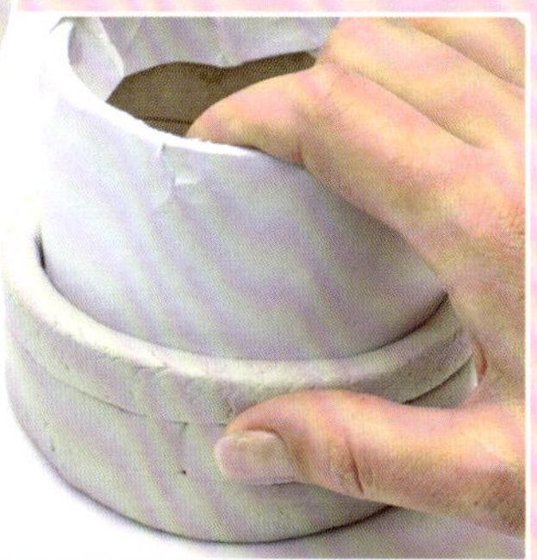

6 Sie können bis zu drei Wülste übereinander aufbauen, bevor Sie die Übergänge verstreichen und glätten. Wenn Wülste innen wie außen sichtbar bleiben sollen, müssen Sie die Ansatzstellen aufrauen und schlickern.

7 Die Ansatzstellen der Wulstenden sollten nicht übereinander, sondern versetzt liegen, sonst entsteht an der Naht eine Schwachstelle. Tauchen Sie die Fingerspitze in sauberes Wasser und glätten Sie die Übergänge.

8 Wenn die Oberfläche glatt sein soll, verstreichen Sie die Übergänge der Wülste mit dem Daumen, solange der Ton weich ist. Dabei sollte die Wandung von innen durch die Pappröhre oder durch die Finger der anderen Hand gestützt werden.

Plattentechnik

Mit der Plattentechnik lassen sich wundervolle kleine Skulpturen ebenso rasch fertigen wie kleine Fliesen. Wichtig ist dabei die Plattendicke: Wenn die Platten zu dick sind, brauchen sie lange, um zu trocknen. Sind sie zu dünn, kann es passieren, dass Ihre Werke in sich zusammenfallen.

SIE BRAUCHEN

lufttrocknenden Ton

Messer

Plastikfolie

Teigroller

2 Holzleisten

Nadel

TIPPS

- *Damit der Teigroller keine Abdrücke im Ton hinterlässt, drehen Sie die Tonplatte nach jedem Durchgang um 90 Grad.*
- *Rollen Sie Vorder- und Rückseite der Platte aus. Walzen Sie die Platte auf einem Stück Plastikfolie aus, das größer ist als die Platte. Bevor sie die gewünschte Stärke hat, legen Sie ein weiteres Stück Plastikfolie darauf. Stützen Sie die Platten mit gespreizten Fingern und drehen Sie das Plastik-Ton-Plastik-Sandwich um. Ziehen Sie die obere Plastikfolie (die vorher unten war) ab und walzen Sie die Platte weiter aus.*
- *Mehrere Platten können zu eckigen Gefäßen oder Skulpturen zusammengefügt werden, z.B. zu Deckeldosen oder einer Laterne in Form eines Hauses.*

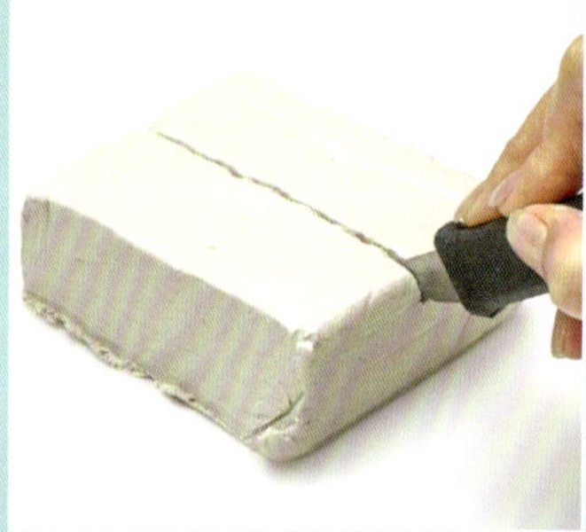

1 Schneiden Sie mit einem Messer ein Stück lufttrocknenden Ton ab.

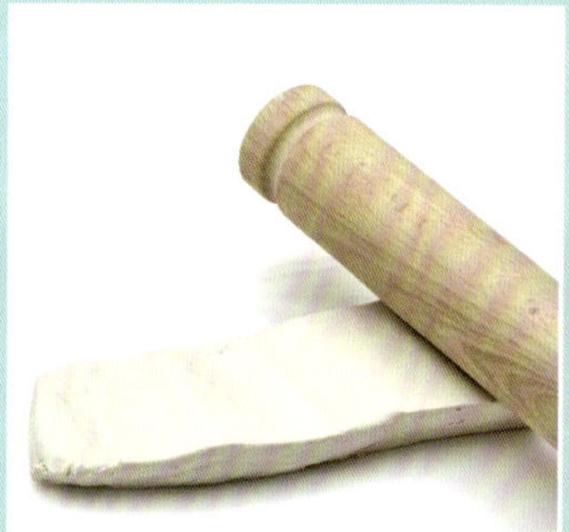

2 Legen Sie den Ton auf ein Stück Plastikfolie und klopfen Sie ihn mit dem Teigroller etwas flacher.

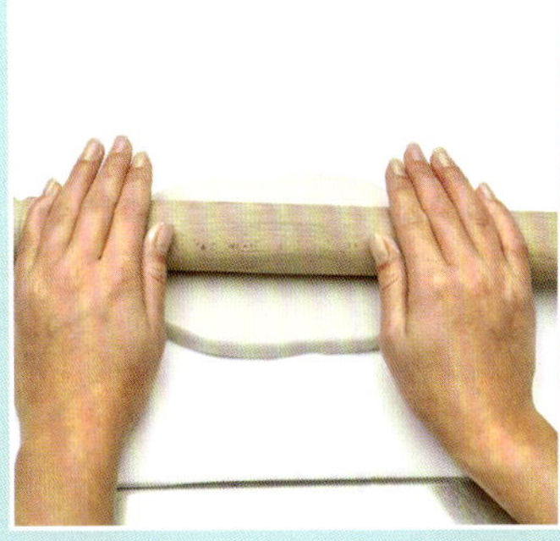

3 Walzen Sie die Platte von der Mitte aus.

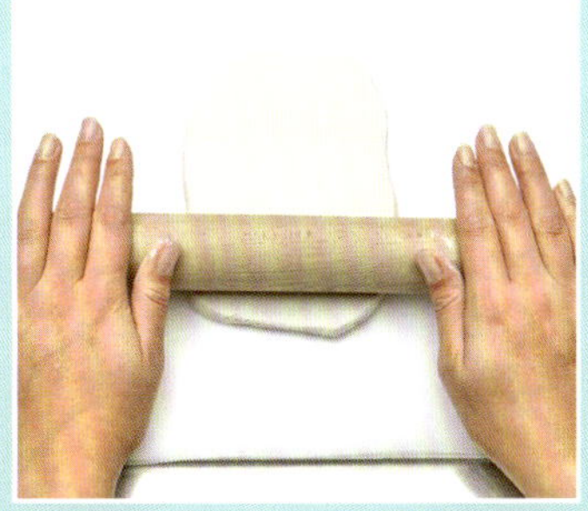

4 Walzen Sie über Vorder- und Rückseite der Tonplatte und drehen Sie sie um 90°, um den Ton in unterschiedliche Richtungen auszuwalzen.

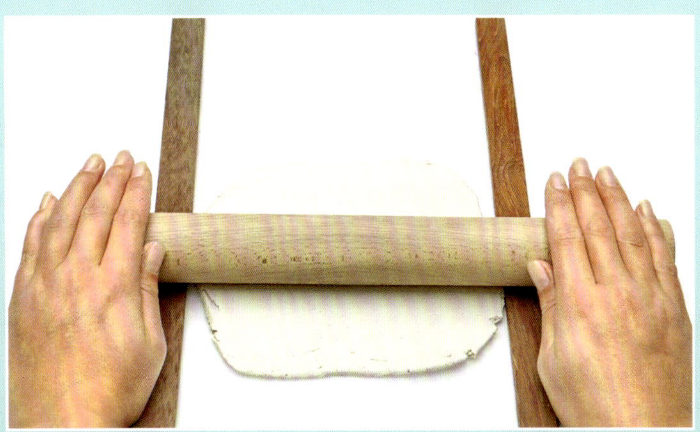

5 Um eine gleichmäßige Plattenstärke herzustellen, legen Sie die Platte zwischen zwei Latten in der gewünschten Höhe (normalerweise 5mm oder 1cm) und walzen mit dem Teigroller darüber.

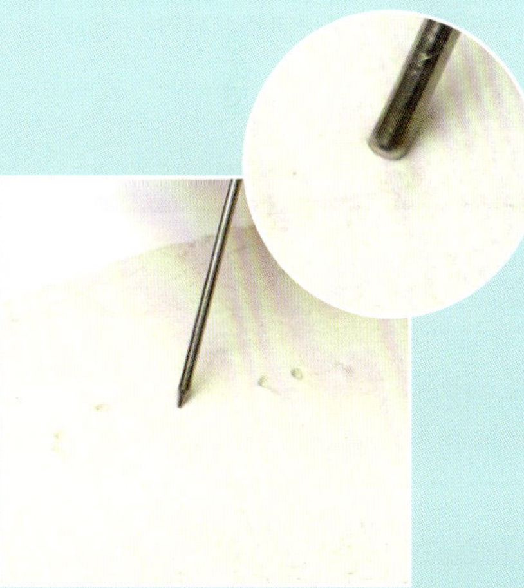

6 Stechen Sie Luftblasen im Ton mit einer Nadel auf, bevor Sie die Platte noch einmal mit dem Teigroller glätten.

Eindrückformen herstellen und verwenden

Mit Eindrückformen lassen sich wunderbare Zierelemente zaubern – und sie lassen sich leicht selbst schnitzen oder aus Muscheln und anderen Fundstücken herstellen. Sie können Oberflächen mit den Formen bestempeln oder mit den Motiven bekleben.

SIE BRAUCHEN

lufttrocknenden Ton

Messer

Plastikfolie

Teigroller

2 Holzleisten

Gegenstände zum Abformen: Fossilien, Muscheln, Knöpfe, Murmeln usw.

Pinsel oder Schwamm

TIPPS

- *Um ein Motiv an einer Oberfläche anzubringen, befeuchten Sie es auf der Rückseite mit etwas Wasser. Bei Hohlformen stützen Sie von innen, während Sie von außen das Motiv andrücken, damit die Wand nicht zusammenbricht.*
- *Es kann vorkommen, dass Eindrückformen nass werden und sich die Motive schwer lösen lassen. Wenn das der Fall ist, nehmen Sie die Modelliermasse aus der Form und lassen die Form trocknen, bevor Sie weitermachen.*
- *Die Gegenstände, die Sie abformen, dürfen keine Unterschneidungen aufweisen, sonst lässt sich die Modelliermasse nicht aus der Form lösen, ohne das Motiv zu zerstören.*

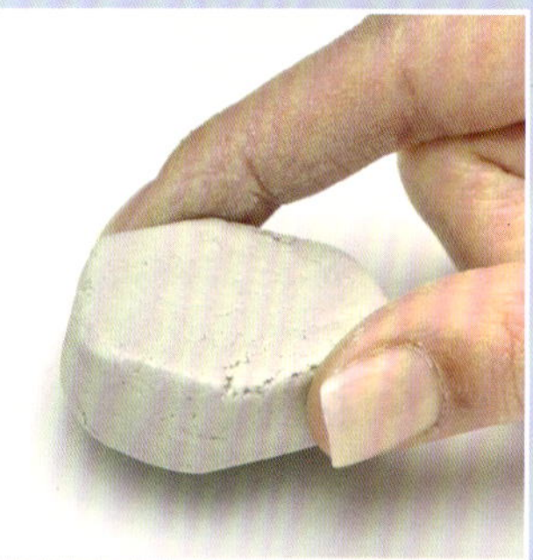

1 Walzen Sie etwa 90 g lufttrocknenden Ton zu einer etwa 2,5 cm dicken Platte aus, wie auf den Seiten 16-17 beschrieben. Schneiden Sie mit einem Messer eine runde Scheibe aus, die ungefähr 1 cm größer ist als der abzuformende Gegenstand. Klopfen Sie mit dem Ton auf die Arbeitsplatte, damit die Kanten sauber abgerundet sind.

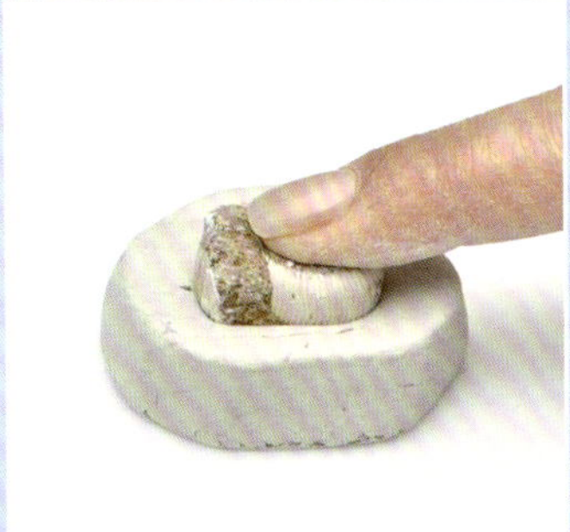

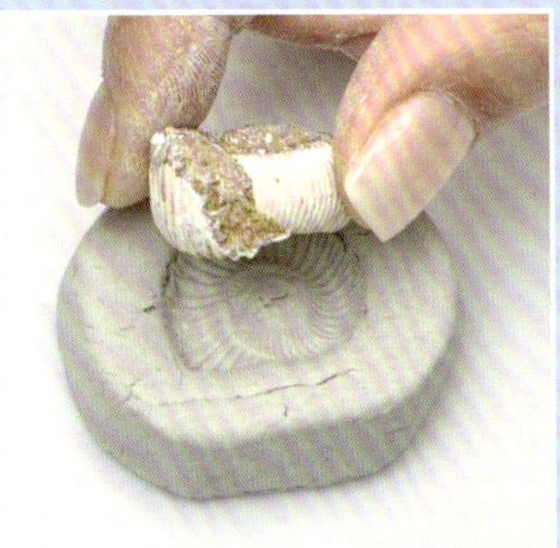

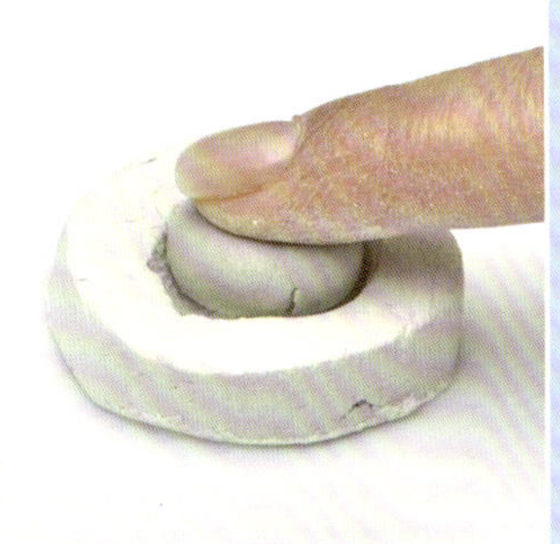

2 Drücken Sie den abzuformenden Gegenstand mittig in den Ton.

3 Nehmem Sie den Gegenstand vorsichtig ab, ohne die Ränder des Abdrucks zu verzerren. Lassen Sie die Form 48 Stunden lang trocknen.

4 Um einen Abdruck anzufertigen, formen Sie eine kleine Kugel aus Ton und drücken sie in die getrocknete Form. Falls nötig, füllen Sie die Form mit zusätzlichem Ton auf.

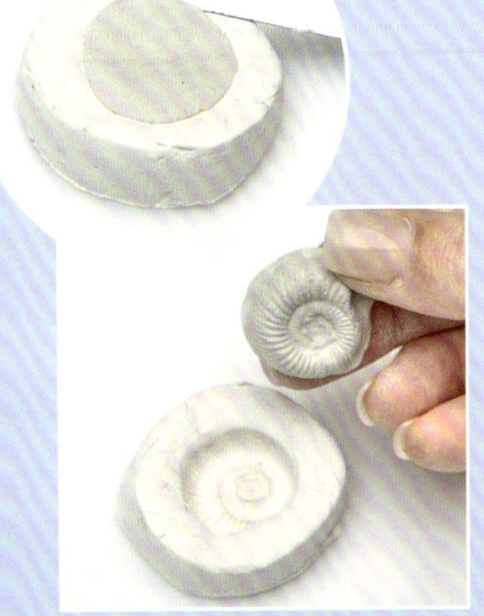

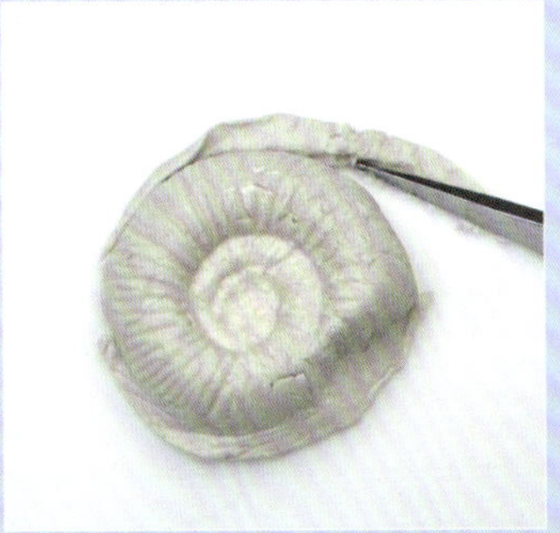

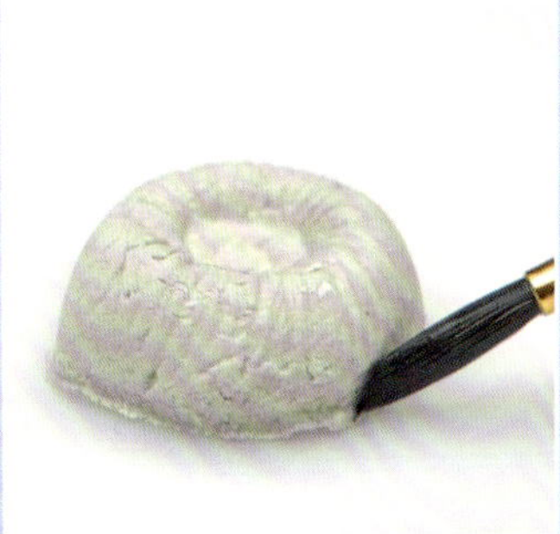

5 Heben Sie das Motiv mit einem Messer behutsam aus der Form, ohne das Muster zu beschädigen.

6 Schneiden Sie den überschüssigen Ton mit einem scharfen Messer ab.

7 Tauchen Sie einen Schwamm oder Pinsel in sauberes Wasser und glätten Sie Rand und Rückseite des Motivs.

Oberflächendekoration

Am besten machen Sie eine Skizze von der geplanten Dekoration, bevor Sie Ihre Idee umsetzen. Auf diese Weise können Sie die einzelnen Arbeitsschritte besser planen.

Die Oberfläche vorbereiten

Oberflächen sollten immer sauber sein und so vorbereitet werden, wie es unten beschrieben ist. Im Zweifelsfall wischen Sie kurz mit einem feuchten Schwamm darüber und lassen den Gegenstand trocknen, bevor Sie fortfahren.

Schablonen als Vorlage

Arbeiten Sie mit einem scharfen Cuttermesser, um den Umriss nach einer Schablone auszuschneiden. Bei geraden Linien schneiden Sie am besten an einem Metalllineal entlang. Benutzen Sie eine Schneidematte, um Ihre Arbeitsfläche zu schonen. Beim Umgang mit scharfen Messern ist immer Vorsicht angesagt. Arbeiten Sie also sorgfältig und ohne Hast.

TIPPS FÜR DIE OBERFLÄCHENDEKORATION

- *Ankleben ist erst möglich, wenn Oberflächen trocken, dekoriert und versiegelt sind.*
- *Bei trockenen Gegenständen können Sie die Kanten mit einer scharfen Schere, feinem Sandpapier oder einem Nagelbuffer bearbeiten und glätten.*
- *Vor dem Dekorieren muss der Ton völlig durchgetrocknet sein.*
- *Lassen Sie eine Farbschicht trocknen, bevor Sie eine weitere auftragen.*

Bemalen

Farbe, z.B. Acrylfarbe, kann mit dem Pinsel aufgestrichen oder aufgetupft werden. Für einen kräftigen Farbauftrag brauchen Sie zwei oder drei Farbschichten.

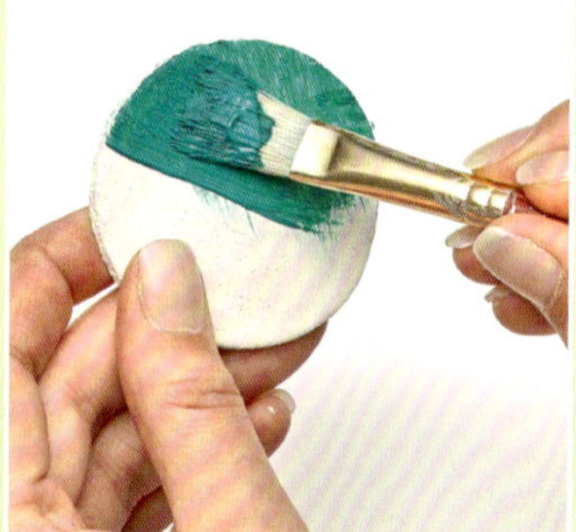

1 Tragen Sie eine gleichmäßige Farbschicht auf die Oberfläche auf. Die Pinselstriche sind noch sichtbar.

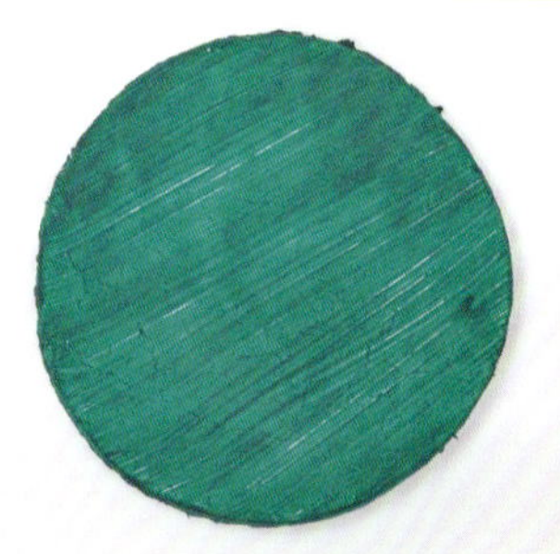

2 Wenn die Schicht trocken ist, können Sie sie so lassen, wie sie ist, oder eine weitere Schicht auftragen. Sprühen Sie klaren Glanzspray (siehe Seite 24) auf, um die Farbe kräftiger erscheinen zu lassen.

Stempeln

Einfache Muster lassen sich auch mit Gummi- oder Holzstempeln auftragen, wenn der Ton noch weich ist. Auf trockenen Oberflächen können Sie farbige Muster aufstempeln.

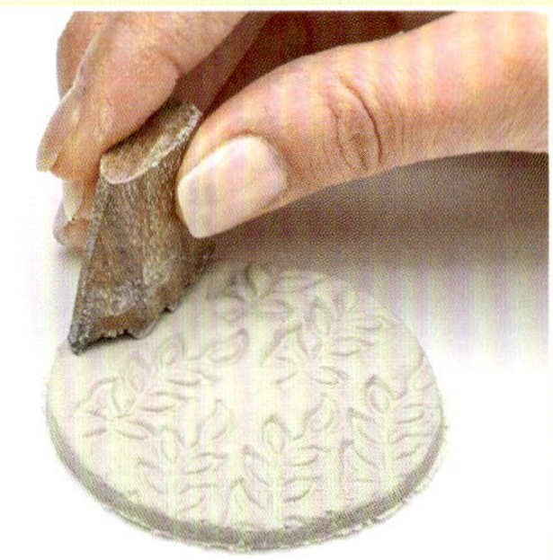

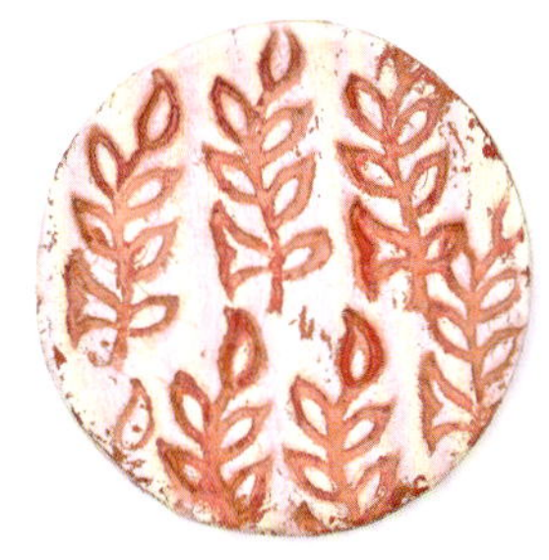

1 Walzen Sie eine etwa 5 mm dicke Tonplatte aus (siehe Seite 16-17) und drücken Sie einen Musterstempel behutsam auf die Oberfläche. Da sich die Platte dadurch verformt, schneiden Sie sie am besten nach dem Stempeln in Form. Betupfen Sie sie nach dem Trocknen mit Farbe. Wischen Sie überschüssige Farbe mit einem sauberen, feuchten Schwamm ab.

2 Die restliche Farbe bleibt in den Vertiefungen des Musters stehen. Lassen Sie die Platte trocknen und besprühen Sie sie dann mit einem klaren Glanzspray (siehe Seite 24).

Abkleben

Diese Technik sorgt für klare, saubere Kanten, sodass Sie nicht peinlich genau darauf achten müssen, nicht mit dem Pinsel über die Linien zu geraten. Zum Abkleben können Sie Washi-Tape oder gewöhnliches Klebeband verwenden.

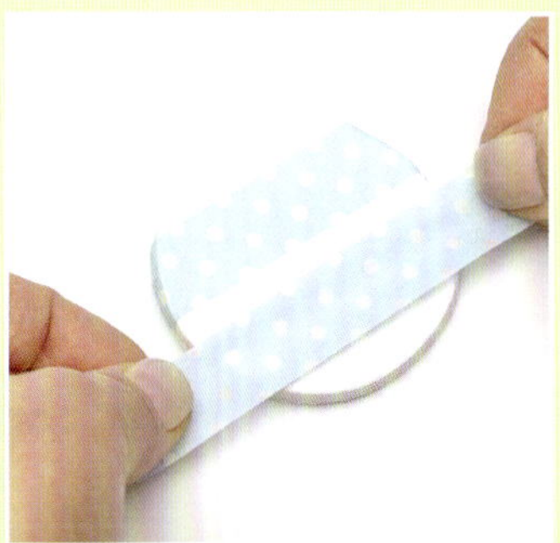

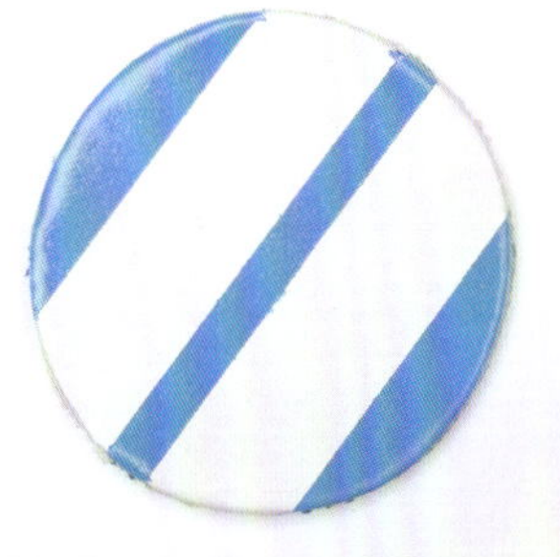

1 Kleben Sie das Klebeband auf die dafür vorgesehenen Flächen und drücken Sie es an den Rändern gut an, um klare Kanten zu bekommen. Die Oberfläche muss trocken und sauber sein.

2 Streichen Sie eine dünne, gleichmäßige Farbschicht auf. Falls nötig, wiederholen Sie diesen Schritt. Lassen Sie die Farbschichten zwischendurch trocknen. Wenn die Farbe trocken ist, ziehen Sie das Klebeband ab, legen den unbemalten Untergrund frei und versiegeln die Oberfläche.

Mit dem Schwamm

Mit einem Schwamm lassen sich größere Flächen schnell einfärben. Gleichzeitig entsteht dabei eine interessante Textur. Sie können diese Technik mit anderen Methoden des Farbauftrags wie Abkleben oder Sprenkeln kombinieren.

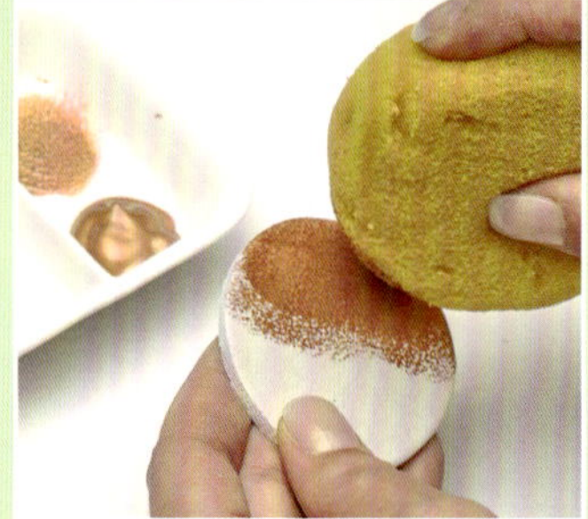

1 Tunken Sie einen synthetischen Schwamm in Farbe, streifen Sie überschüssige Farbe ab und betupfen Sie die Oberfläche. So entsteht eine gleichmäßige Farbschicht mit feiner Textur.

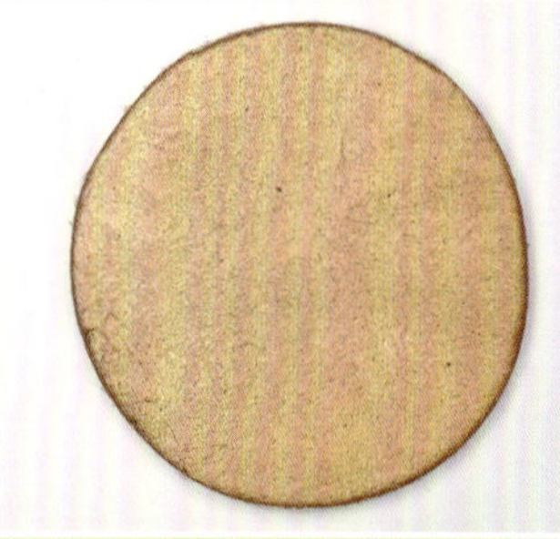

2 Hier wurden zwei oder drei Schichten aufgetupft, sodass ein dichter Farbauftrag entstand. Lassen Sie jede Schicht gut trocknen, bevor Sie die nächste auftragen. Zum Schluss versiegeln Sie die Oberfläche.

Mit der Sprühdose

Benutzen Sie die leicht entzündlichen und giftigen Sprühfarben nur in gut durchlüfteten Räumen und mit Gummihandschuhen und Atemschutzmaske. Sprühen Sie sie dünn und gleichmäßig auf und lassen Sie sie vor dem nächsten Auftrag trocknen, sonst entstehen Luftblasen und die Farbe blättert ab. Wischen Sie Farbspritzer mit Nagellackentferner ab. Bauen Sie aus einem Pappkarton eine improvisierte Spritzkabine oder decken Sie Ihre Arbeitsfläche mit Zeitungspapier ab.

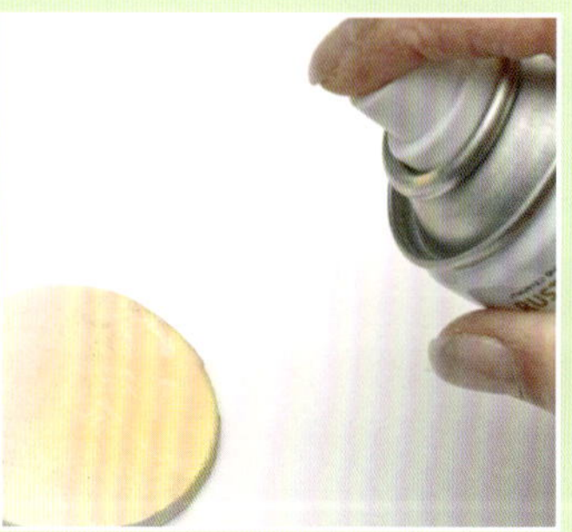

1 Sprühen Sie eine dünne, gleichmäßige Schicht auf Ihr Werk.

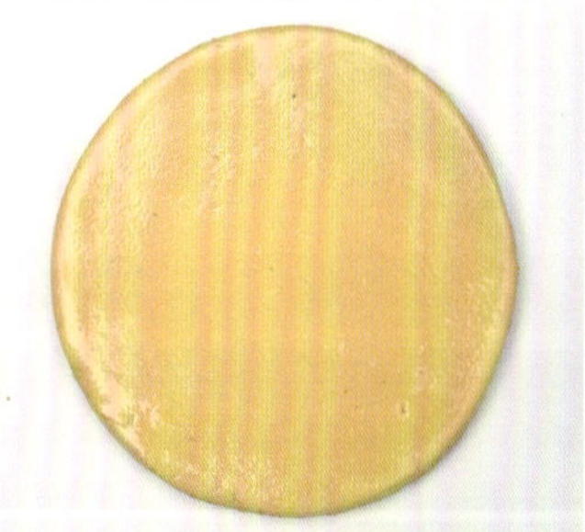

2 Tragen Sie nach Bedarf weitere Schichten auf, lassen Sie sie trocknen und versiegeln Sie zum Schluss mit klarer Glanzfarbe.

Mit der Zahnbürste

Mit einer alten Zahnbürste können Sie Farbsprenkel auf einer Oberfläche verteilen und eine interessante Textur erzeugen. Dabei geht meist viel Farbe daneben, daher sollten Sie Ihre Arbeitsfläche mit Zeitungspapier abdecken oder in einer improvisierten Spritzkabine arbeiten und Gummihandschuhe und Schürze tragen. Lassen Sie die Farbsprenkel trocknen, bevor Sie die Oberfläche versiegeln.

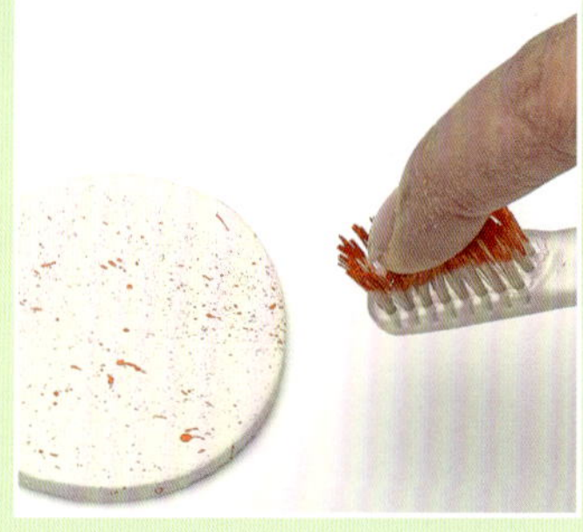

1 Tauchen Sie eine alte Zahnbürste in Farbe und schütteln Sie überschüssige Farbe ab, um Farbkleckse zu vermeiden.

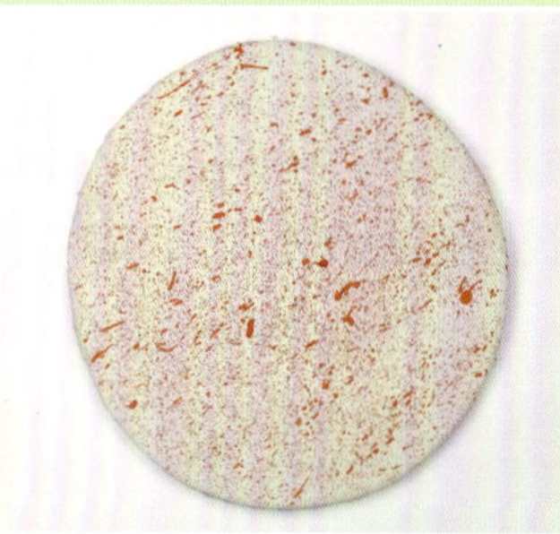

2 Fahren Sie mit dem Finger über die Borsten, um kleine Farbtropfen zu verteilen.

Marmorieren mit Nagellack

Eine einfache Technik mit verblüffenden Ergebnissen

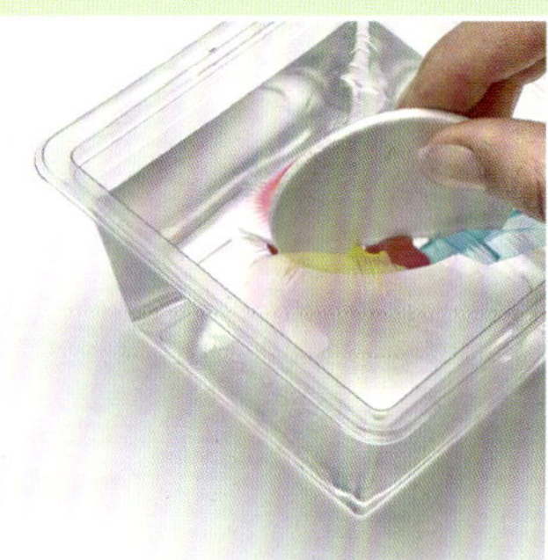

1 Füllen Sie einen Behälter mit lauwarmem Wasser und gießen Sie etwas Nagellack direkt auf die Wasseroberfläche, sodass er gleichmäßig verteilt ist. Wenn Sie das Nagellackfläschen zu hoch halten, sinkt der Lack in Klumpen auf den Boden des Gefäßes.

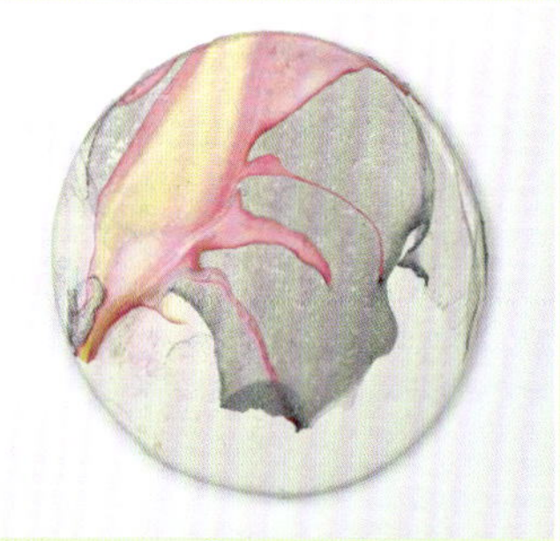

2 Schieben Sie Ihr versiegeltes Werk vorsichtig durch die Wasseroberfläche, sodass sich die Farbe gleichmäßig auf dem Ton verteilt. Lassen Sie den Nagellack etwa zwei Stunden lang trocknen, dann versiegeln Sie die Oberfläche mit klarem, glänzendem Sprühlack.

TIPPS FÜR DIE ARBEIT MIT NAGELLACK

- *In warmem Wasser bleibt der Nagellack flüssig.*
- *Wenn Sie mit dem Ergebnis nicht zufrieden sind, wischen Sie den Lack sofort mit Nagellackentferner ab, solange er feucht ist, und versuchen Sie es erneut.*
- *Mit einem Zahnstocher können Sie die Verteilung des Nagellacks auf der Wasseroberfläche verändern. Oder versuchen Sie, den Nagellack auf die Oberfläche zu sprenkeln.*
- *Vor und nach dem Auftrag des Nagellacks müssen die Oberflächen versiegelt werden, sonst haftet der Nagellack nicht und wirft Blasen.*

Abdrücke

Lufttrocknender Ton lässt sich wie alle Modelliermassen auch durch Abdrücke verzieren. Sehen Sie sich in Haus und Hof um. Bestimmt entdecken Sie jede Menge Gegenstände, die interessante Muster ergeben.

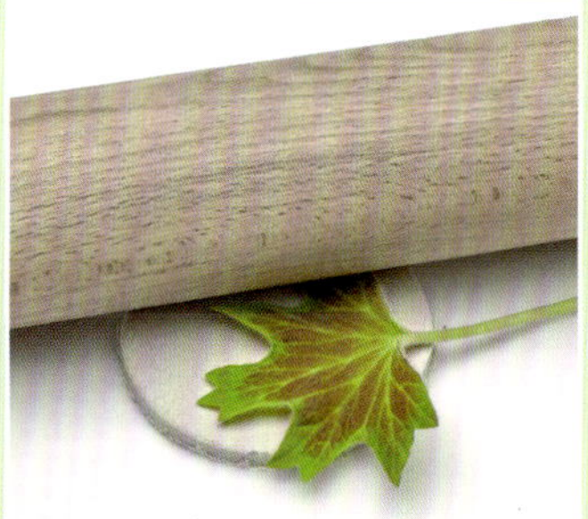

1 Legen Sie das Motiv auf eine Tonplatte. Walzen Sie von der Mitte nach außen mit einem Teigroller darüber, um einen klaren Abdruck und saubere Kanten zu erhalten.

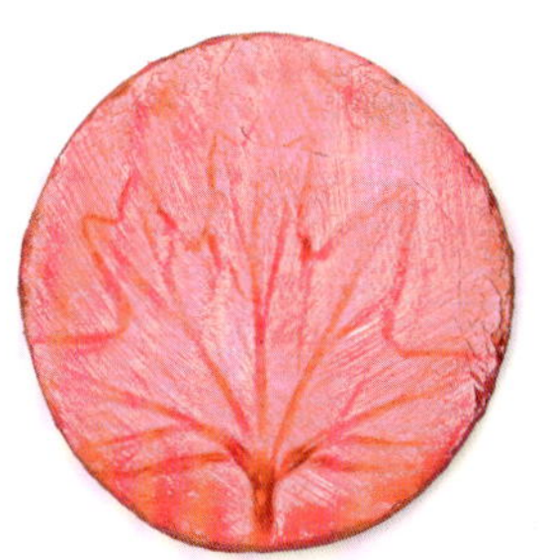

2 Tragen Sie Farbe mit einem Pinsel oder Schwamm auf, durch die das geprägte Muster hervorgehoben wird. Lassen Sie die Farbe trocknen, bevor Sie die Oberfläche versiegeln.

Versiegeln

Ihre Werke aus lufttrocknendem Ton zu versiegeln ist einfach – und unerlässlich, um sie haltbar zu machen. Zum Versiegeln gibt es mehrere Möglichkeiten. Wofür Sie sich entscheiden, hängt davon ab, wie Ihr Stück aussehen soll und was Sie damit machen wollen.

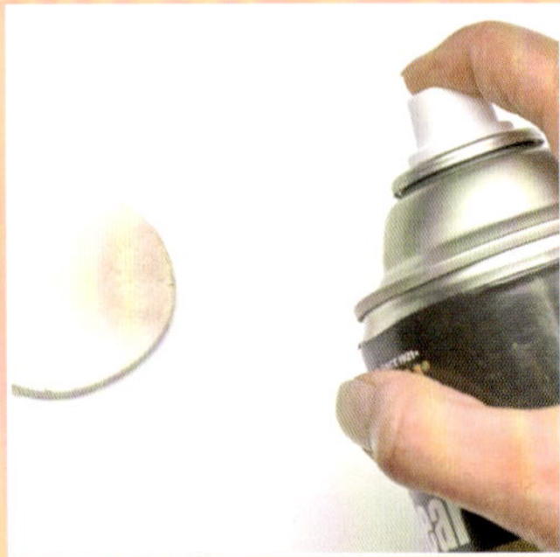

Glanzversiegelung zum Sprühen und Pinseln

Mit einem Glanzlack auf Acrylbasis lässt sich auf einem durchgetrockneten Objekt ein strahlender Glanz erzeugen. Alle hier vorgestellten Arbeiten wurden mit einem klaren, glänzenden Sprühlack versiegelt, doch können Sie sich auch für eine matte oder seidenmatte Schutzschicht entscheiden. Glanz eignet sich für Schmuck oder wenn Sie eine glasähnliche Oberfläche erzeugen wollen. Manche Versiegler haben eine dicke, zähflüssige Konsistenz und müssen mit dem Pinsel aufgetragen werden, andere sind in Sprühdosen erhältlich. Wichtig ist, dass Sie nicht übertreiben, sonst wird die Versiegelung klebrig und klumpig. Am besten schwenken Sie die Sprühdose beim Sprühen hin und her.

Es sind viele unterschiedliche Lacke auf dem Markt, die Sie zum Versiegeln verwenden können. Informieren Sie sich online oder in Ihrem Bastelgeschäft vor Ort. Die meisten Lacke sind nicht wasserfest. Sie sind also nur geeignet, um der Oberfläche den abschließenden Anstrich zu verleihen.

Wasserfeste Versiegelung

Mit wasserfester Versiegelung können Sie Ihre Projekte vor Wasser und Hitze schützen. Achten Sie bei Ihrer Auswahl darauf, dass Sie einen Lacke auf Wasserbasis nehmen. Das ist es, was den Lack „wasserfest" macht. Vor dem Versiegeln muss der lufttrocknende Ton vollkommen durchgetrocknet sein. Tragen Sie den Lack dünn auf und lassen Sie die Schicht trocknen, bevor Sie die nächste auftragen, sonst entstehen Luftblasen oder die Oberfläche wirkt trübe, weil Feuchtigkeit aus dem Ton zu entweichen versucht.

Wenn Sie zu viele Schichten auftragen, kann es passieren, dass die Versiegelung nach und nach abblättert, daher sollten Sie immer nur dünne Schichten aufbringen.

Die rechte Hälfte dieser Scheibe ist versiegelt worden, die linke jedoch nicht. So können Sie sehen, wie sich die Versiegelung aus Kleber auswirkt.

Kleber

Sie können einen Decoupagekleber wie ModPodge oder Royal Coat oder einen verdünnten Holzleim (PVA-Kleber, Polyvinylacetat) verwenden, wenn Sie eine klare, aber haltbare Oberflächenbeschichtung brauchen. PVA-Kleber bindet am besten bei guter Durchlüftung ab. Bei Raumtemperatur trocknet er schnell.

Streichen Sie eine dünne Schicht PVA-Kleber auf und lassen Sie sie trocknen, bevor Sie eine weitere Schicht auftragen. Wenn Sie zu viele Schichten auftragen, kann es passieren, dass die Beschichtung nach und nach abblättert, daher sollten Sie immer nur dünne Schichten aufbringen. Achten Sie darauf, dass das Stück aus lufttrocknendem Ton vollständig mit der Mischung aus Wasser und PVA-Kleber bedeckt ist, erst die eine, dann die andere Seite. Lassen Sie jede Schicht trocknen, sonst klebt Ihr Projekt an der Arbeitsfläche. Durch Lücken in der Beschichtung kann Feuchtigkeit eindringen. PVA-Kleber ist flexibel, haltbar und nur giftig, wenn Sie ihn in den Mund nehmen.

1 Füllen Sie einen Behälter mit Schraubdeckel zur Hälfte mit PVA-Kleber.

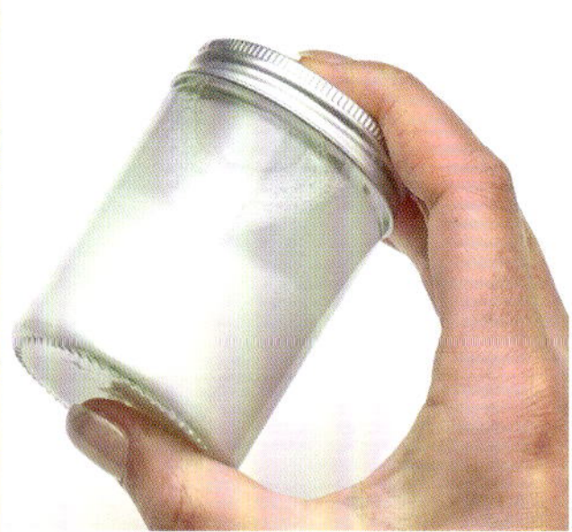

2 Füllen Sie den Behälter mit Wasser auf. Schließen Sie den Deckel und schütteln Sie die Mischung eine Minute lang.

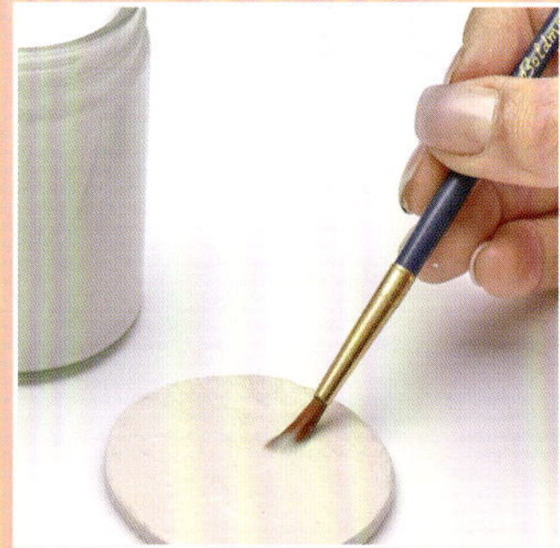

3 Streichen Sie eine dünne Schicht des Wasser-Kleber-Gemischs auf. Zwei bis drei Schichten reichen als Versiegelung.

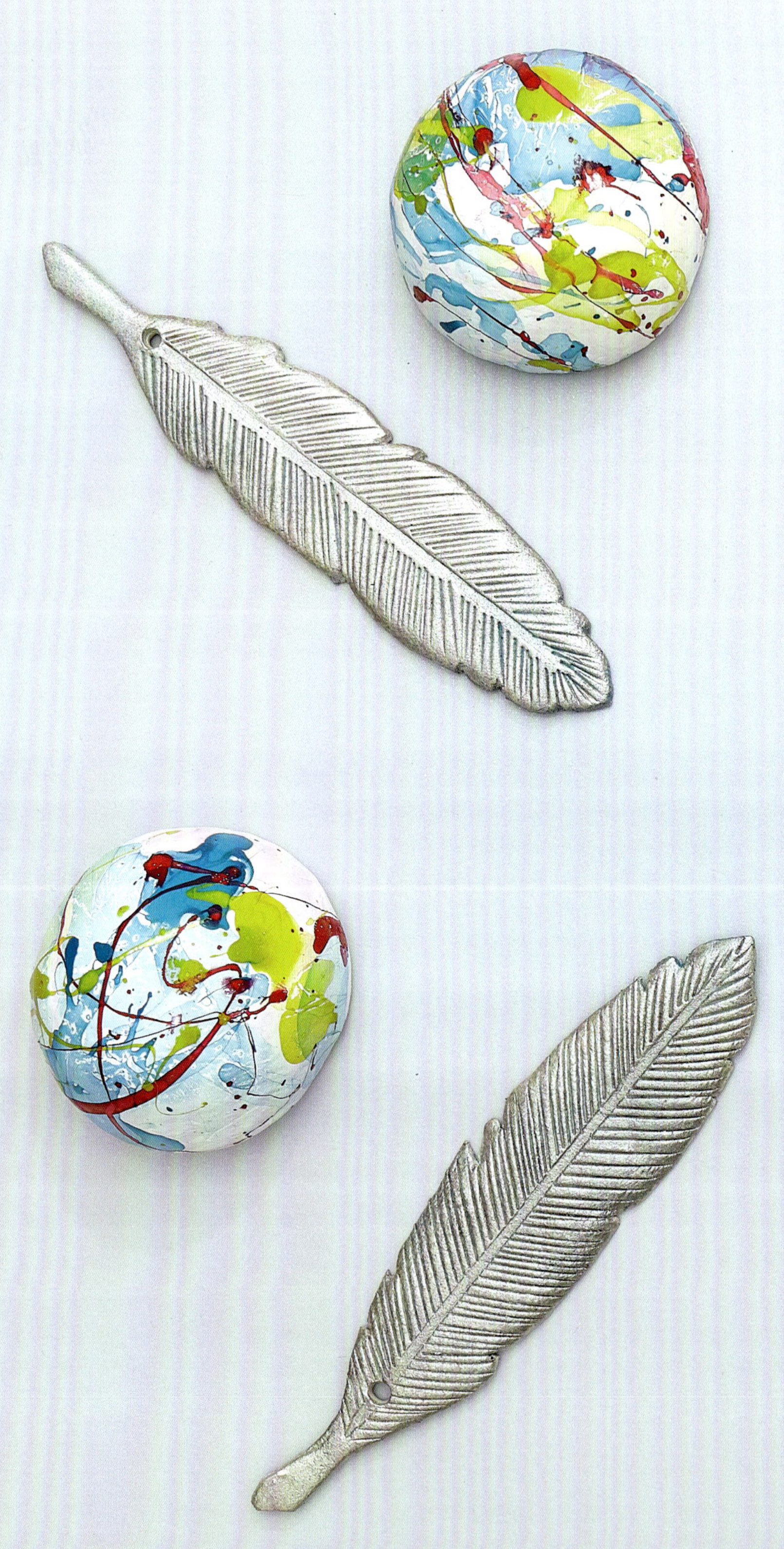

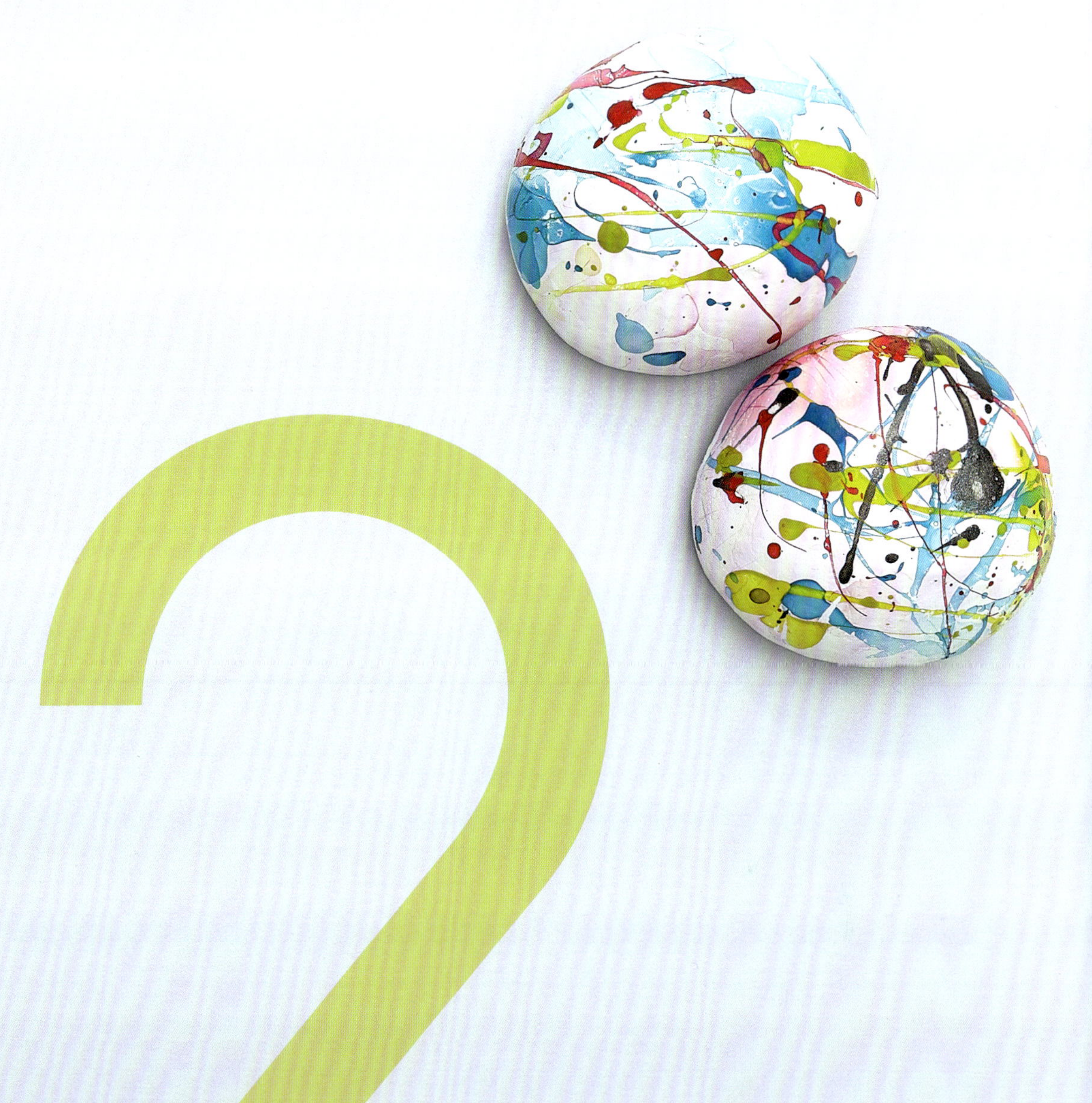

2 PROJEKTE

Ornamente für Deckeldosen

Diese hübschen Dosen mit individuell gestalteten Deckeln eignen sich für kleine Geschenke für Freunde und Familie oder als Dekoration Ihrer eigenen vier Wände.

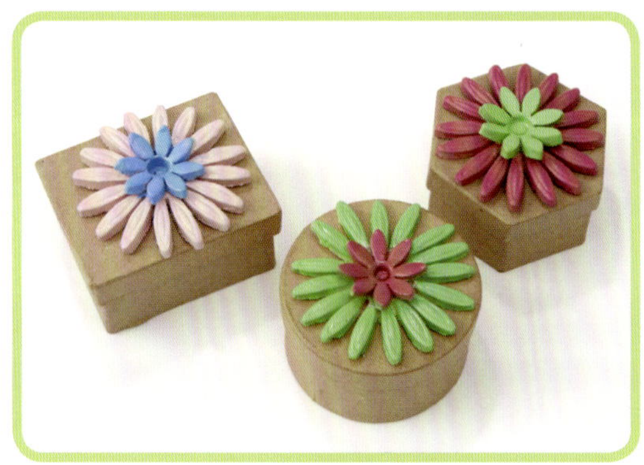

SIE BRAUCHEN

Lufttrocknenden Ton	Nadel	Pappe oder festes Papier als Stütze
Cuttermesser	Auswahl an Fondantausstechern	Sprühfarbe (pink und grün)
Plastikfolie	Pinsel	Klebeband
Teigroller	Stift	Schere
Holzleisten		Klaren, glänzenden Sprühlack

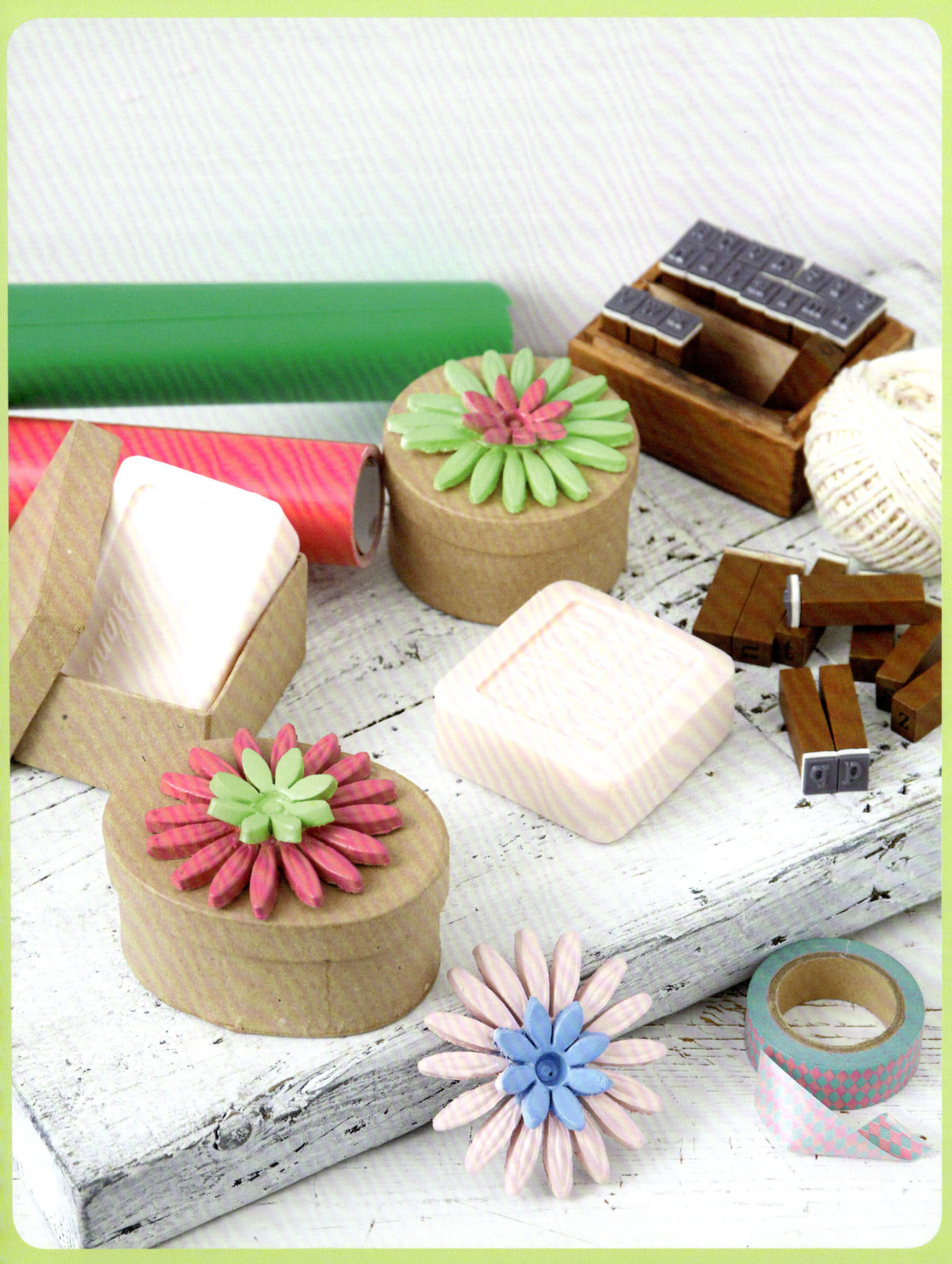

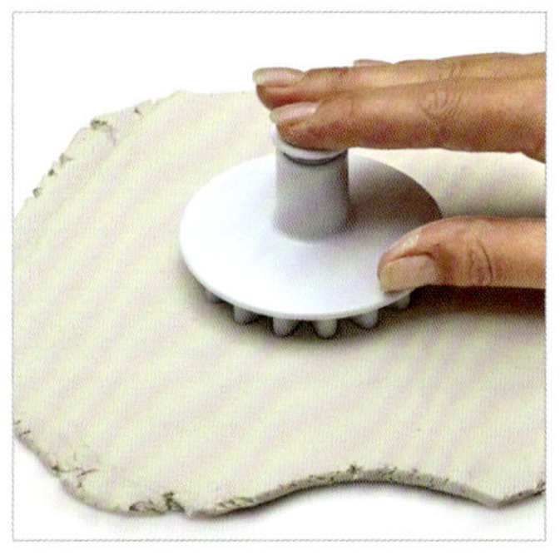

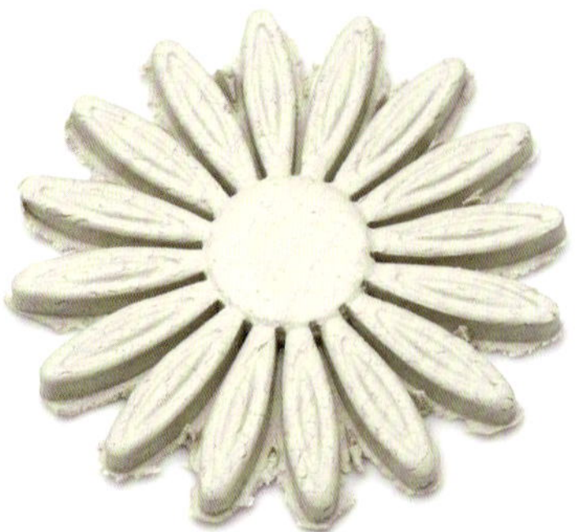

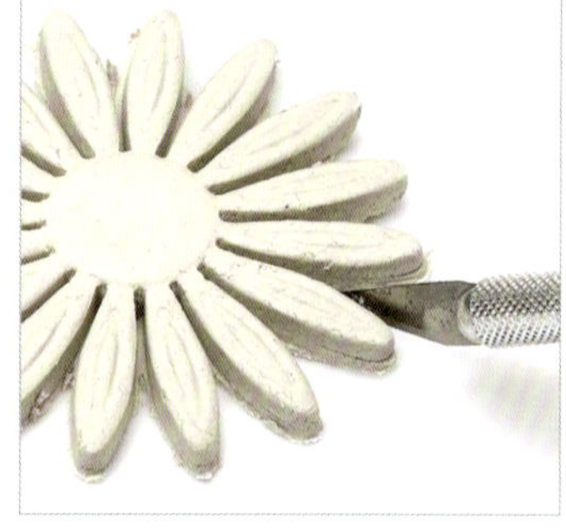

1 Walzen Sie 60 g Ton zu einer etwa 5 mm dicken Platte aus (siehe Seite 16-17). Drücken Sie die Ausstechform in den Ton, sodass sich das Prägemuster gut abbildet.

2 Legen Sie die ausgestochenen Motive auf Plastikfolie.

3 Schneiden Sie uberstehenden Ton mit einem scharfen Messer von den Kanten.

TIPPS

- *Achten Sie darauf, dass Sie den Ausstecher mit gleichmäßigem Druck in den Ton drücken, um einen guten Abdruck des Prägemusters zu bekommen.*
- *Experimentieren Sie bei den Motiven mit Ausstechförmchen, texturierten Teigrollern, Prägewerkzeugen oder texturierten Silikonmatten.*

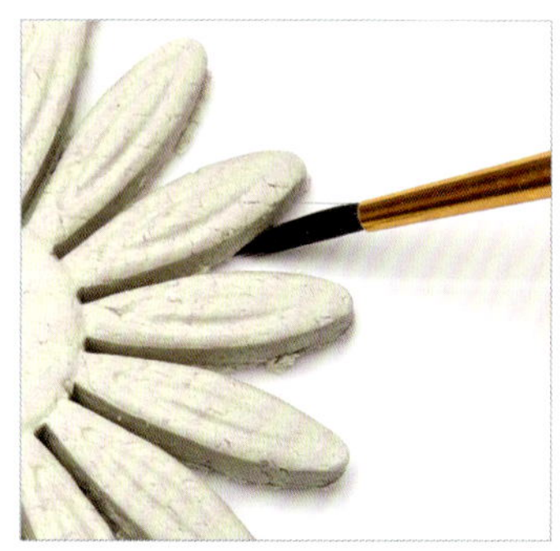

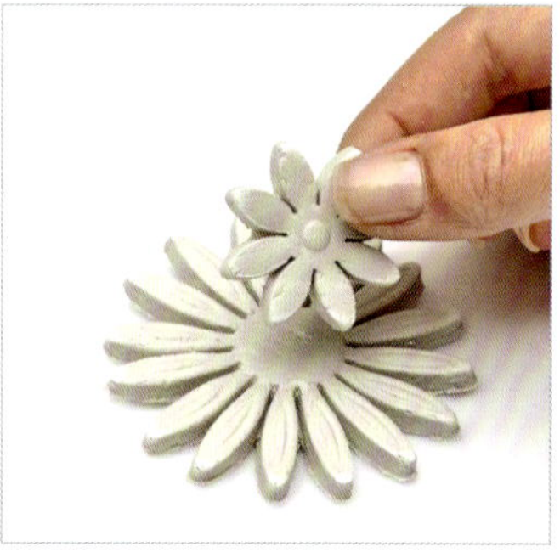

4 Tauchen Sie einen kleinen Pinsel in sauberes Wasser und fahren Sie damit vorsichtig über die Schnittkanten, um sie zu glätten.

5 Um die ausgestochenen Motive aufeinander zu befestigen, befeuchten Sie die große Blume in der Mitte mit sauberem Wasser und legen die kleine Blume darauf. Das Wasser dient als Haftmittel.

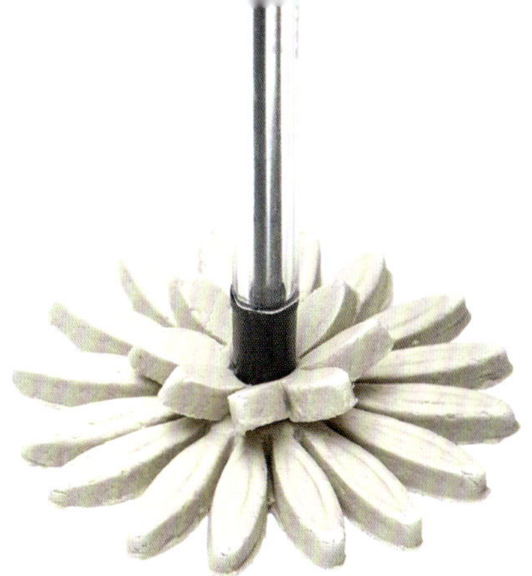

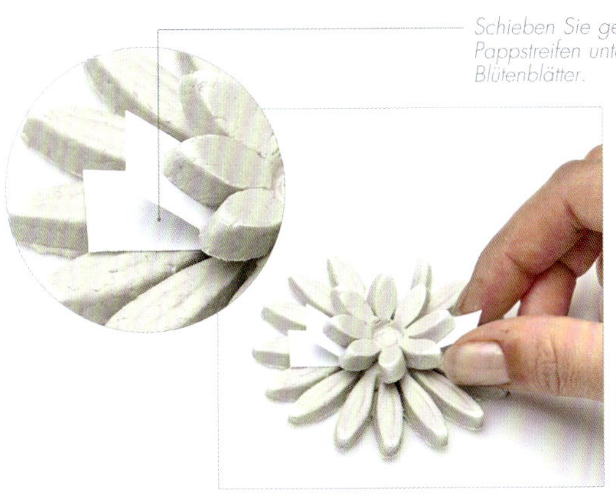

Schieben Sie gefaltete Pappstreifen unter die Blütenblätter.

6 Drücken Sie die kleine Blume mit einem Stiftende (das vielleicht ein interessantes Muster hat) an, sodass sich die Blütenblätter nach oben biegen und der 3-D-Effekt verstärkt wird.

7 Falten Sie Streifen aus Pappe oder festem Papier und schieben Sie sie als Stützen unter die kleinen Blütenblätter. Lassen Sie die Blüten über Nacht trocknen.

DEKORATION

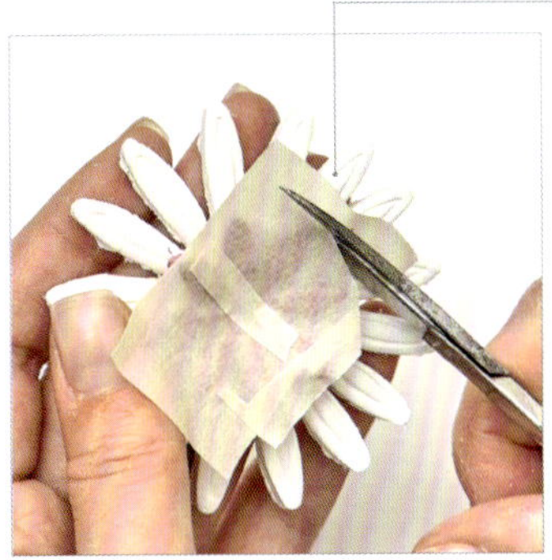

Schneiden Sie das Klebeband mit einer Nagelschere zu.

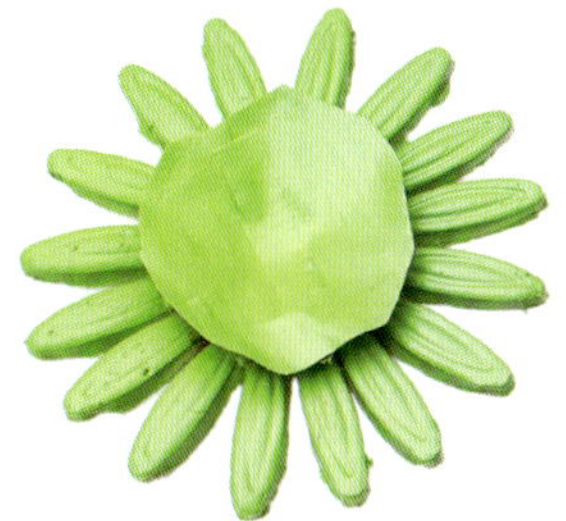

8 Legen Sie die getrockneten Blüten auf ein Stück Pappe und decken Sie die untere Blüte mit Klebeband ab, sodass nur noch die obere Blüte freiliegt und mit Farbe besprüht werden kann.

9 Besprühen Sie die obere Blüte und lassen Sie die Farbe trocknen. Falls nötig tragen Sie weitere Farbschichten auf. Nach dem Trocknen decken Sie die Blüte mit Klebeband ab.

10 Besprühen Sie die untere Blüte von oben mit einer anderen Farbe. Nach dem Trocknen versiegeln Sie mit Glanzspray.

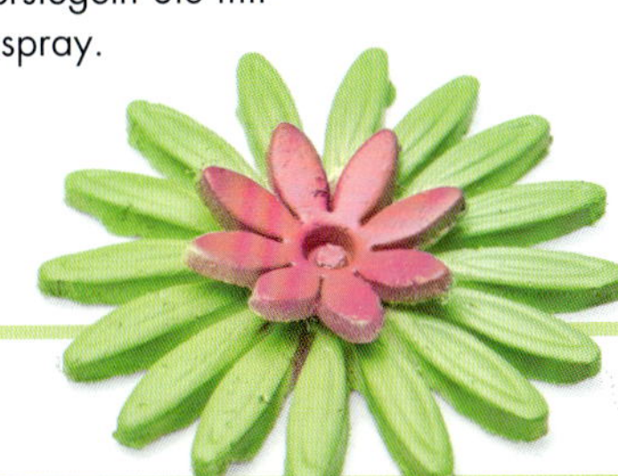

Federanhänger

Mit diesen Federn mit ihren fein ausgearbeiteten Details verleihen Sie Geschenkverpackungen Ihre ganz persönliche Note. Sie lassen sich einfarbig oder bunt gestalten. In Metallicfarben sehen sie besonders elegant aus.

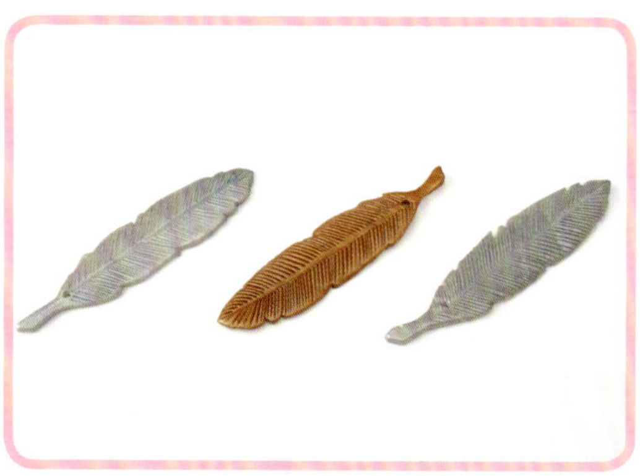

SIE BRAUCHEN

- Lufttrocknenden Ton (60g)
- Cuttermesser
- Plastikfolie
- Teigroller
- Holzleisten
- Nadel
- Schablone für Federn (Seite 110)
- Pappe
- Schneidematte
- Pinsel
- Lochschneider
- Lineal
- Schwamm
- Pinsel
- Stempelkissen (silber)
- Klaren, glänzenden Sprühlack

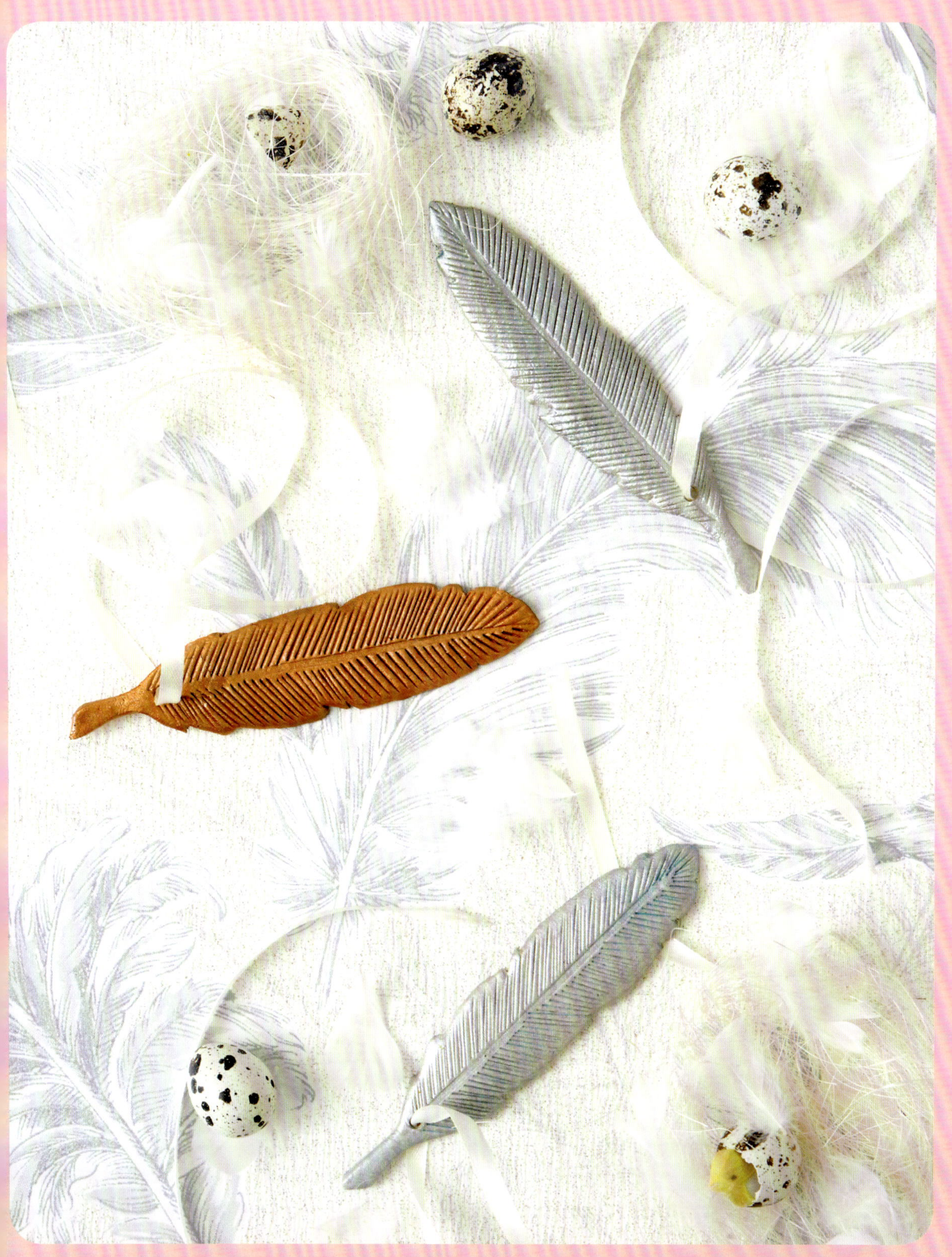

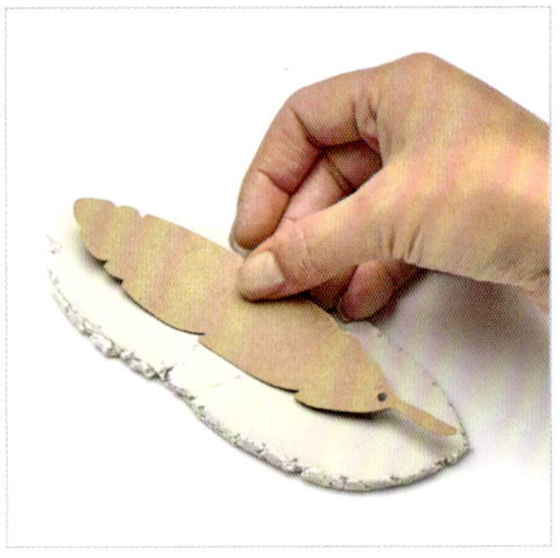

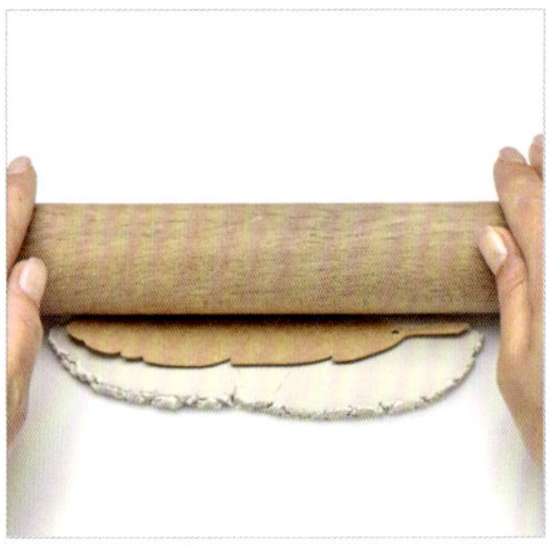

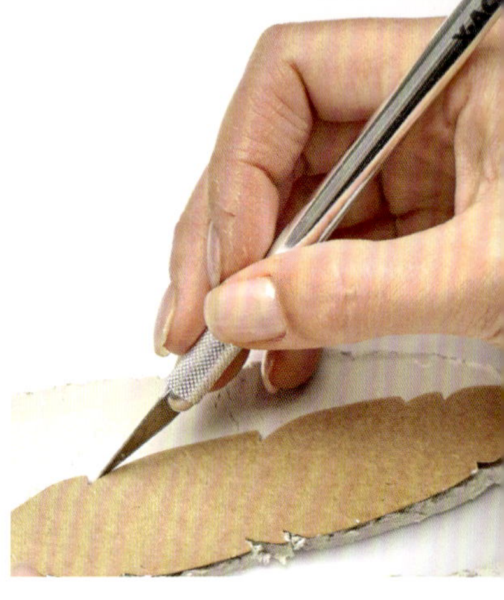

1 Walzen Sie etwa 60 g lufttrocknenden Ton zu einer 8 mm dicken Platte aus. Kopieren Sie den Umriss der Federschablone auf Pappe und schneiden Sie ihn mit einer guten Schere und einem Cuttermesser auf einer Schneidematte aus. Stechen Sie das Fädelloch mit einem Lochschneider. Legen Sie den Umriss auf die Tonplatte.

2 Walzen Sie mit dem Teigroller von der Mitte zum Rand über die Pappfeder, sodass der Umriss in den Ton gedrückt wird und beim Ausschneiden nicht verrutscht.

3 Schneiden Sie die Feder vorsichtig mit dem Cuttermesser aus, während die Pappe auf dem Ton liegt.

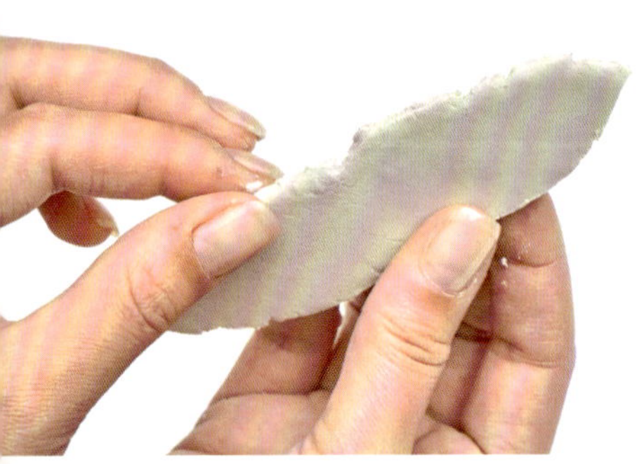

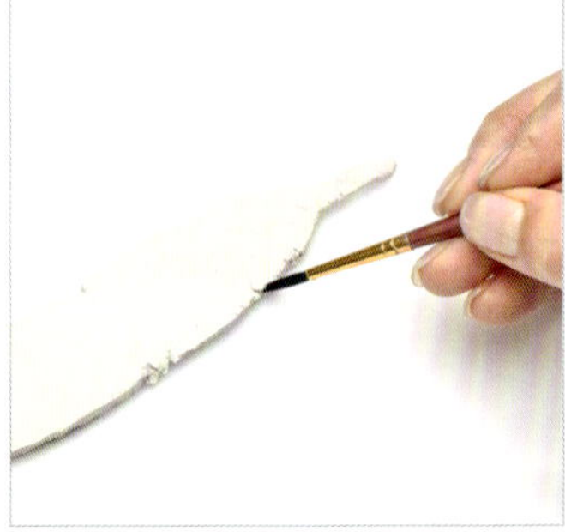

4 Runden Sie die Kanten behutsam mit den Fingern und drücken Sie sie mit Daumen und Zeigefinger zusammen, sodass sie etwas dünner sind als der Rest der Feder.

5 Tunken Sie einen Pinsel in sauberes Wasser und fahren Sie damit über die Kanten, um sie zu glätten.

TIPPS

- *Das Fädelloch sollte mindestens einen 5 mm breiten Rand haben, damit die Kanten nicht brechen.*
- *Am besten fertigen Sie von der Federschablone eine Plastikversion an, die Sie immer wieder verwenden können. Papier- und Pappschablonen weichen auf dem feuchten Ton allmählich auf.*
- *Wenn die Feder aus der Form gerät, korrigieren Sie den Umriss mit dem Cuttermesser.*
- *Wenn Sie die Details einritzen, achten Sie darauf, dass Sie die Schnitte nicht zu tief machen.*

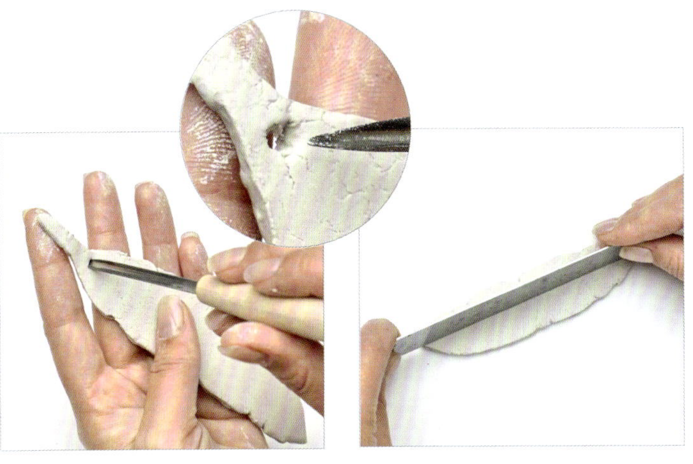

6 Machen Sie mit dem Lochschneider ein Loch am Ende des Federkiels, durch das Sie später ein Band fädeln können.

7 Mit einem Lineal drücken Sie vorsichtig den mittig verlaufenden Schaft in den Ton – natürlich, ohne die Feder dabei zu zerteilen.

8 Ritzen Sie mit dem Cuttermesser feine, schräg vom Schaft verlaufende Linien, die die Federäste darstellen. Die Rückseite bleibt glatt, sodass Sie sie beschriften können.

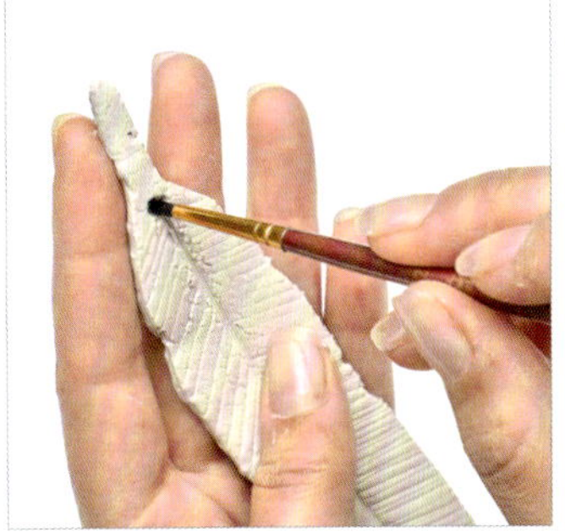

9 Mit einem feuchten Pinsel versäubern Sie die Lochkanten. Lassen Sie die Feder über Nacht trocknen.

Mit einem feuchten Schwamm glätten Sie vorsichtig Rückseite und Kanten der Feder.

DEKORIEREN

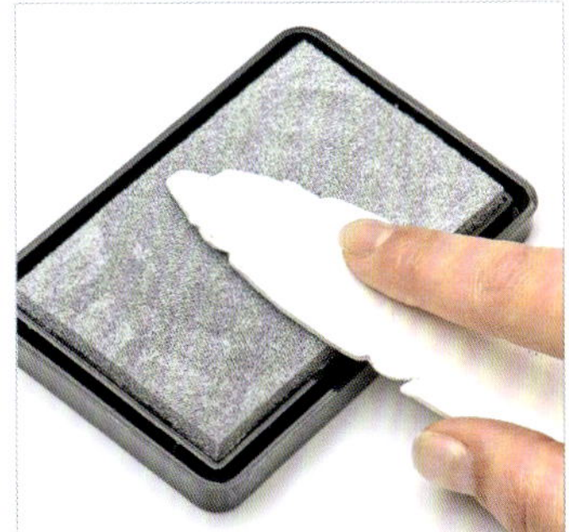

10 Drücken Sie die trockene Feder Stück für Stück vorsichtig auf das Stempelkissen.

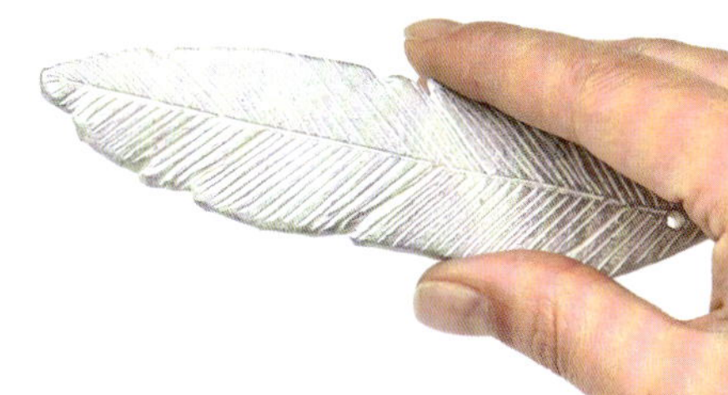

11 Wiederholen Sie den Vorgang, bis die Farbschicht gleichmäßig deckend ist. Versiegeln Sie sie mit Glanzspray (siehe Seite 24).

Festlicher Baumschmuck

Mit diesen bunten Anhängern zaubern Sie im Nu eine weihnachtliche Atmosphäre. Sie lassen sich in Windeseile mit Ausstechern aus lufttrocknendem Ton fertigen, texturieren und nach Belieben farbig gestalten. Ein Spaß für die ganze Familie!

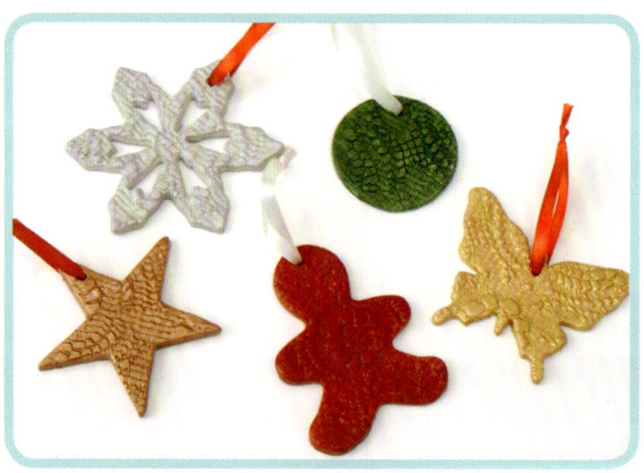

SIE BRAUCHEN

- Lufttrocknenden Ton
- Messer
- Plastikfolie
- Teigroller
- Holzleisten
- Nadel
- Material zum Texturieren (Spitze, Reis, Perlen usw.)
- Großer Motivausstecher Schneeflocke, 9 x 9 cm
- Kleine Ausstecher für Details
- Lochstecher
- Pinsel
- Acrylfarbe (Silber)
- Schwamm
- Farbpalette
- Band (zum Aufhängen)
- Klaren, glänzenden Sprühlack

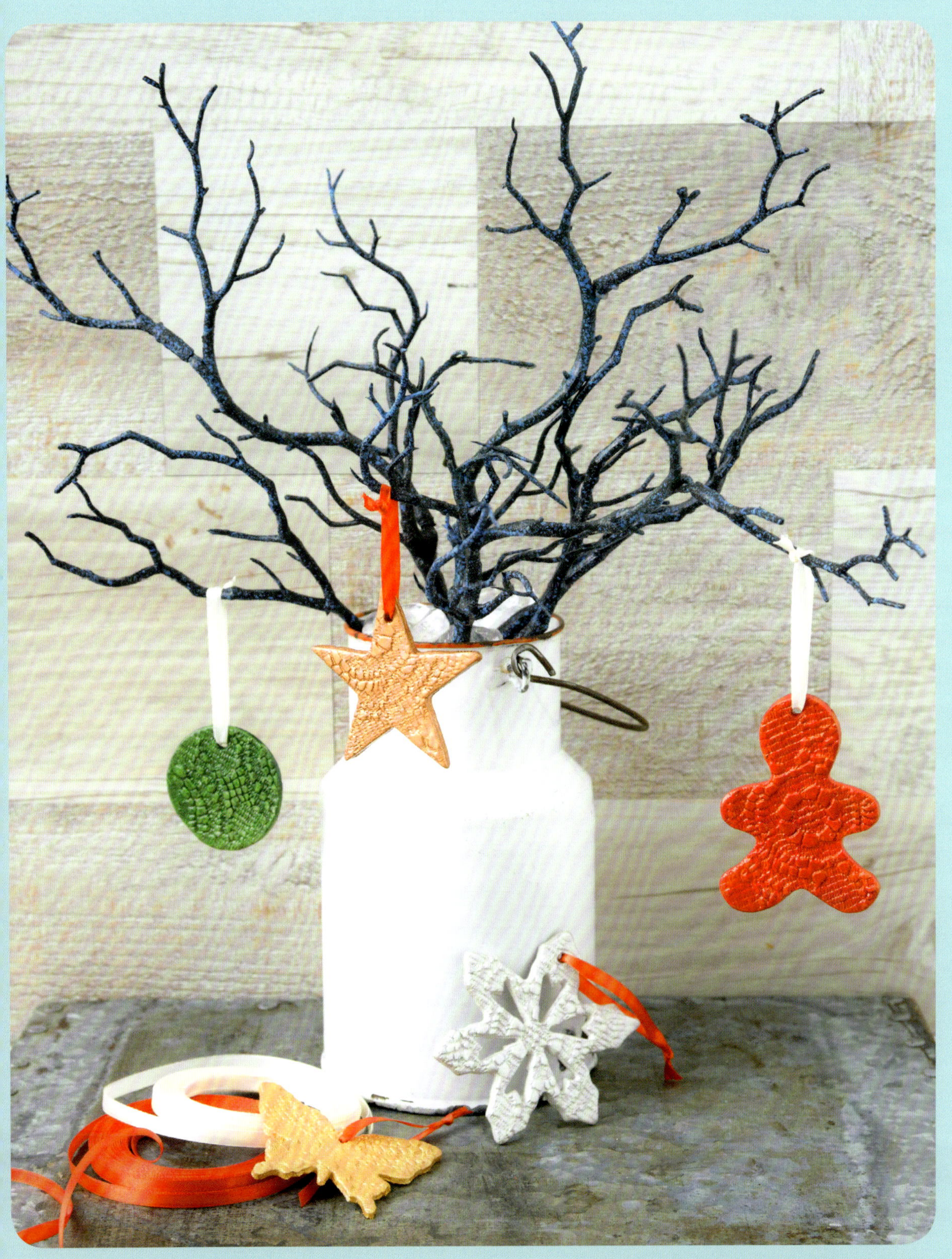

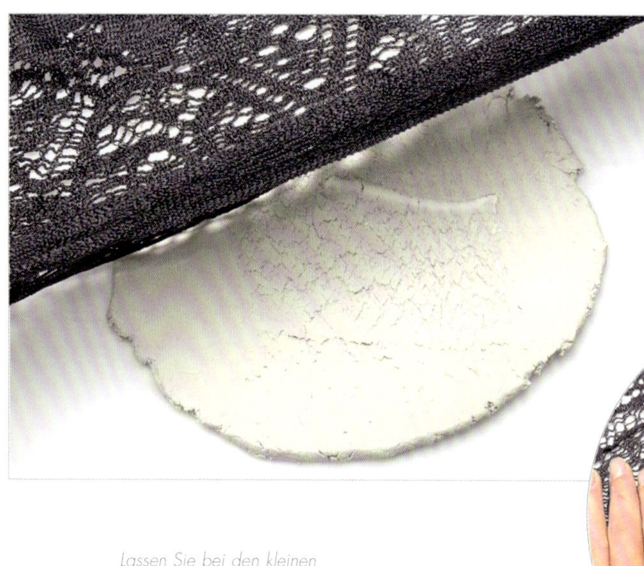

1 Walzen Sie etwa 60 g lufttrocknenden Ton zu einer 8 mm dicken Platte aus. Legen Sie ein Stück Spitze darauf und fahren Sie mit dem Teigroller von der Mitte zu den Kanten darüber.

Lassen Sie bei den kleinen Motiven einen ausreichenden Rand stehen.

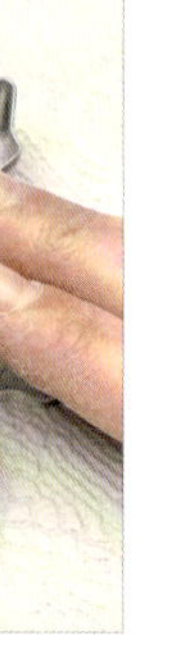

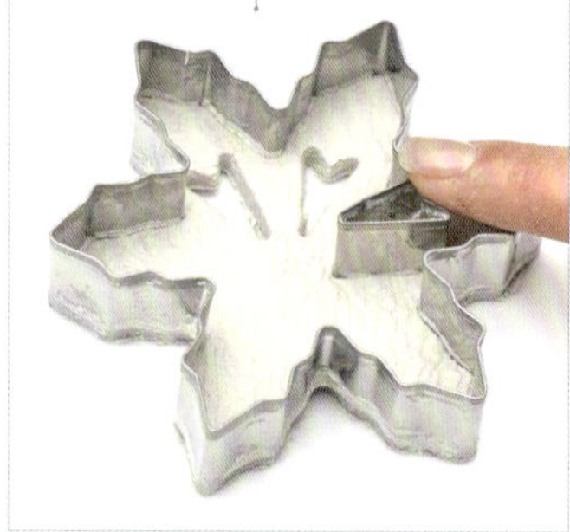

2 Stechen Sie mit dem Motivausstecher eine große Schneeflocke aus.

3 Lassen Sie den großen Ausstecher an Ort und Stelle, damit es sich nicht dehnt, wenn Sie mit kleineren Formen weitere Motive aus dem Inneren der Schneeflocke ausstechen.

TIPPS

- *Verzieren Sie die Anhänger mit unterschiedlichen Texturen, sodass Sie eine Auswahl an Formen und Oberflächen haben.*
- *Wenn Sie Vorder- und Rückseite texturieren möchten, legen Sie den Ton zwischen zwei texturierte Platten und walzen Sie mit dem Teigroller darüber.*

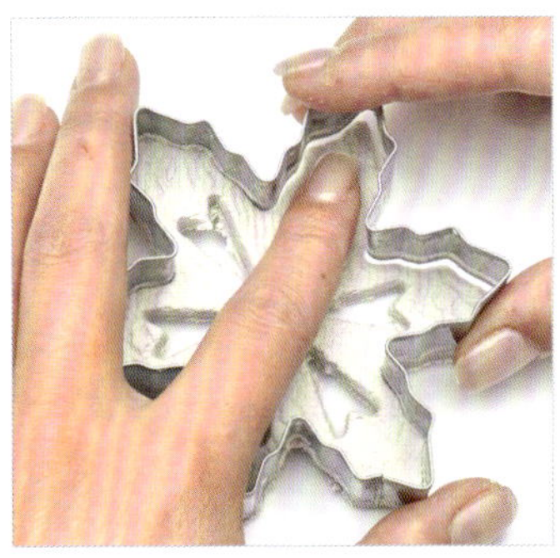

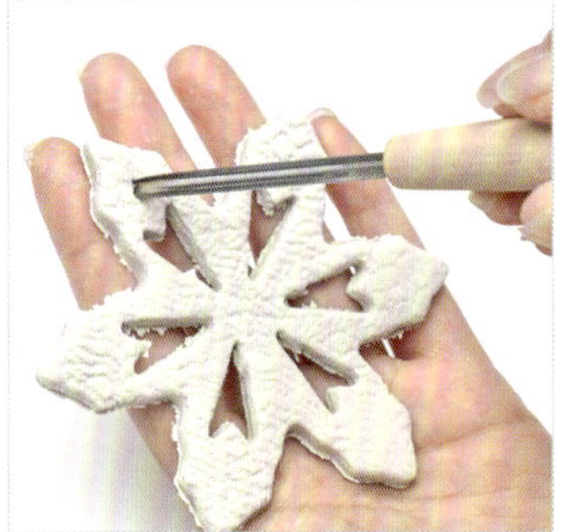

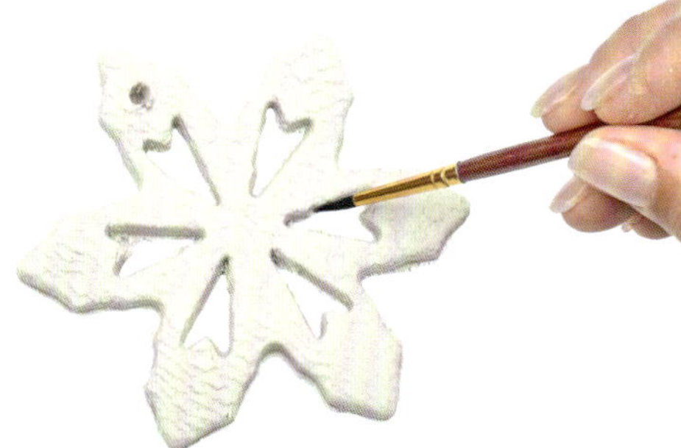

4 Heben Sie die ausgestochene Schneeflocke vorsichtig auf ein Stück Plastikfolie.

5 Stechen Sie an einer Spitze der Schneeflocke ein Loch, durch das Sie später ein Band fädeln können. Machen Sie es nicht zu dicht am Rand, damit keine Risse entstehen.

6 Glätten Sie die Kanten mit einem nassen Pinsel. Lassen Sie die Schneeflocke über Nacht trocknen.

DEKORIEREN

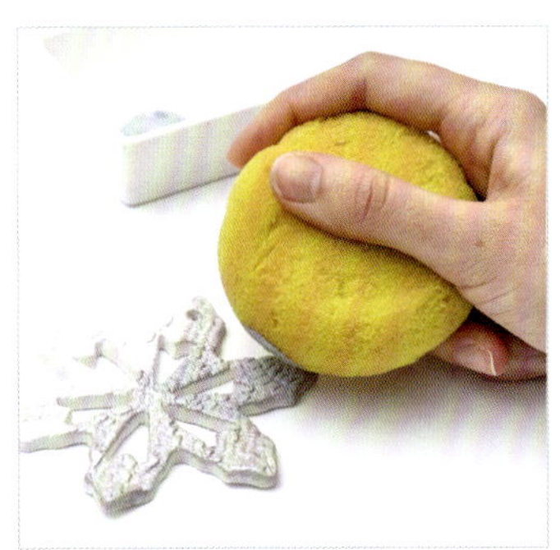

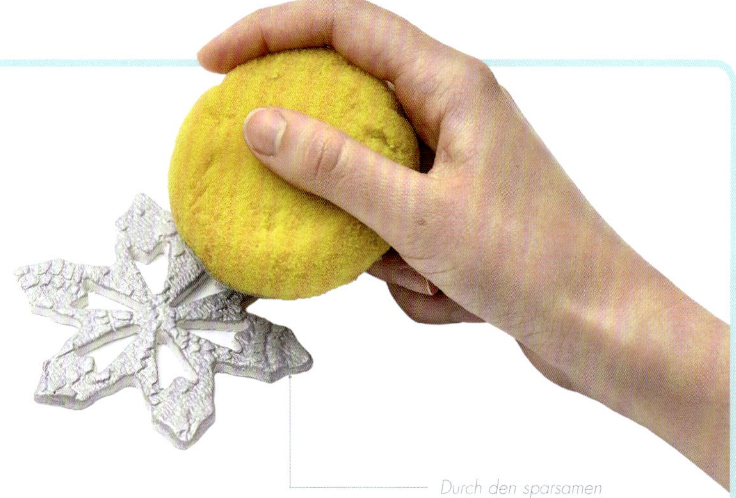

Durch den sparsamen Farbauftrag bleiben die Muster im Innern sichtbar.

7 Tragen Sie mit einem trockenen Schwamm Acrylfarbe auf die Schneeflocke.

8 Verwenden Sie die Farbe sparsam, damit die Ausschnitte in den Zacken der Schneeflocke nicht mit Farbe ausgefüllt werden. Lassen Sie die Farbe trocknen und versiegeln Sie die Oberfläche mit Glanzspray.

Wandschmuck

Die Herzen mit dem hübschen Prägemuster sind eine einfache, aber wirksame Dekoration für zu Hause.

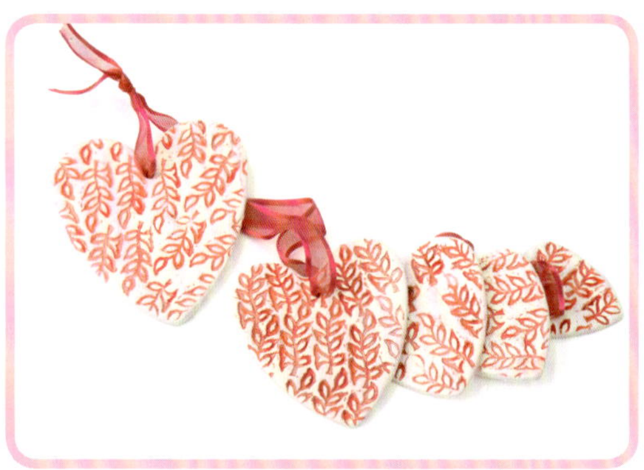

SIE BRAUCHEN

Lufttrocknenden Ton

Messer

Plastikfolie

Teigroller

Holzleisten

Nadel

Kleiner Motivstempel

Fünf herzförmige Ausstecher in unterschiedlichen Größen zwischen 9 x 9 cm bis 5 x 5 cm

Schwamm

Lochstecher

Pinsel

Acrylfarbe (Rosa)

Band (zum Aufhängen)

Klaren, glänzenden Sprühlack

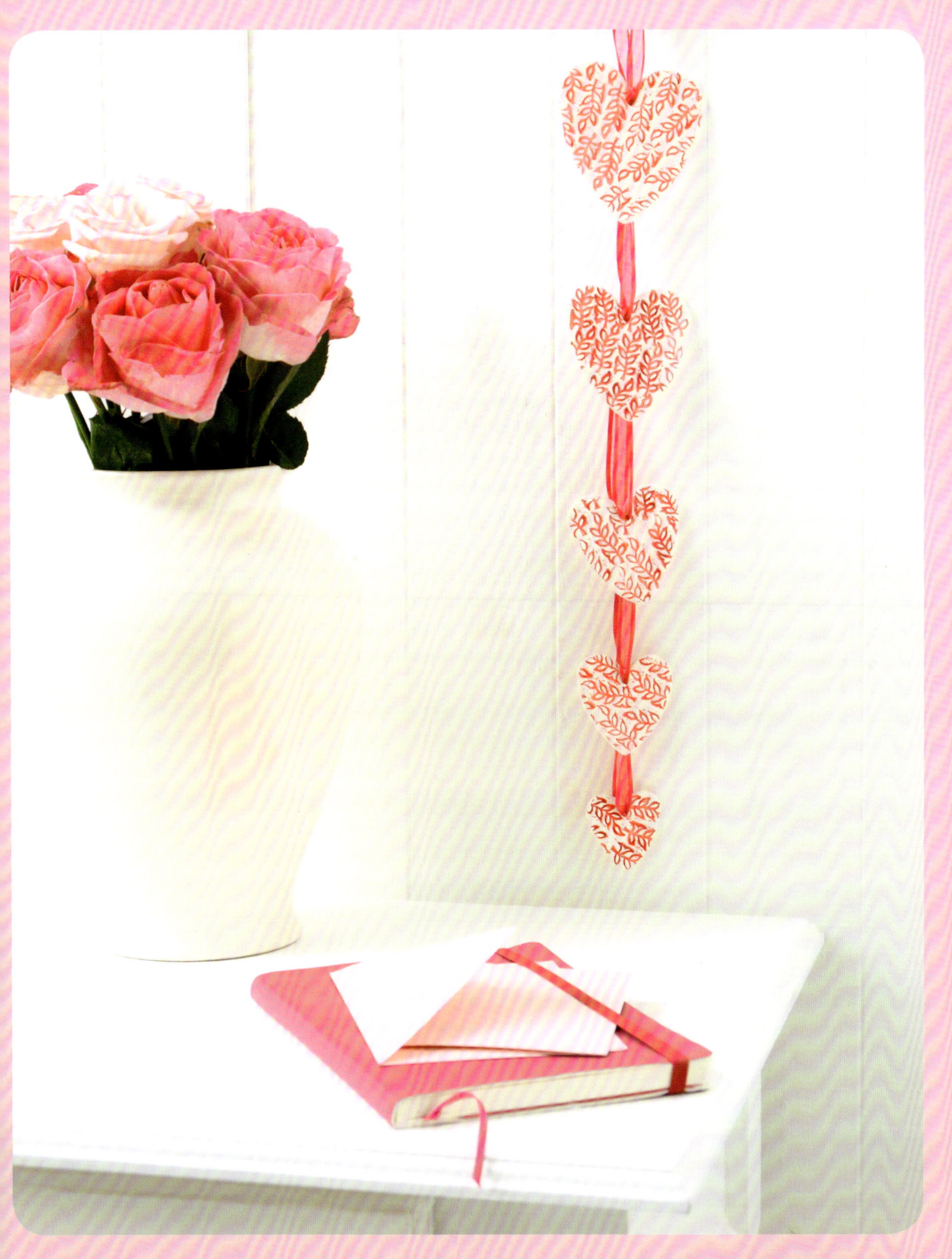

1 Walzen Sie etwa 60 g lufttrocknenden Ton zu einer 8 mm dicken Platte aus. Bestempeln Sie sie mit einem Muster.

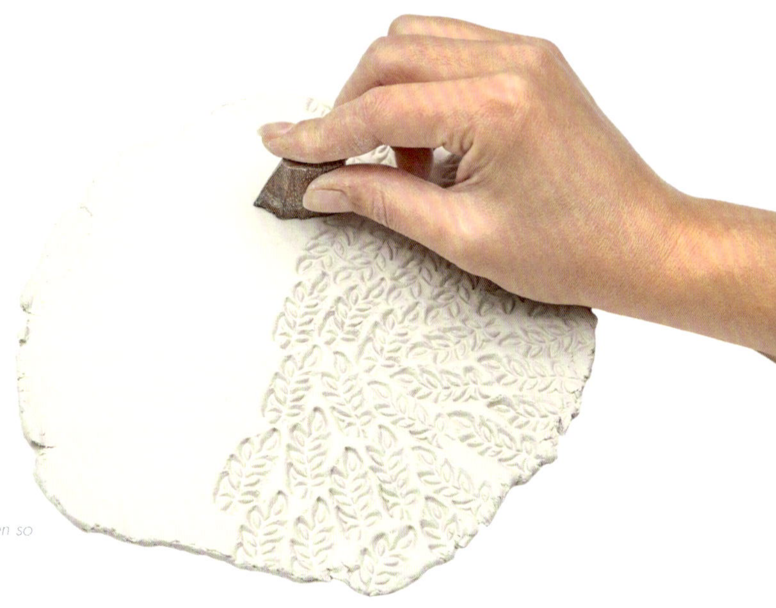

Ordnen Sie die Herzen so an, dass alle auf die Tonplatte passen.

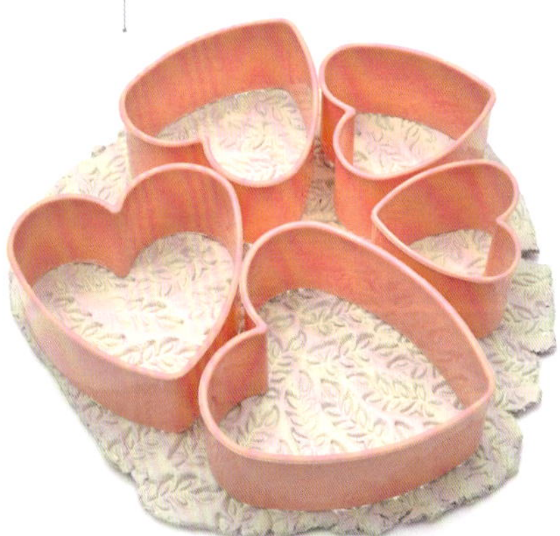

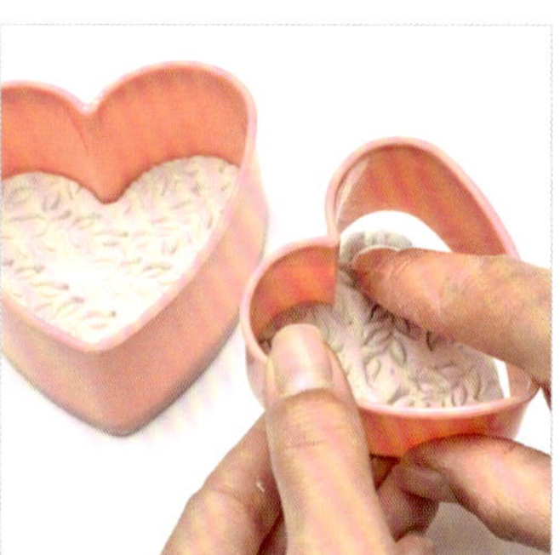

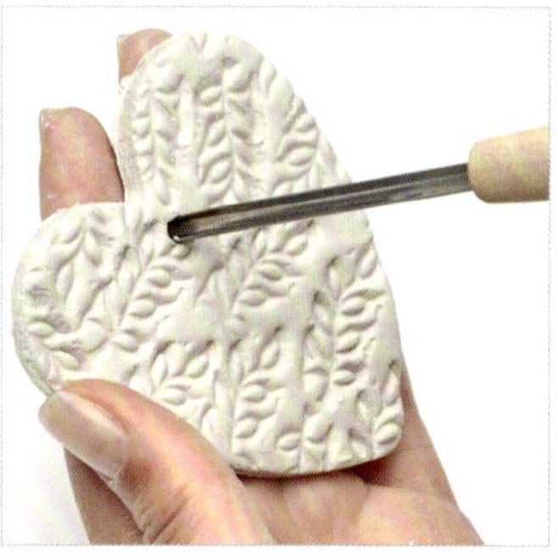

2 Stechen Sie unterschiedlich große Herzen aus der Tonplatte aus.

3 Lösen Sie die Herzen vorsichtig aus den Formen.

4 Machen Sie von der bestempelten Seite aus ein Fädelloch. Das Loch sollte nicht zu nah am Rand sein, da der Ton beim Trocknen reißen kann.

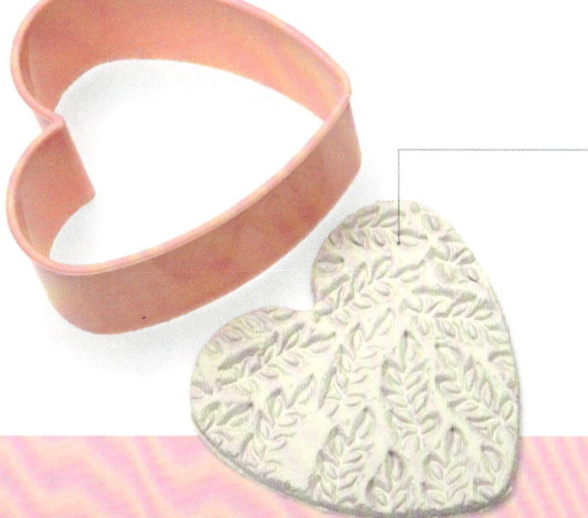

Das gestempelte Muster sollte nicht zu flach sein, sonst nimmt es nicht genug Farbe an.

TIPPS

- *Üben Sie beim Stempeln gleichmäßigen, nicht zu starken Druck auf den Stempel aus, um einen klaren Abdruck zu bekommen.*
- *Experimentieren Sie mit mehreren Motivstempeln auf einer Tonplatte oder texturieren Sie den Ton mit Stoff.*

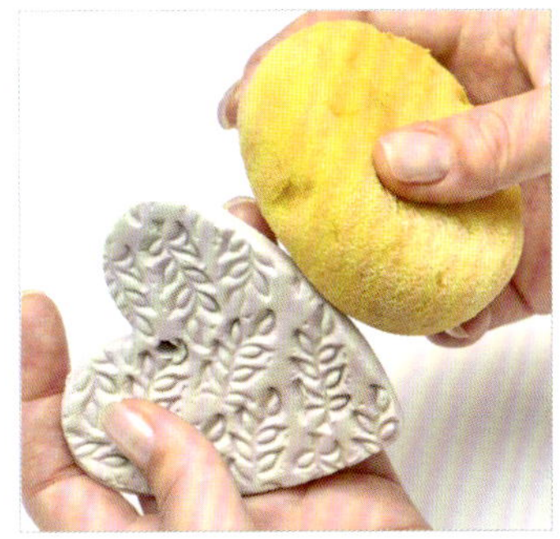

5 Glätten Sie die Kanten und die Rückseite mit einem feuchten Schwamm.

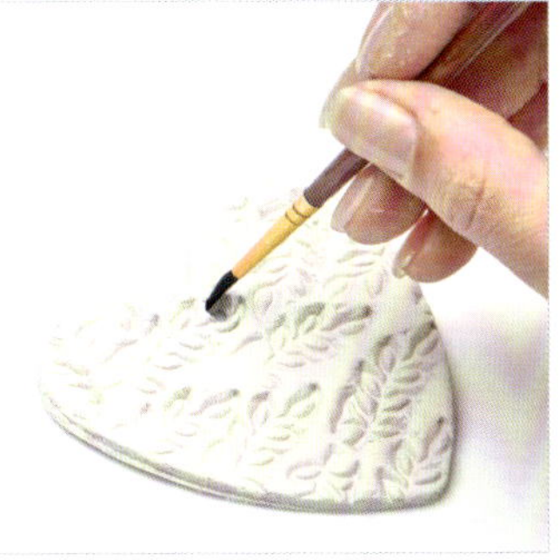

6 Glätten Sie die Lochkanten mit einem nassen Pinsel. Lassen Sie die Herzen über Nacht trocknen.

DEKORIEREN

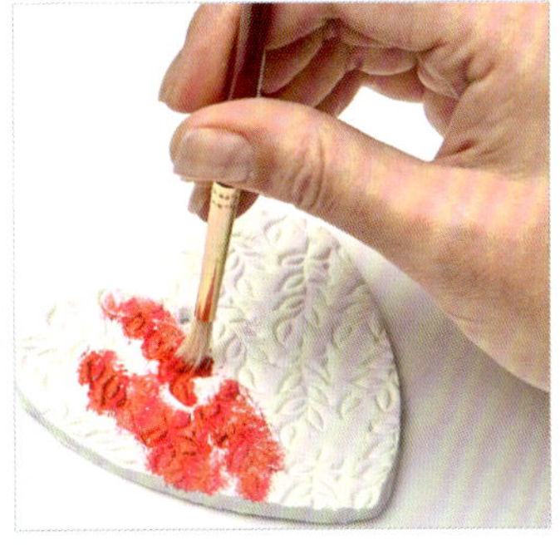

7 Tupfen Sie Acrylfarbe auf die Oberfläche der Herzen. Lassen Sie die Farbe nicht trocknen.

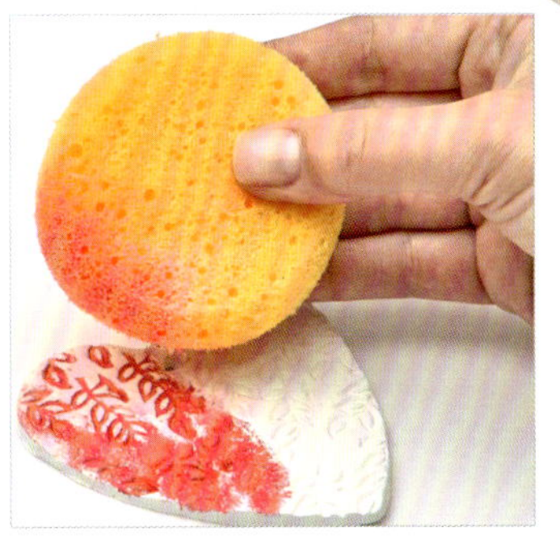

8 Wischen Sie die Farbe mit einem feuchten Schwamm von der Oberfläche ab, bevor die Farbe trocknet. In den Vertiefungen bleibt die Farbe stehen.

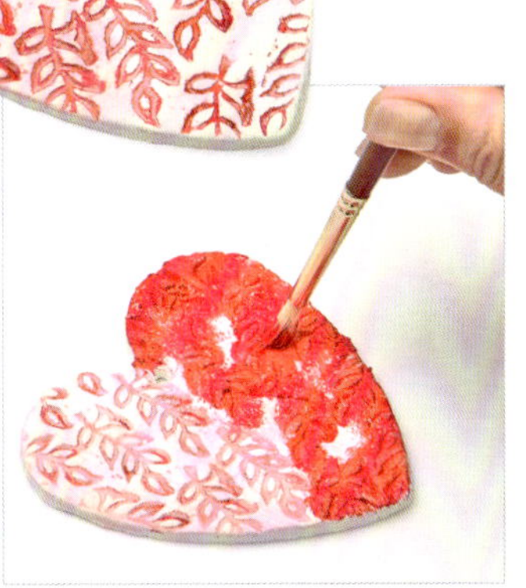

9 Nehmen Sie sich immer nur eine kleine Fläche vor, damit die Farbe nicht an einer Stelle trocknet, während Sie eine andere Stelle abwischen. Nach dem Trocknen versiegeln Sie die Herzen mit klarem Glanzspray. Fädeln Sie die fertigen Herzen auf und hängen Sie sie auf.

Schälchen mit Prägemuster

Von solchen kleinen Schälchen kann man kaum genug haben – und bei der Gestaltung sind Ihrer Fantasie keine Grenzen gesetzt. Sie können mit den unterschiedlichsten Formen, Farben und Texturen experimentieren und sich aussuchen, was am besten zu Ihrer Einrichtung passt.

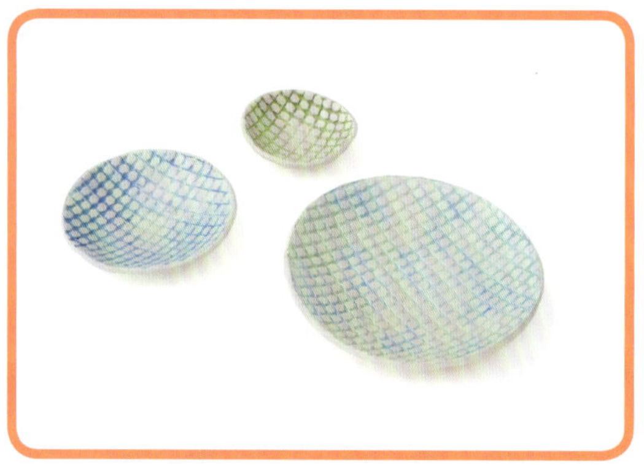

SIE BRAUCHEN

Lufttrocknenden Ton

Messer

Plastikfolie

Teigroller

Holzleisten

Nadel

Material für Texturen, z.B. Spitze, geprägte Tapete, Wolle, Rupfen, Anti-Rutsch-Matte

Schüssel

Cuttermesser

Schwamm

Alufolie

Wasserfarbe (Blau und Grün)

Pinsel

Klaren, glänzenden Sprühlack

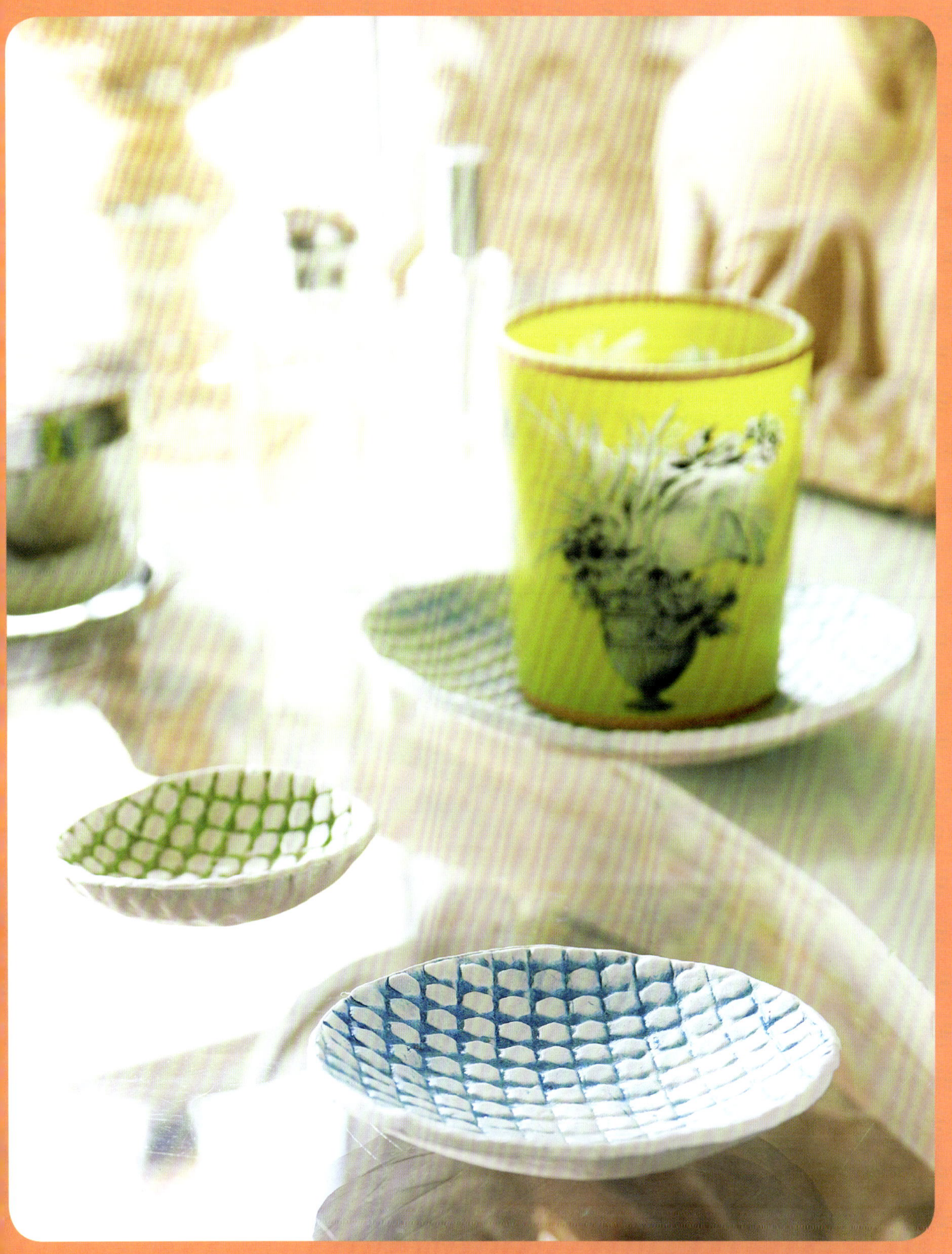

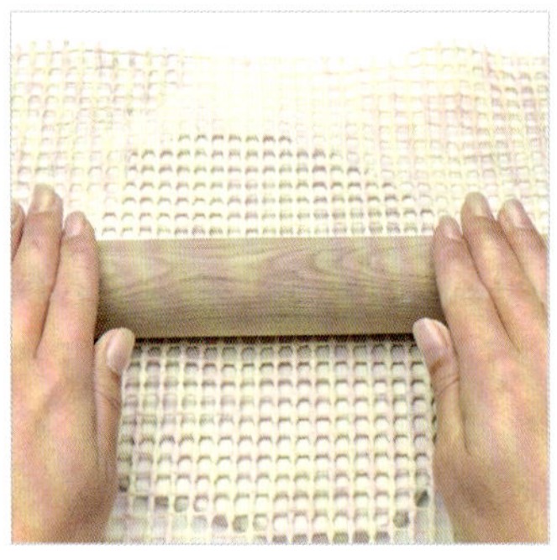

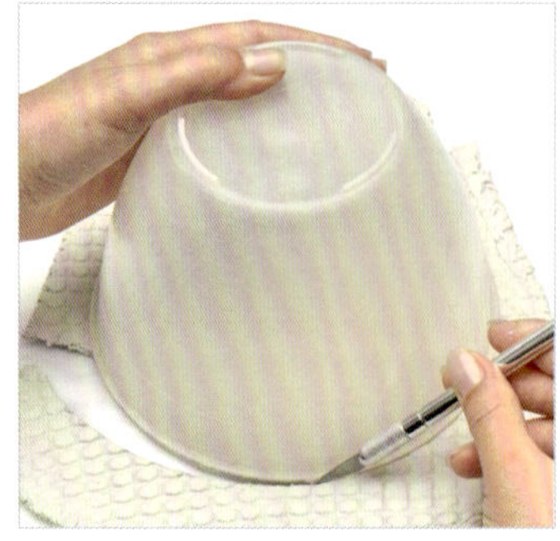

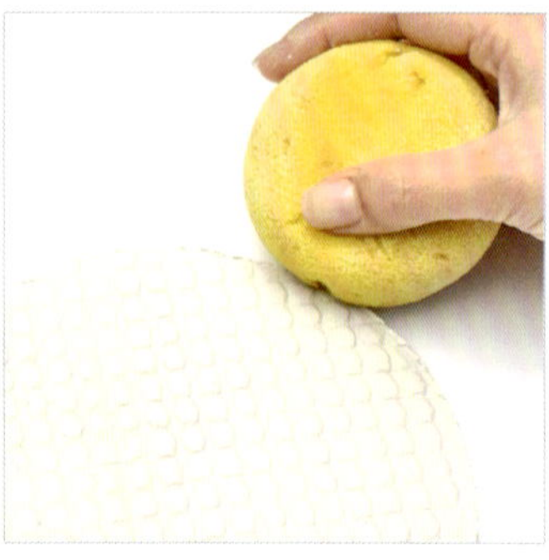

1 Walzen Sie etwa 60 g lufttrocknenden Ton auf Plastikfolie zu einer 1 cm dicken Platte aus. Legen Sie eine texturierte Matte oder Stoff darüber und fahren Sie mit dem Teigroller von der Mitte zu den Kanten darüber.

2 Nehmen Sie die texturierte Matte weg und legen Sie eine Schüssel mit der Öffnung nach unten auf den Ton. Schneiden Sie mit einem Cuttermesser am Rand entlang.

3 Befeuchten Sie einen Schwamm mit sauberem Wasser. Legen Sie den ausgeschnittenen, texturierten Kreis flach auf die Arbeitsplatte und glätten Sie den Rand mit dem Schwamm .

TIPPS

- *Fundstücke aus der Natur wie Blätter ergeben ganz besondere Texturen.*
- *Variieren Sie Größe und Form der Schälchen, sodass Sie sie immer wieder neu kombinieren können.*
- *Drücken Sie die Folie auf die Innenseite einer Schüssel, um eine tiefere Schale zu bekommen. Oder legen Sie sie von außen über die Schüssel und biegen Sie sie ein wenig, wenn Sie eine flachere Schale haben wollen.*
- *Falls Sie zu viel Farbe abgewischt haben und das Muster nicht klar genug hervortritt, können Sie diesen Schritt wiederholen.*

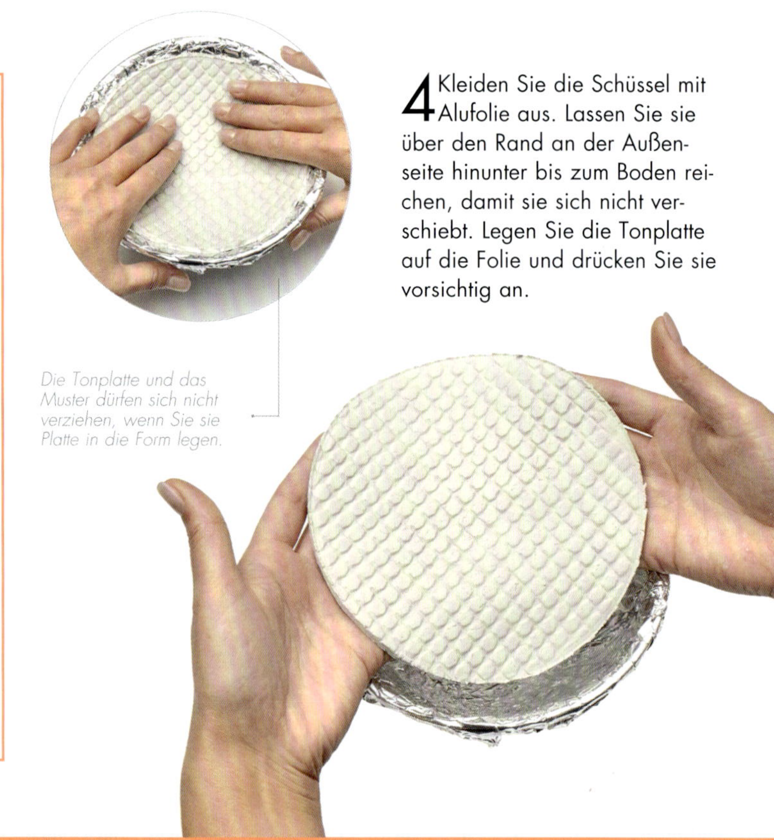

Die Tonplatte und das Muster dürfen sich nicht verziehen, wenn Sie sie Platte in die Form legen.

4 Kleiden Sie die Schüssel mit Alufolie aus. Lassen Sie sie über den Rand an der Außenseite hinunter bis zum Boden reichen, damit sie sich nicht verschiebt. Legen Sie die Tonplatte auf die Folie und drücken Sie sie vorsichtig an.

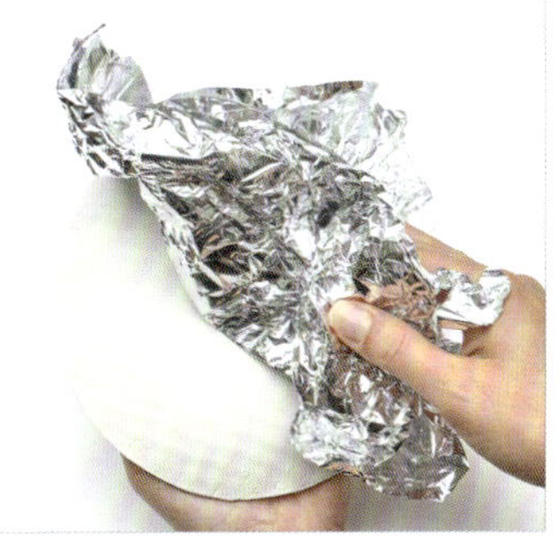

5 Lassen Sie die Schale in der Schüssel trocknen. Dann heben Sie sie mit der Alufolie aus der Schüssel.

DEKORIEREN

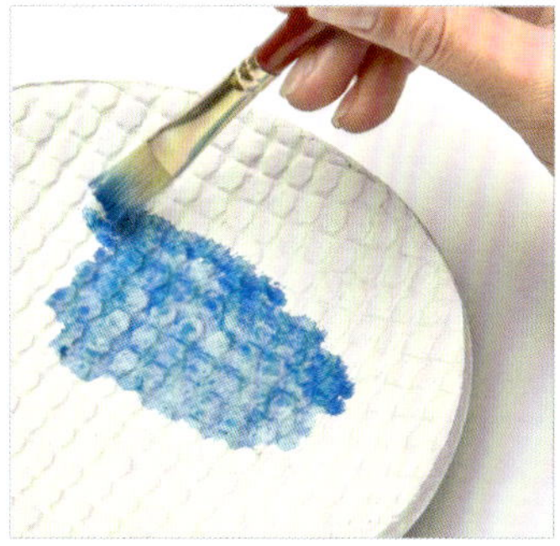

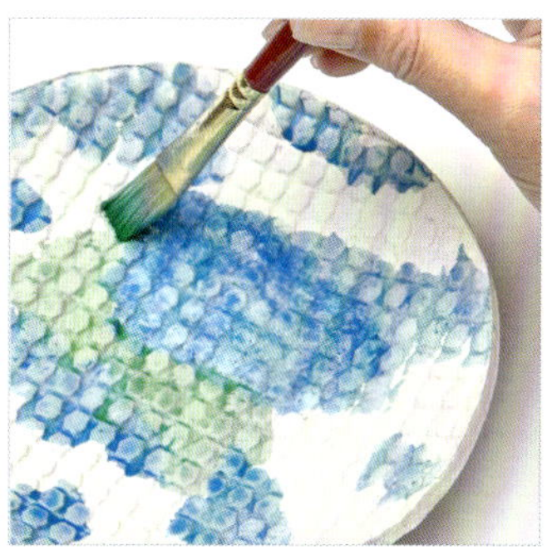

6 Bemalen Sie einzelne Bereiche in der Schale mit Wasserfarbe, zunächst in einem Farbton.

7 Füllen Sie die freigebliebenen Flächen mit einer anderen Farbe. Bei mehreren Farbschichten wird der Farbton kräftiger.

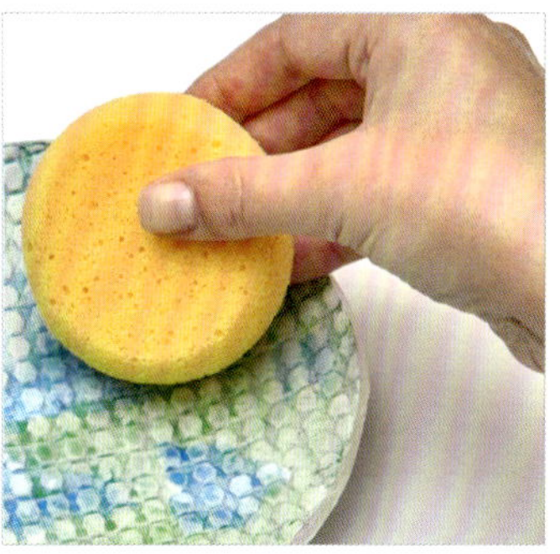

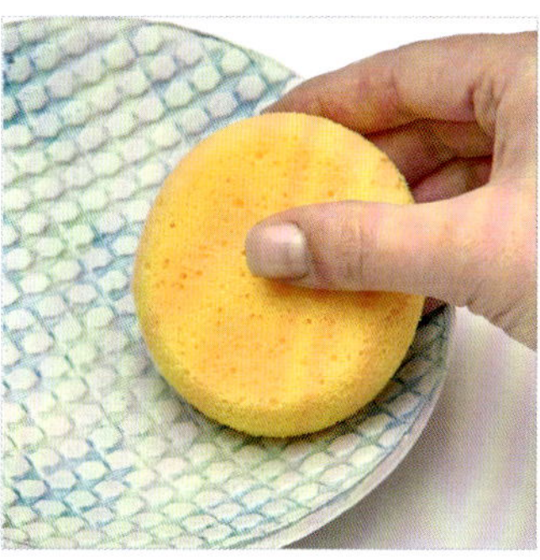

8 Wischen Sie die Farbe mit einem feuchten Schwamm von der Mitte zum Rand ab. Der Schwamm darf nicht zu nass sein, sonst wird die Farbe aus den Vertiefungen geschwemmt.

9 Nachdem die Farbe von den erhabenen Flächen abgewischt ist, lassen Sie die Schale trocknen. Danach versiegeln Sie sie mit klarem Glanzspray.

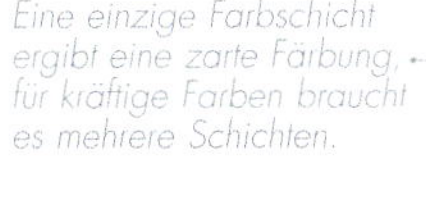

Eine einzige Farbschicht ergibt eine zarte Färbung, für kräftige Farben braucht es mehrere Schichten.

Spiegelparade

Diese kleinen Spiegel mit ihren bunten Rahmen sind ein Blickfang für jeden Wand. Die Muster sind schlicht, aber wirkungsvoll und lassen sich endlos variieren.

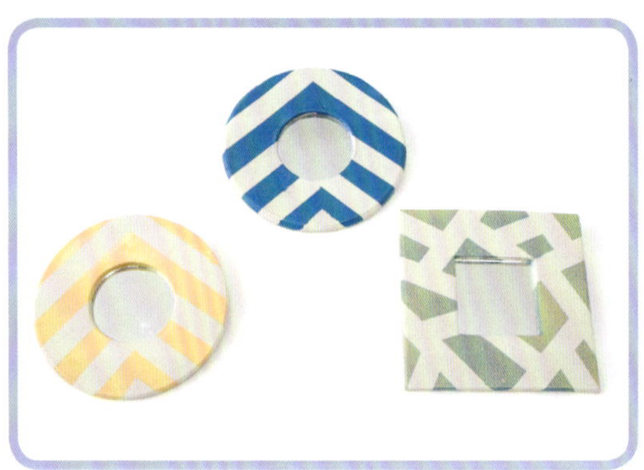

SIE BRAUCHEN

- Lufttrocknenden Ton
- Messer
- Plastikfolie
- Teigroller
- Holzleisten
- Nadel
- Schale (Durchmesser 12 cm)
- Dickwandige Pappröhre (Durchmesser 5 cm)
- Runder Spiegel (Durchmesser 5 cm)
- Pinsel
- Schwamm
- Dünnen Draht
- Drahtschere
- Washi-Tape (Klebeband)
- Sprühfarbe (blau)
- Klaren, glänzenden Sprühlack

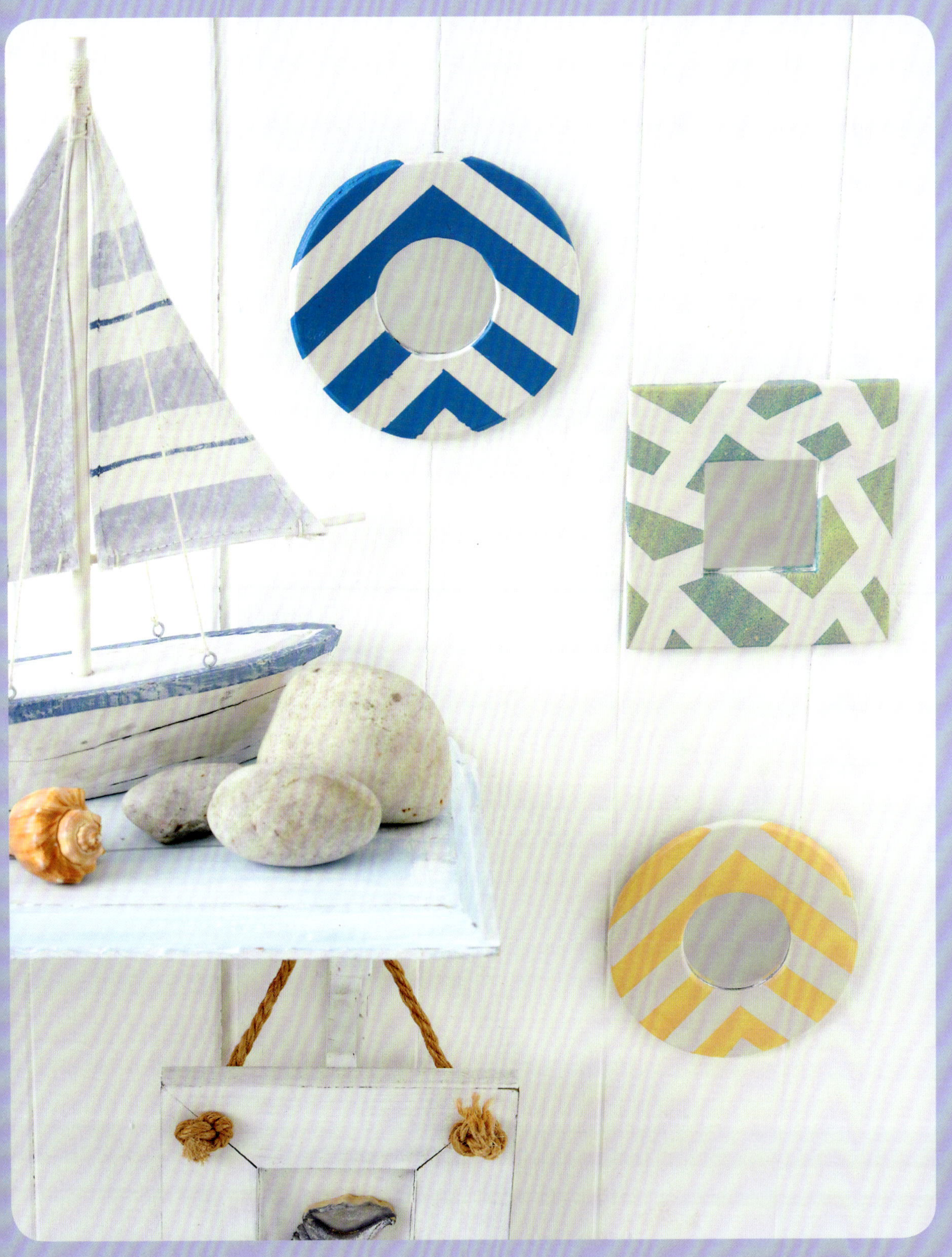

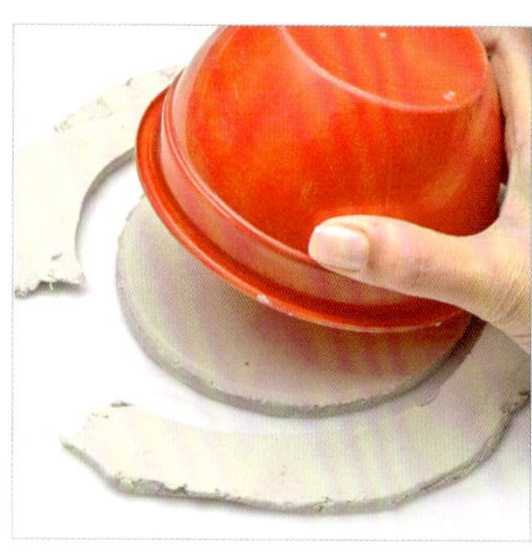

1 Walzen Sie etwa 60 g lufttrocknenden Ton zu einer 1 cm dicken Platte aus. Stellen Sie eine umgedrehte Schüssel darauf und schneiden Sie mit einem Cuttermesser am Rand entlang.

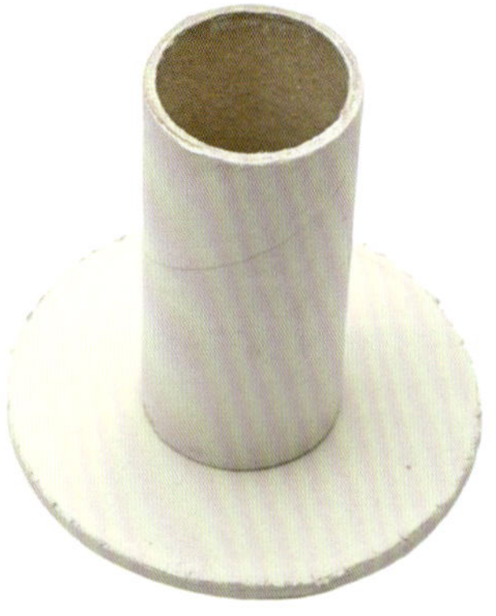

2 Stellen Sie eine Papprröhre mittig auf die kreisrunde Tonplatte. Machen Sie damit einen Abdruck in den Ton.

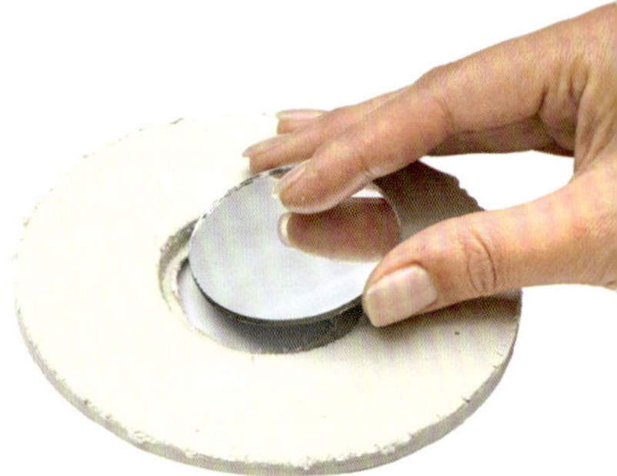

3 Schneiden Sie mit einem Messer den inneren Kreis aus, den Sie mit der Papprröhre markiert haben. Auf diese Weise bleibt ein Rand stehen, auf dem der Spiegel aufliegt. Legen Sie den Spiegel vorsichtig in die Vertiefung.

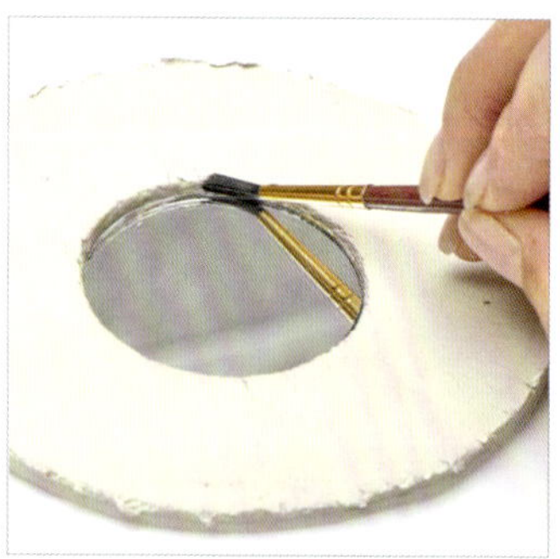

4 Glätten Sie die Kanten rund um den Spiegel auf der Vorder- und Rückseite mit einem nassen Pinsel.

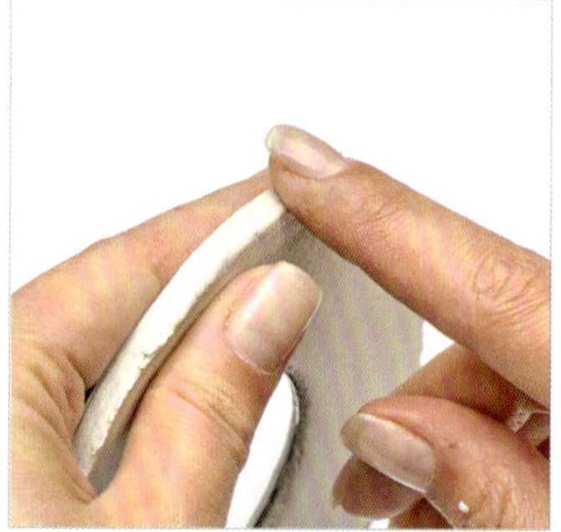

5 Tauchen Sie den Finger in Wasser und fahren Sie damit über die Außenkante des Rahmens, um sie zu glätten.

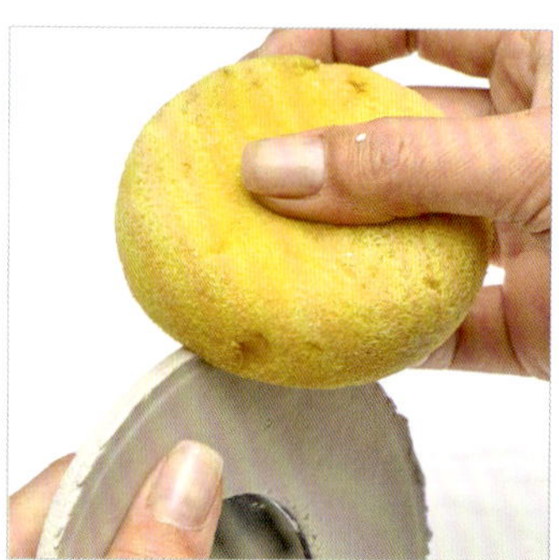

6 Befeuchten Sie einen Schwamm mit sauberem Wasser und glätten Sie damit die letzten Unebenheiten an der Außenkante.

TIPPS

- *Experimentieren Sie mit unterschiedlichen Formen von Spiegeln und Rahmen und lassen Sie Ihrer Fantasie freien Lauf.*
- *Für das Dekor des Spiegelrahmens bietet sich eine Vielzahl an Techniken an. Prägen Sie nach dem Auswalzen Muster in den Ton oder verzieren Sie ihn mit Reis oder Perlen.*

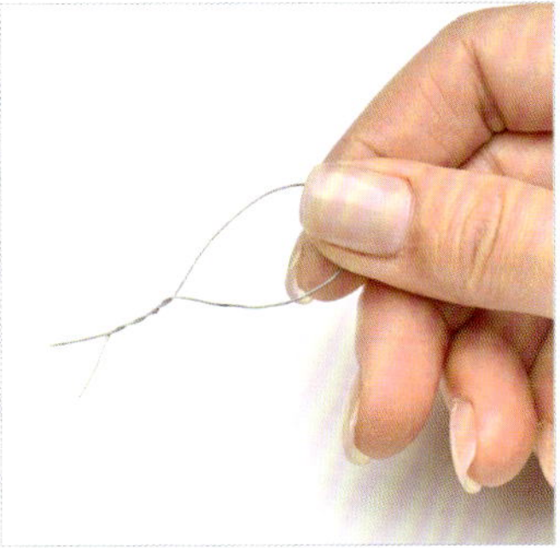

7 Schneiden Sie für den Aufhänger ein 6 cm langes Drahtstück zu, biegen Sie es zu einer Schlaufe und verdrehen Sie die Enden so, dass eine 2,5 cm lange Schlaufe bleibt.

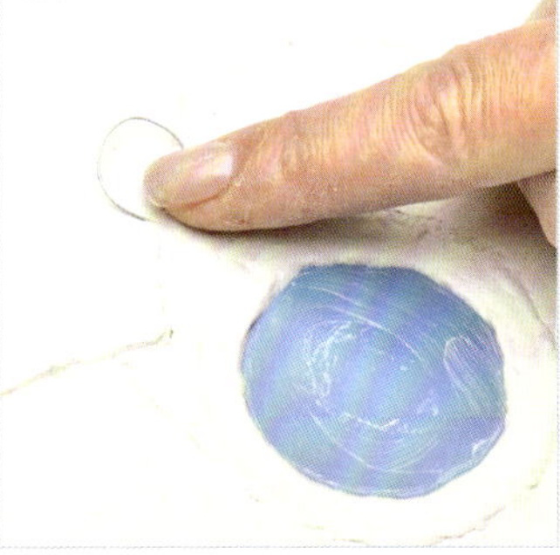

8 Drücken Sie die verzwirbelten Enden auf der Rückseite so in den Ton, dass die Schlaufe ein wenig hochsteht. Glätten Sie den Ton über den Drahtenden mit einem angefeuchteten Finger, bevor Sie den Rahmen mit der Vorderseite nach unten trocknen lassen.

DEKORIEREN

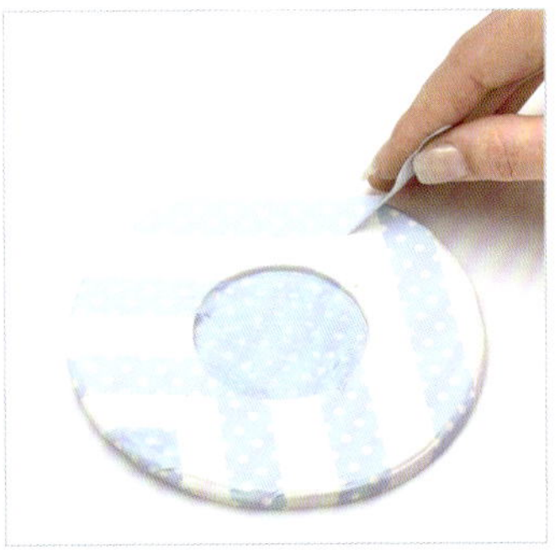

9 Kleben Sie mit Klebeband ein Pfeilmuster auf den Rahmen. Falten Sie die Enden über die Kante und drücken Sie das Klebeband gut an. Den Spiegel bekleben Sie ganz.

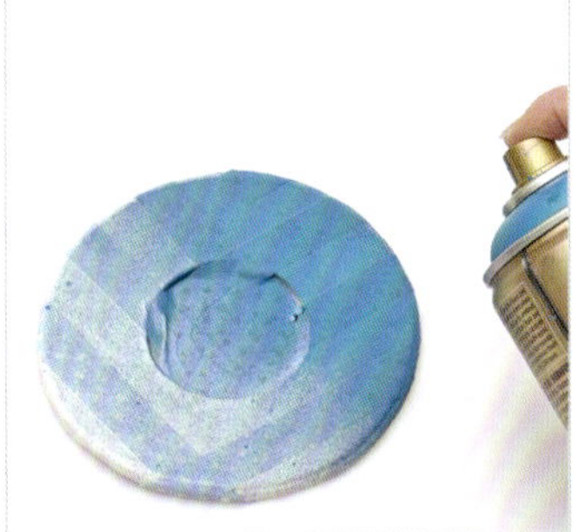

10 Besprühen Sie den Rahmen gleichmäßig. Falls nötig, fügen Sie nach dem Trocknen eine weitere Schicht hinzu. Die Farbschichten sollten nicht zu dick sein, weil sonst „Nasen" und Luftblasen entstehen.

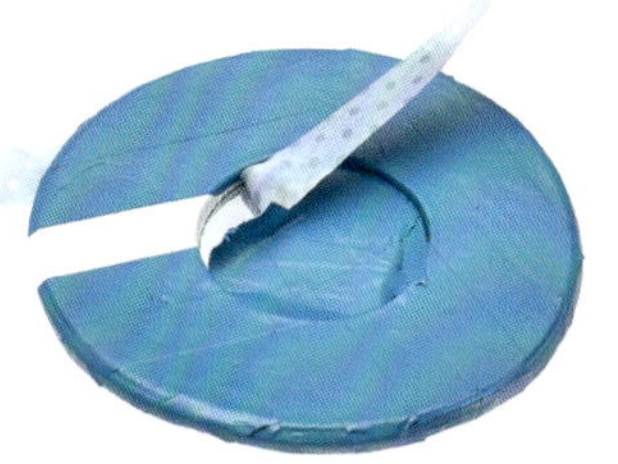

11 Ziehen Sie das Klebeband vom Rahmen, lassen den Spiegel aber beklebt. Versiegeln Sie den Rahmen mit Glanzspray. Nachdem Trocknen legen Sie auch den Spiegel frei.

Kleine Knöpfe

Egal, ob Sie ein Lesezeichen brauchen, eine Geschenkverpackung aufpeppen oder Weihnachtskarten an einer Schnur aufhängen wollen – für diese hübschen kleinen Klammern findet sich sicherlich eine Verwendung.

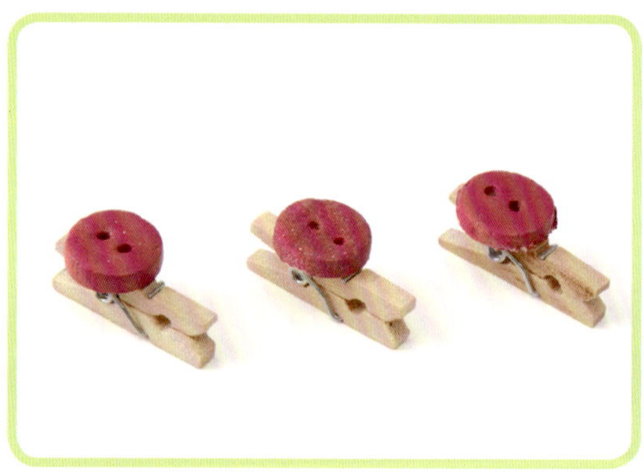

SIE BRAUCHEN

- Lufttrocknenden Ton
- Messer
- Plastikfolie
- Teigroller
- Holzleisten
- Kreisförmigen Ausstecher (Durchmesser 1,5 cm)
- Dicke Töpfernadel
- Pinsel
- Schnur
- Sekundenkleber
- Kleine Holzklammern
- Sprühfarbe (pink)
- Klaren, glänzenden Sprühlack

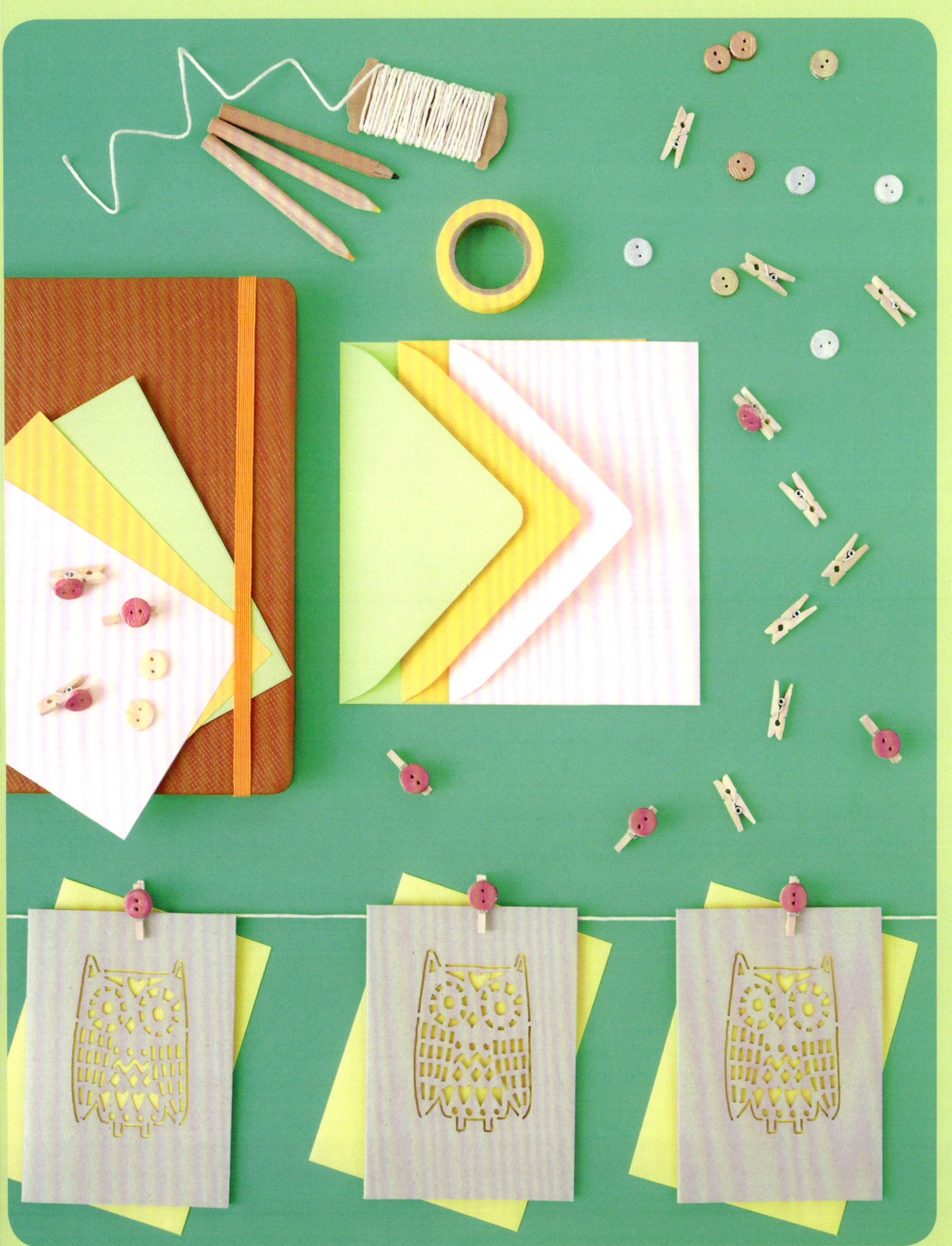

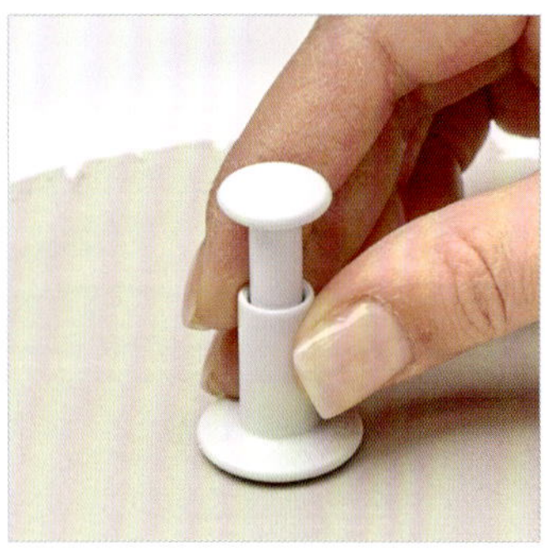

1 Walzen Sie etwa 90 g lufttrocknenden Ton zu einer 5 mm dicken Platte aus. Stechen Sie mit dem Ausstechförmchen Kreise aus.

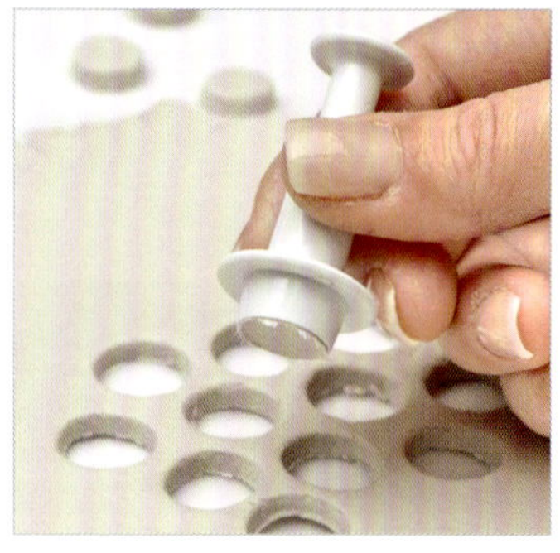

2 Legen Sie die Tonkreise auf Plastikfolie.

TIPPS

- *Texturieren Sie den Ton (siehe Seiten 21 und 23), bevor Sie die Kreise ausstechen.*
- *Um saubere Fädellöcher zu bekommen, müssen Sie die Löcher von beiden Seiten stechen.*

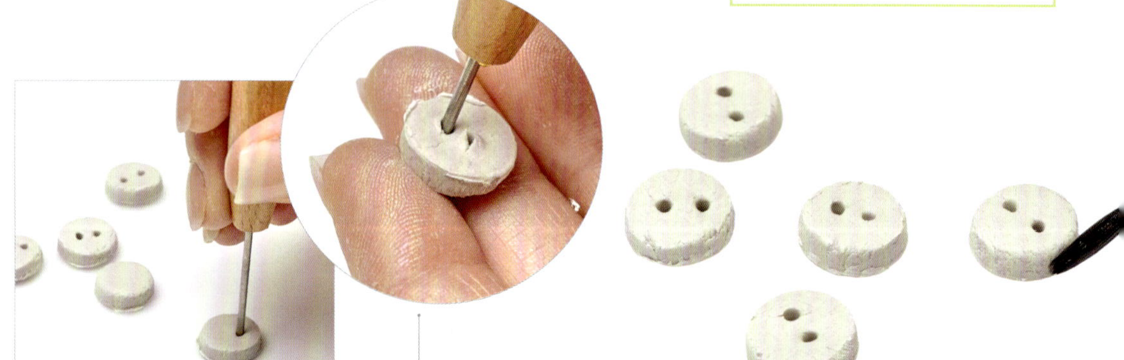

3 Stechen Sie mit einer dicken Töpfernadel zwei Löcher in die Vorderseite. Dann drehen Sie den Knopf um, halten ihn in der Hand und stechen die Löcher noch einmal von hinten nach vorne.

Stützen Sie den Knopf mit den Fingern, wenn Sie von der Rückseite stechen.

4 Tauchen Sie einen kleinen Pinsel in sauberes Wasser und glätten Sie damit vorsichtig die Kanten der Knöpfe. Sie können Unebenheiten auch mit den Fingern begradigen. Lassen Sie die Knöpfe über Nacht trocknen.

DEKORIEREN

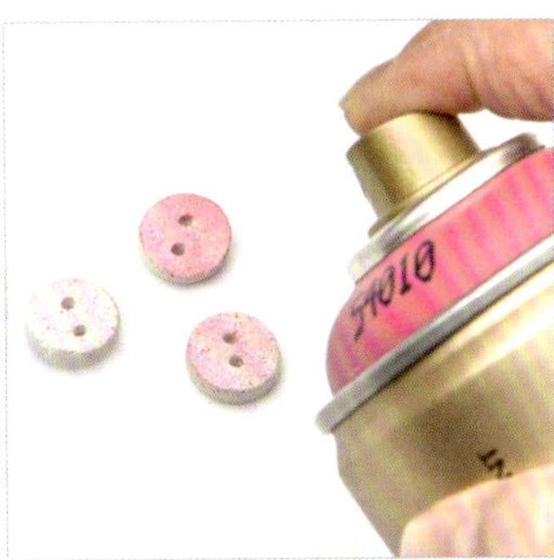

5 Besprühen Sie die Knöpfe von allen Seiten mit Farbe – natürlich bei guter Belüftung.

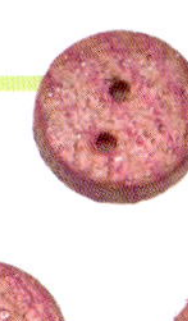

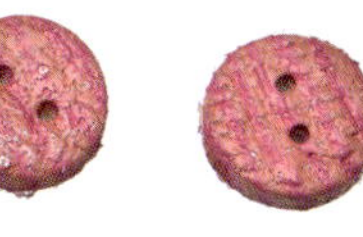

6 Wenn die Farbe getrocknet ist, versiegeln Sie die Knöpfe mit Glanzspray.

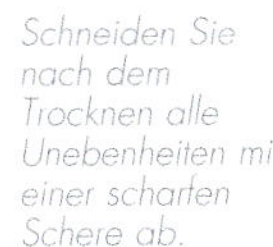

Schneiden Sie nach dem Trocknen alle Unebenheiten mit einer scharfen Schere ab.

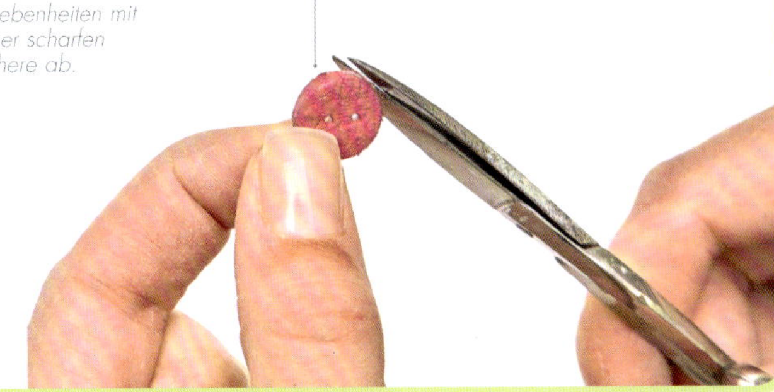

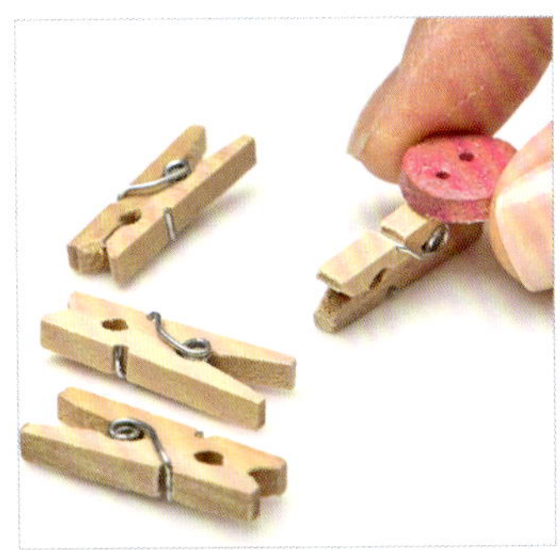

7 Befestigen Sie die Knöpfe mit Sekundenkleber auf den kleinen Holzklammern, mit denen Sie Karten an einer Schnur aufhängen können.

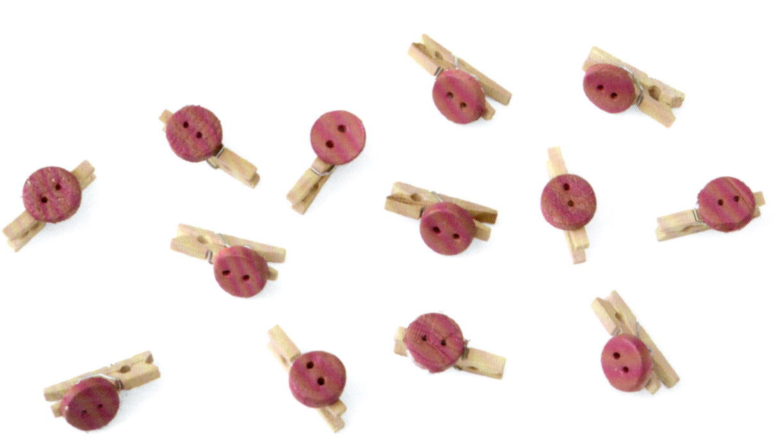

Ring mit Prägemuster

Aus lufttrocknendem Ton können Sie sich für jedes Outfit den passenden Ring machen – Formen, Farben und Mustern sind keine Grenzen gesetzt.

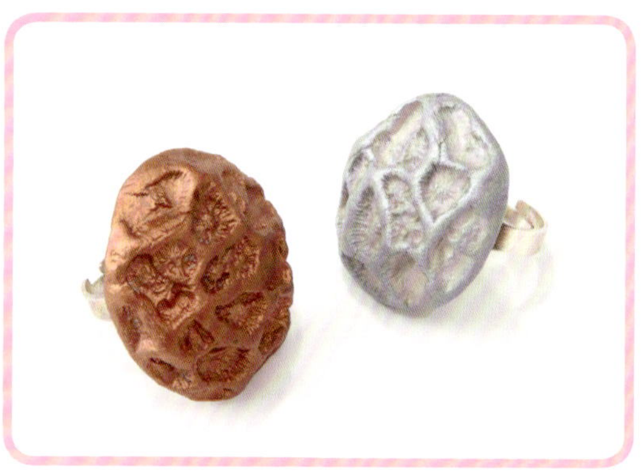

SIE BRAUCHEN

Lufttrocknenden Ton

Messer

Plastikfolie

Teigroller

Holzleisten

Nadel

Pinsel

Schwamm

Fundstücke zum Prägen, z.B. ein kleines Stück Koralle

Verstellbarer Ringrohling mit flacher Platte (2 cm)

Sekundenkleber

Stempelkissen (kupferfarben)

Klaren, glänzenden Sprühlack

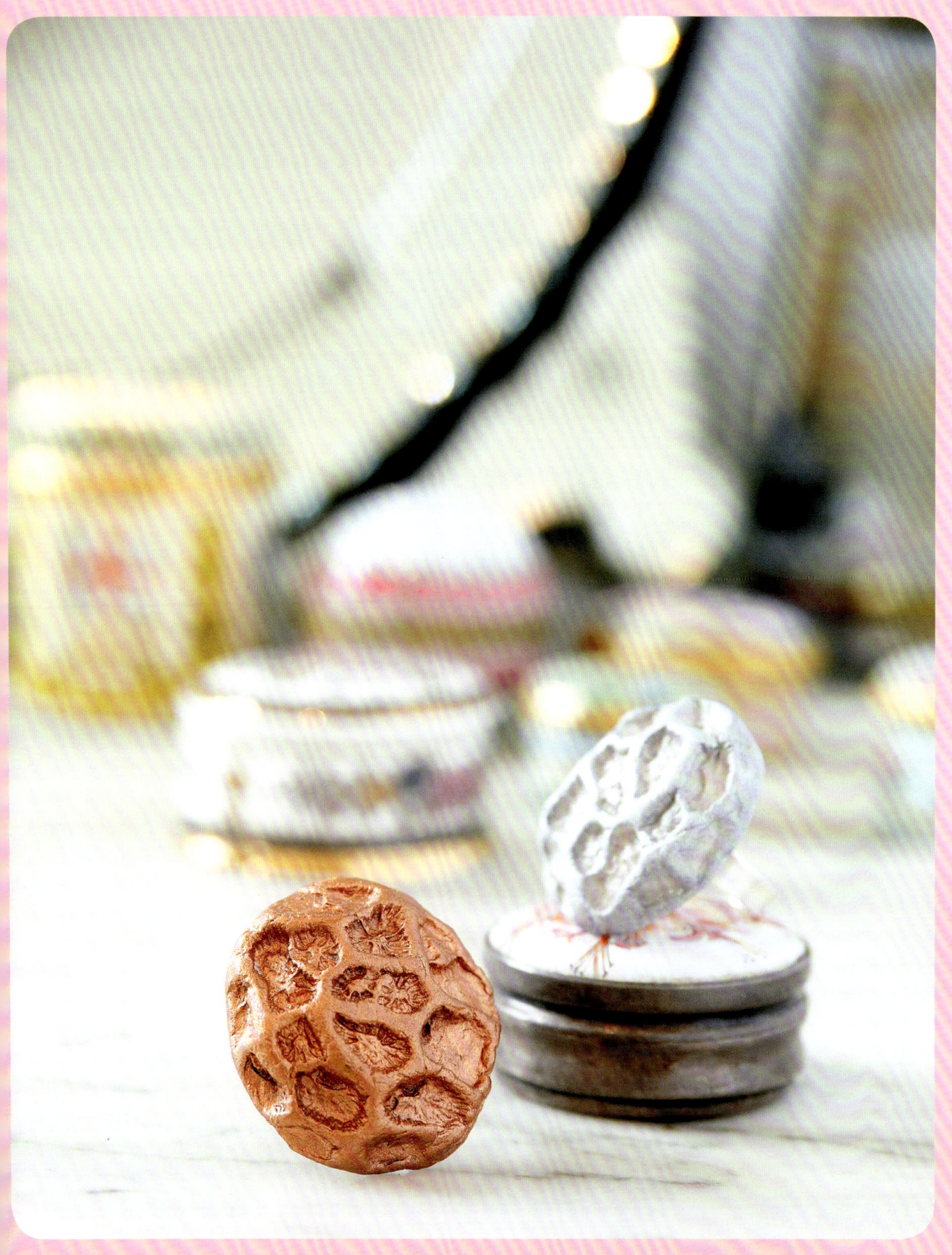

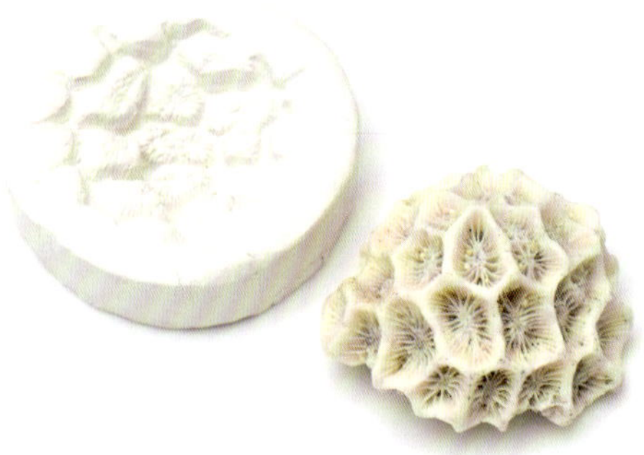

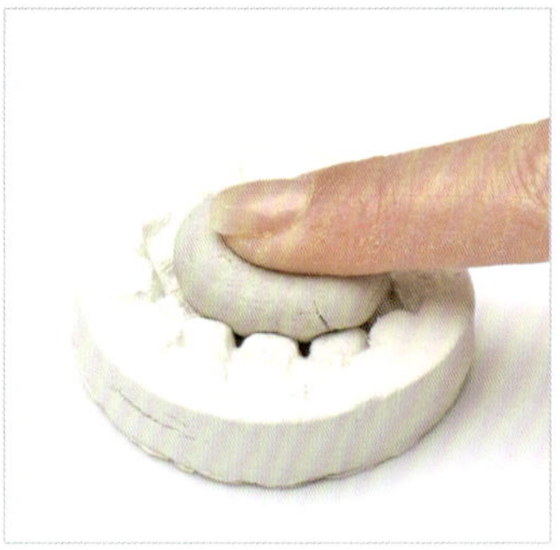

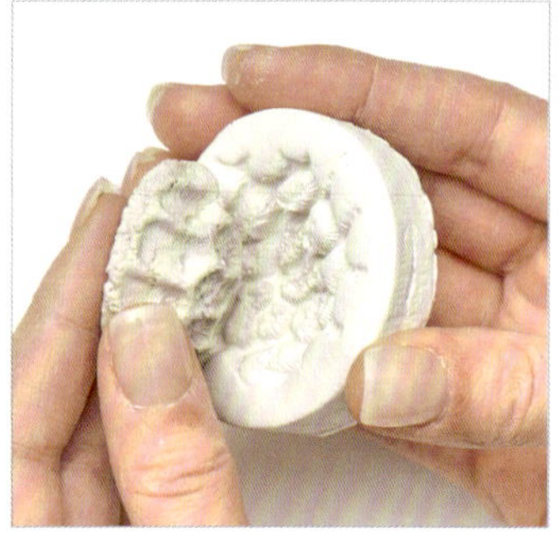

1 Fertigen Sie aus etwa 90 g lufttrocknendem Ton eine Eindrückform von dem Fundstück Ihrer Wahl an (siehe Seite 18-19). Ich habe hier ein kleines Stück Koralle verwendet. Lassen Sie die Form 48 Stunden lang trocknen.

2 Formen Sie eine kleine Kugel aus lufttrocknendem Ton und drücken Sie sie in die Form. Falls nötig, füllen Sie die Form mit zusätzlichem Ton auf.

3 Heben Sie das Motiv behutsam aus der Form, ohne das Muster zu beschädigen.

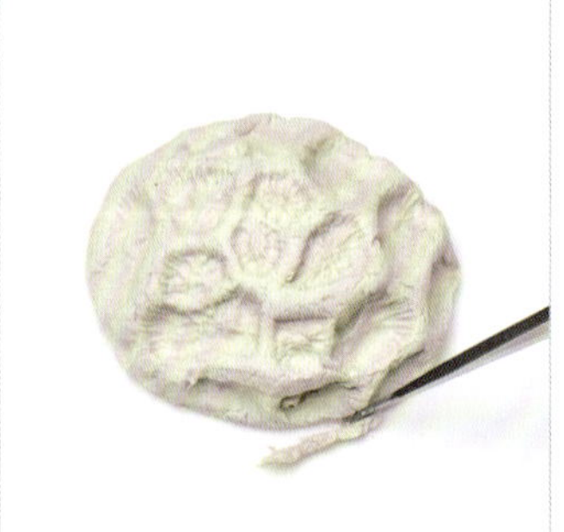

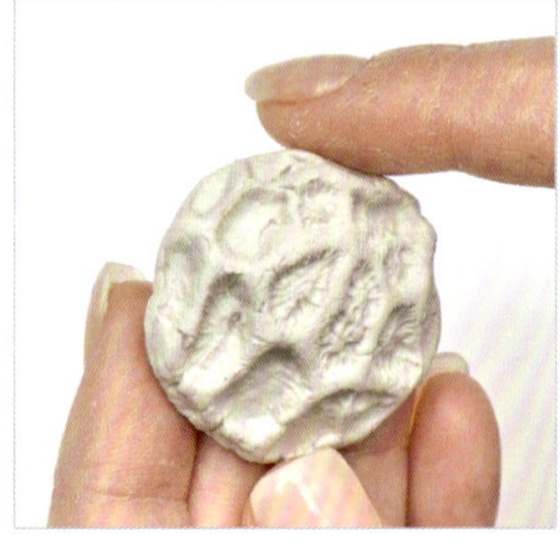

4 Schneiden Sie den überschüssigen Ton mit einem scharfen Messer ab.

5 Tauchen Sie einen Finger in sauberes Wasser und glätten Sie den Rand des Motivs.

TIPPS

- *Bemalen Sie Ihren Abdruck passend zu Ihrer Kleidung – und wenn Sie sich nicht entscheiden können, machen Sie eben mehrere Ringe in unterschiedlichen Farben.*
- *Der abzuformende Gegenstand sollte größer sein als die Platte am Ring.*
- *Nach dem Bemalen befestigen Sie das Motiv mit einem Tropfen Sekundenkleber an der Ringplatte, wenn sie keine Widerhaken hat, die sich in den Ton graben und ihn festhalten.*

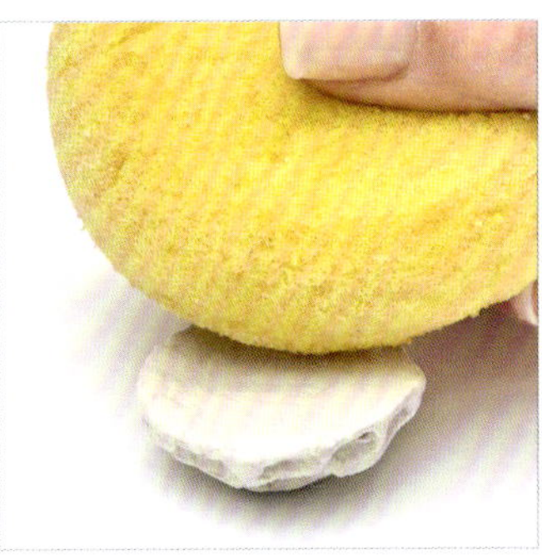

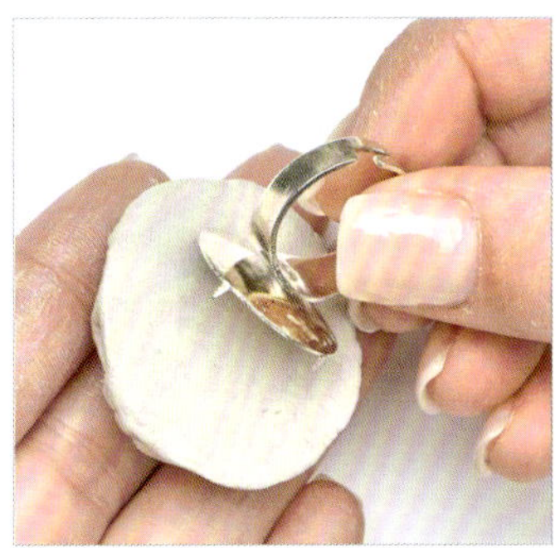

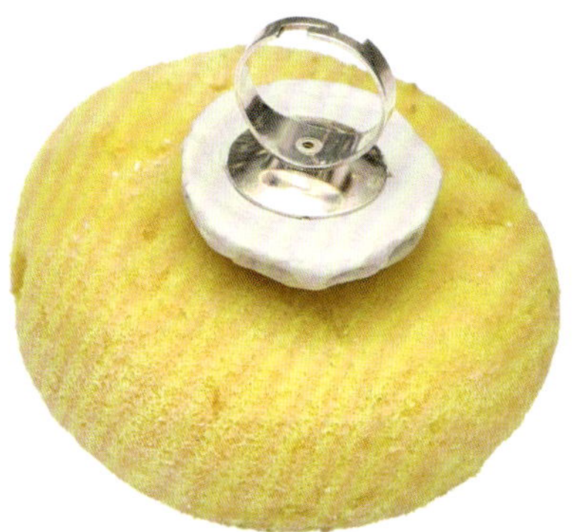

6 Glätten Sie die Rückseite des Motivs mit einem feuchten Schwamm.

7 Drücken Sie die Ringplatte behutsam auf die Rückseite des Motivs. Wenn die Platte mit Widerhaken versehen ist, brauchen Sie anders als bei einer glatten Platte keinen Sekundenkleber, um es festzuhalten.

8 Lassen Sie den Ring über Nacht umgedreht auf einem trockenen Schwamm trocknen. So kann die Luft zirkulieren und das Motiv wird nicht zerdrückt. Wenn Ihr Rohling eine glatte Platte hat, kleben Sie das getrocknete Motiv mit Sekundenkleber auf.

DEKORIEREN

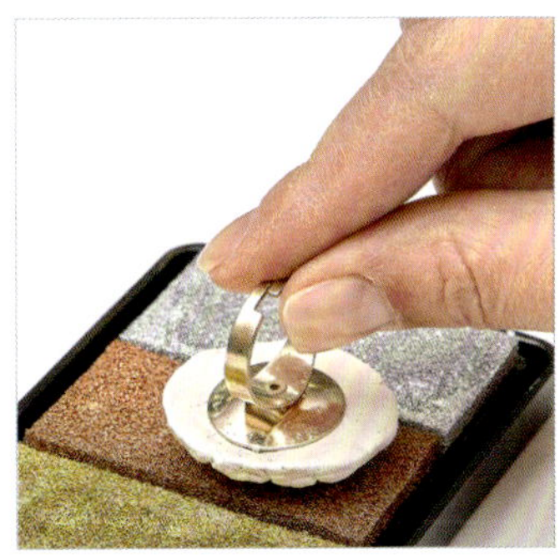

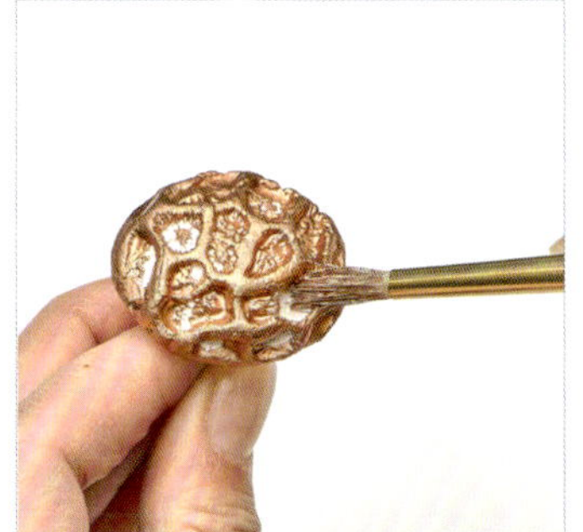

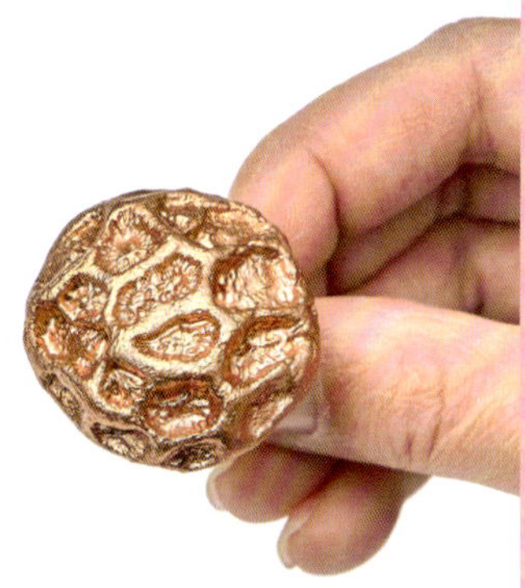

9 Drücken Sie den Ring immer wieder vorsichtig auf das Stempelkissen, um einen gleichmäßigen Farbauftrag zu bekommen.

10 Falls nötig, bemalen Sie freigebliebene Stellen mit Farbe, die Sie mit dem Pinsel vom Stempelkissen aufnehmen. Lassen Sie die Farbe trocknen, bevor Sie die Oberfläche berühren.

11 Nach dem Trocknen versiegeln Sie den Ring mit klarem Glanzlack.

Bunte Perlen

Mit lufttrocknendem Ton lassen sich Perlen in allen erdenklichen Formen und Farben herstellen: große, kleine, runde, längliche, einfarbige und marmorierte. Ihrer Fantasie sind keine Grenzen gesetzt!

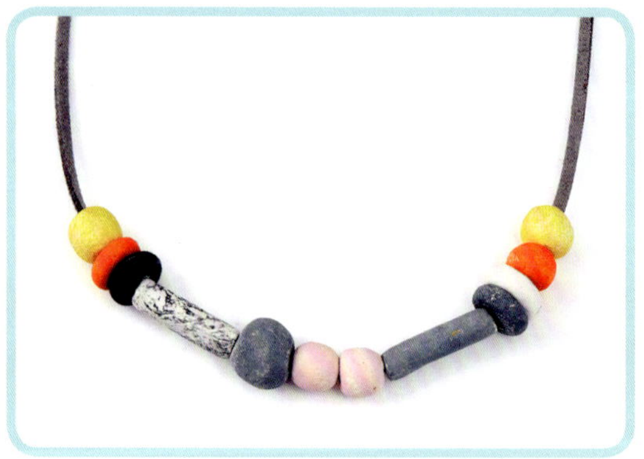

SIE BRAUCHEN

- Lufttrocknenden Ton
- Messer
- Plastikfolie
- Zahnstocher
- Schwamm
- Pinsel
- Wasserbehälter
- Acrylfarbe (gelb, schwarz, weiß, pink und rot)
- Farbpalette
- Töpfernadel
- Plastikhandschuhe
- Lederriemen (3 mm dick, 90 cm lang)

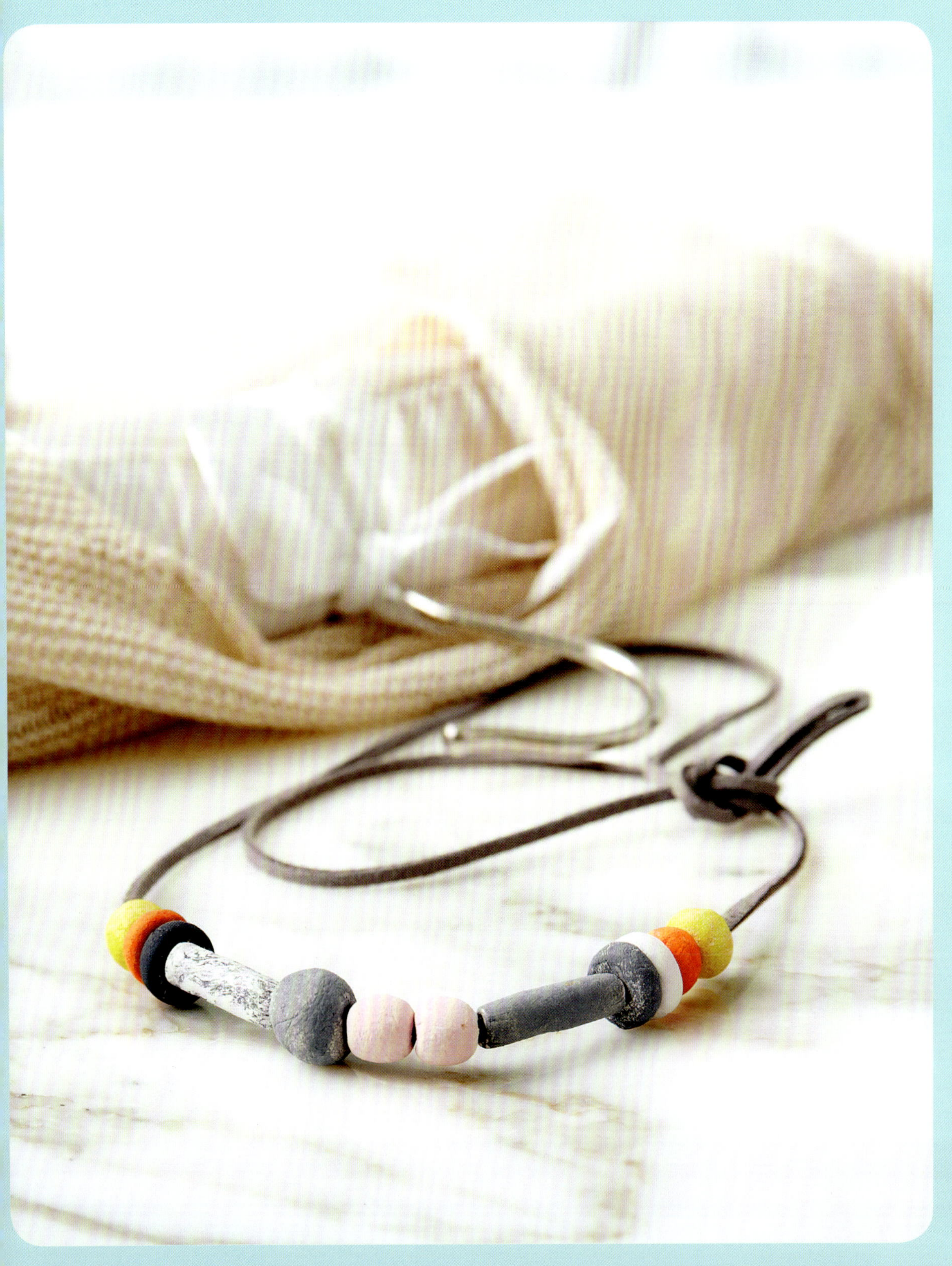

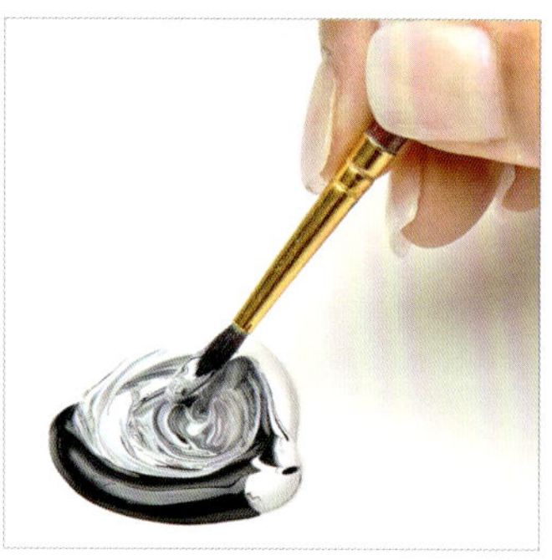

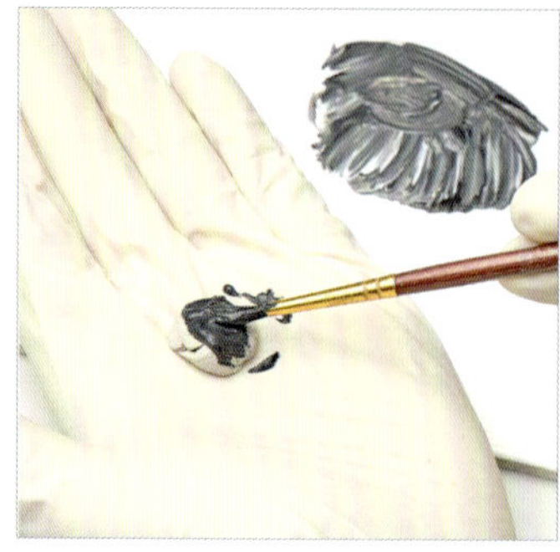

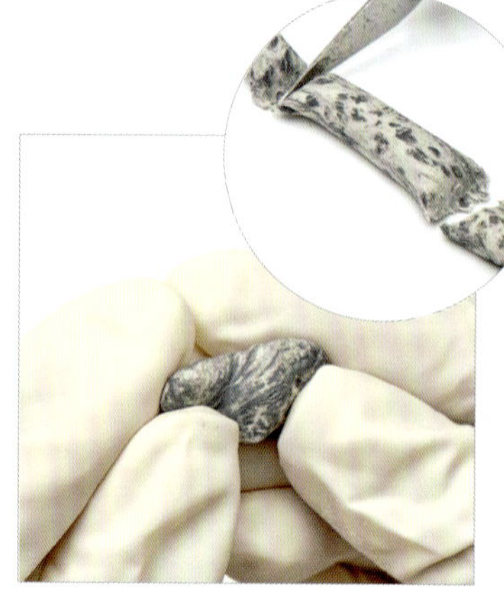

1 Überlegen Sie, welche Farben Ihre Perlen haben sollen. Wir haben uns für Grau und Weiß für die marmorierten Perlen und Gelb, Hellrosa und Orange für die einfarbigen Perlen entschieden.

2 Schneiden Sie sieben etwa 5 g schwere Tonstücke vom Block. Schützen Sie die Hände mit sauberen Latexhandschuhen, wenn Sie den Ton einfärben. Ziehen Sie für jede Farbe frische Handschuhe an, damit die Farben sich nicht vermischen.

3 Formen Sie Perlen mit etwa 2 cm Durchmesser oder Länge. Für eine Kugel rollen Sie den Ton zwischen den Handflächen, für eine Rondellform drücken Sie die Kugel auf beiden Seiten auf einem harten Untergrund flach. Eine Röhre entsteht, wenn Sie einen kleinen Wulst formen (siehe Seite 14-15) und die Enden auf einer Fläche flachklopfen.

TIPPS

- *Experimentieren Sie mit unterschiedlichen Techniken der Oberflächendekoration, die auf den Seiten 20-23 vorgestellt werden.*
- *Ein überzeugender Marmoreffekt entsteht, wenn Sie etwas Farbe auf den Ton geben und ihn verdrehen, um die Farbe zu verteilen.*
- *Wenn der Ton trocken ist, können Sie auf der Oberfläche eine weitere Farbschicht auftragen, damit die Farbe wirklich deckt.*

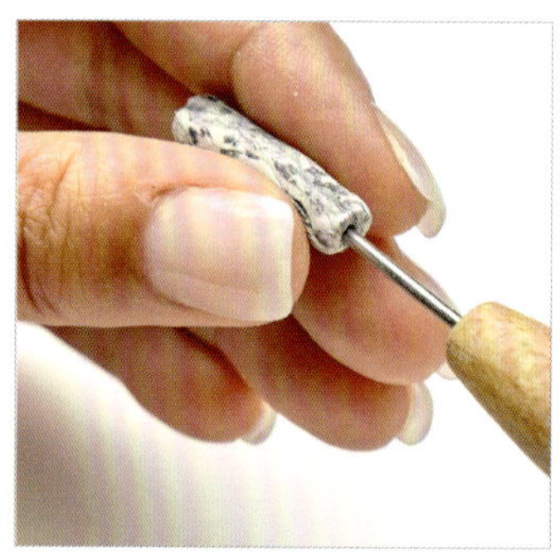

4 Schieben Sie die Töpfernadel von einem Ende zum anderen durch die Perlen.

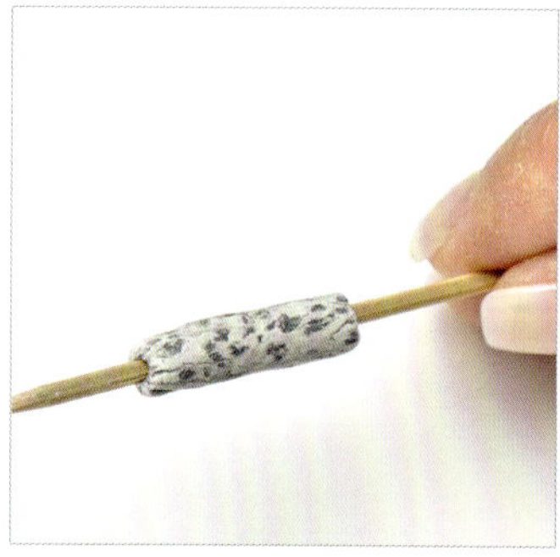

5 Schieben Sie einen Zahnstocher von der anderen Seite durch das Fädelloch, um sicherzugehen, dass es sich durch die ganze Perle zieht.

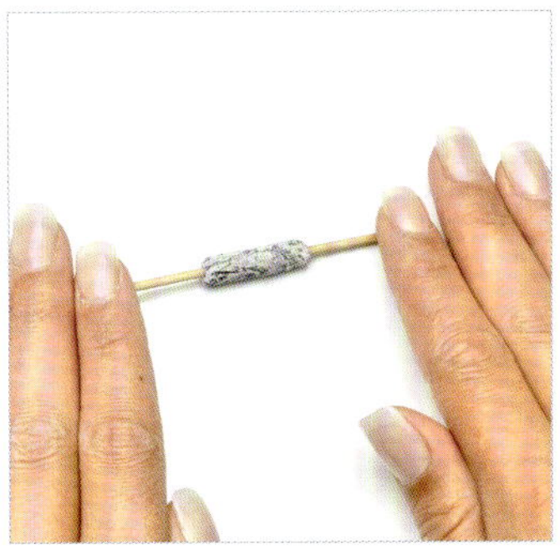

6 Rollen Sie die Perle vorsichtig auf dem Zahnstocher, um das Fädelloch zu weiten. Mit 3 mm ist es groß genug für den Lederriemen.

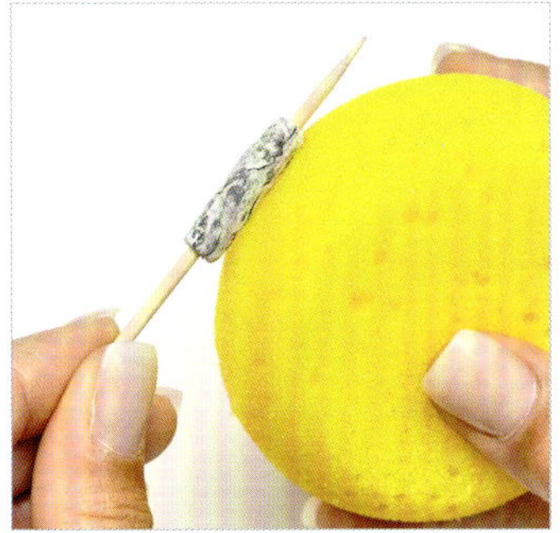

7 Tauchen Sie einen Schwamm in sauberes Wasser und glätten Sie die Oberfläche der Perle auf dem Zahnstocher.

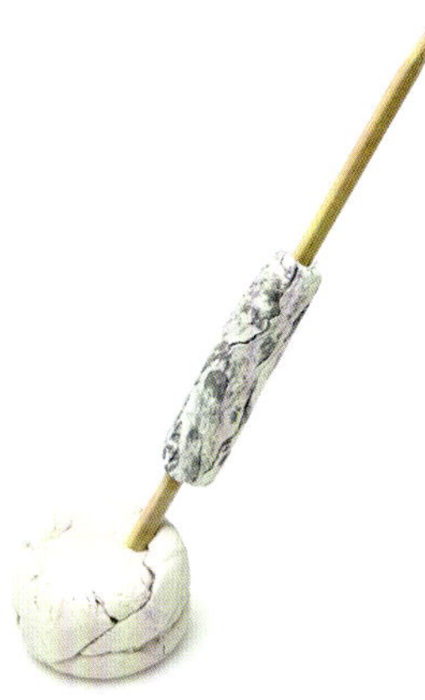

8 Zum Trocknen stecken Sie den Zahnstocher in eine kleine Tonkugel. Lassen Sie die Perle über Nacht trocknen.

9 Ziehen Sie den Zahnstocher heraus. Tauchen Sie einen Pinsel in sauberes Wasser und glätten Sie die Ränder des Fädellochs.

ZUM SCHLUSS

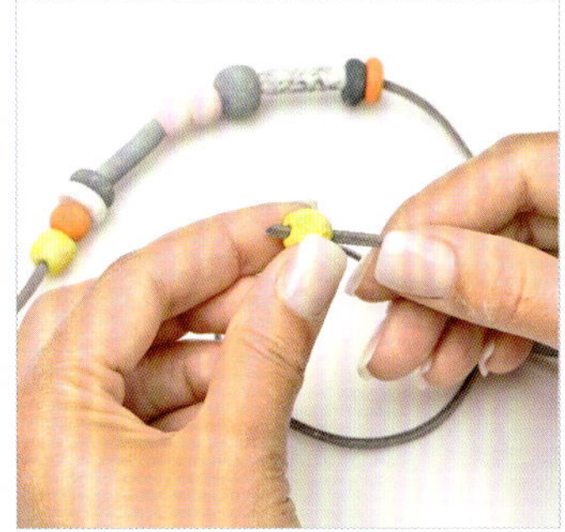

10 Wenn die Perlen durchgetrocknet sind, fädeln Sie sie in der gewünschten Reihenfolge auf den Lederriemen.

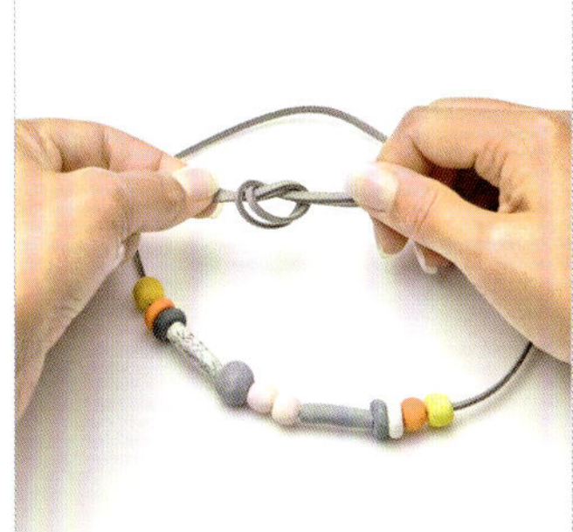

11 Verknoten Sie die Enden des Lederriemens – und schon ist Ihre Kette fertig.

Vogelbrosche

Diese niedlichen Vogelbroschen sind ein idealer Einsteig für Anfänger. Sie sehen lustig aus und bleiben den ganzen Tag auf Ihrem Jackenaufschlag sitzen.

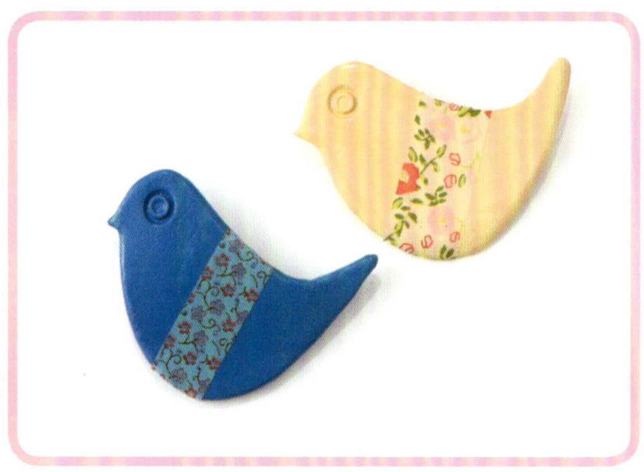

SIE BRAUCHEN

Lufttrocknenden Ton

Messer

Plastikfolie

Teigroller

Holzleisten

Nadel

Vorlage von Seite 110

Pappe

Schere oder Cuttermesser

Pinsel

Schwamm

Kleinen runden Stempel oder einen Stift

Broschennadel (25 mm)

Sekundenkleber

Sprühfarbe (blau)

Washi-Tape

Klaren, glänzenden Sprühlack

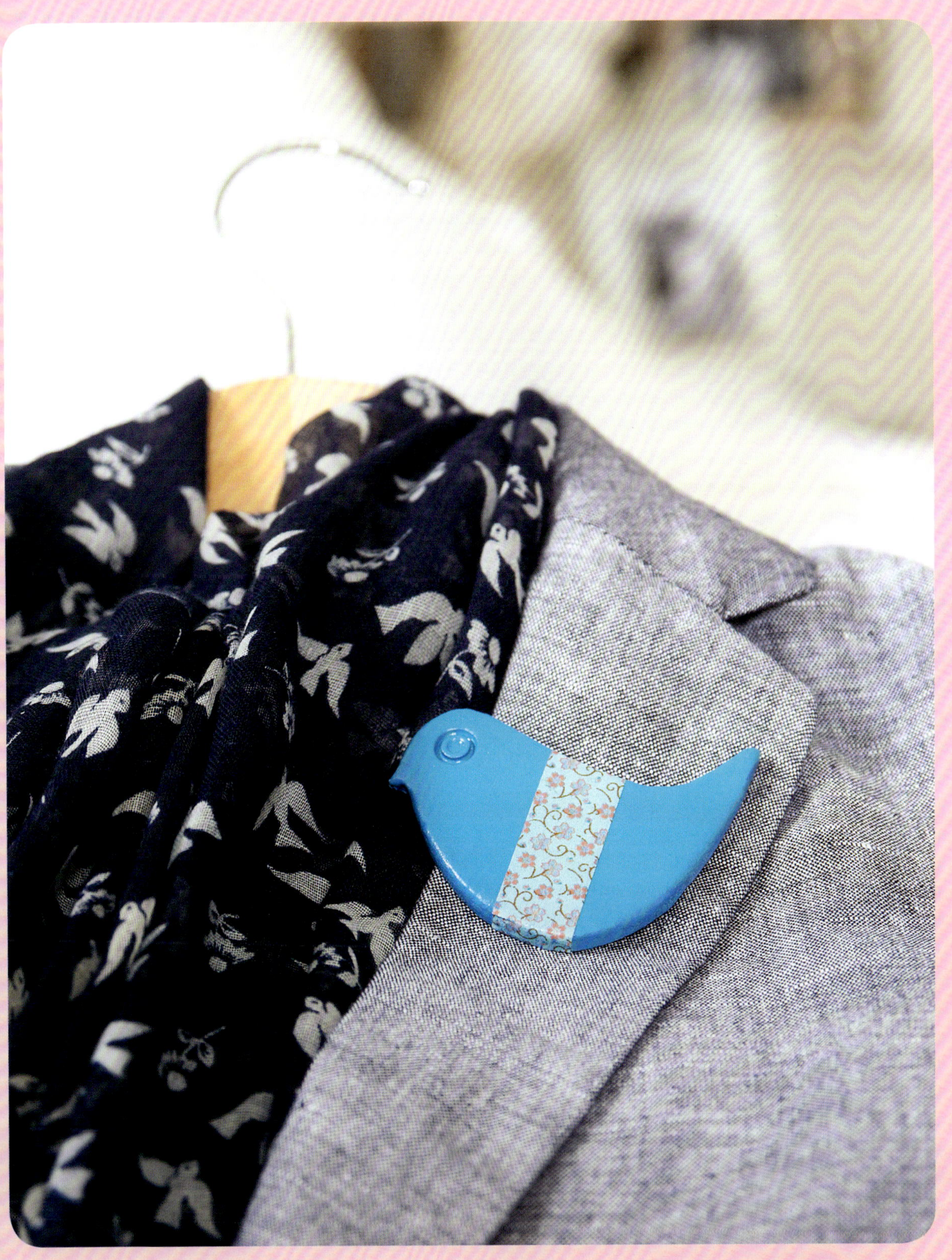

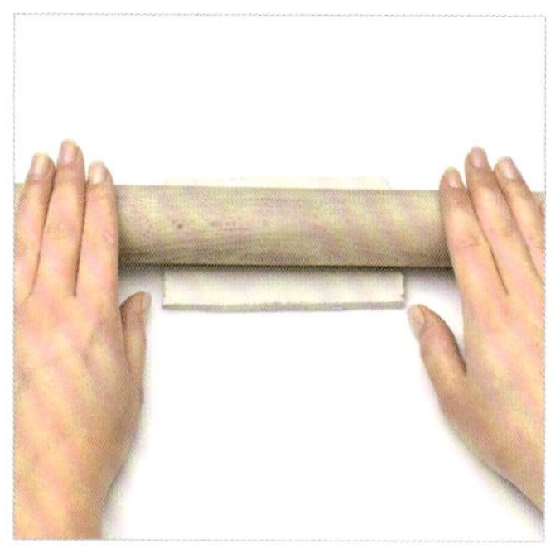

1 Walzen Sie etwa 60 g lufttrocknenden Ton zu einer 5 mm dicken Platte aus.

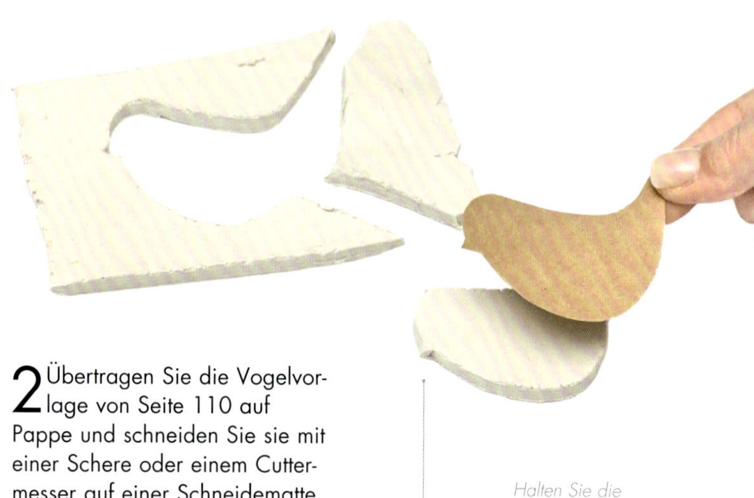

2 Übertragen Sie die Vogelvorlage von Seite 110 auf Pappe und schneiden Sie sie mit einer Schere oder einem Cuttermesser auf einer Schneidematte aus. Legen Sie die Pappform auf den Ton und schneiden Sie den Umriss mit einem scharfen Messer aus.

Halten Sie die Vogelschablone gut fest, wenn Sie den Umriss ausschneiden.

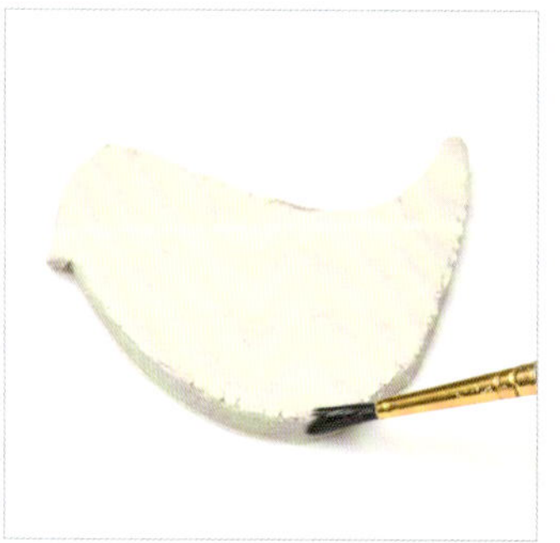

3 Tauchen Sie einen Pinsel in sauberes Wasser und glätten Sie die Kanten des Vogels.

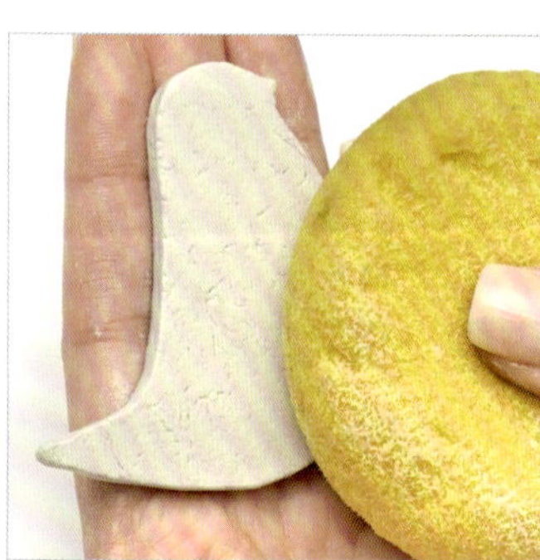

4 Tauchen Sie einen Schwamm in sauberes Wasser und glätten Sie Vorder- und Rückseite des Vogels.

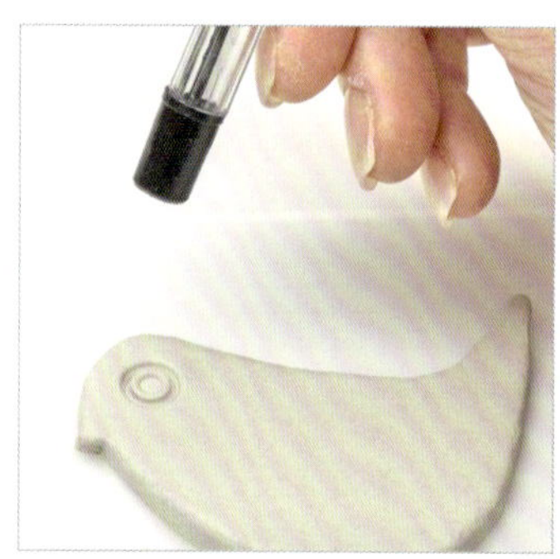

5 Für das Auge drücken Sie das Ende eines Stiftes oder einen kleinen runden Stempel in den Ton. Achtung: Nicht zu tief eindrücken.

DEKORIEREN

6 Lassen Sie das Stück über Nacht trocknen, dann besprühen Sie die Vorderseite in einem gut gelüfteten Raum mit Farbe.

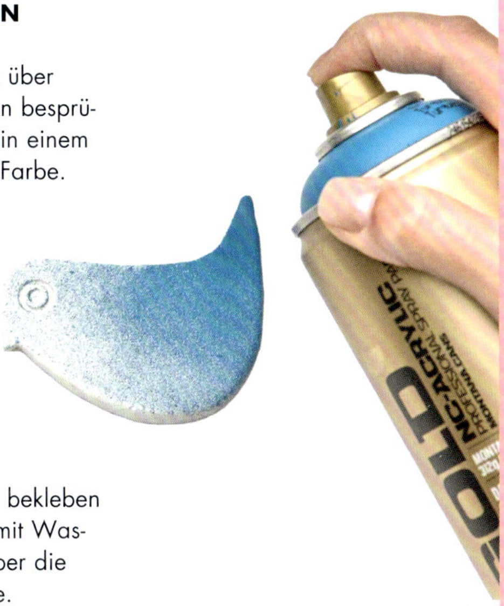

7 Nach dem Trocknen bekleben Sie die Vorderseite mit Washi-Tape. Falten Sie es über die Kanten auf die Rückseite.

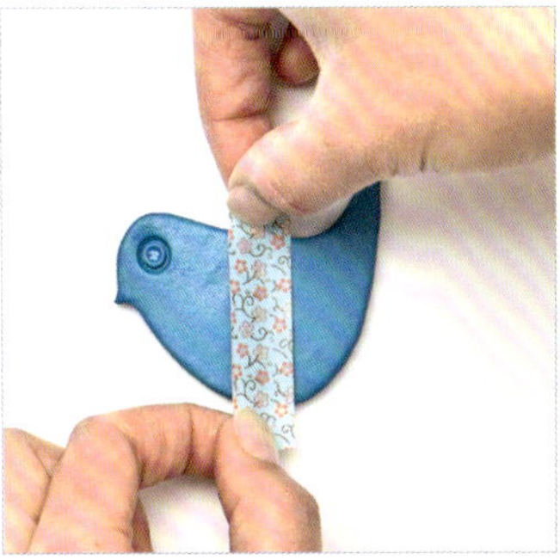

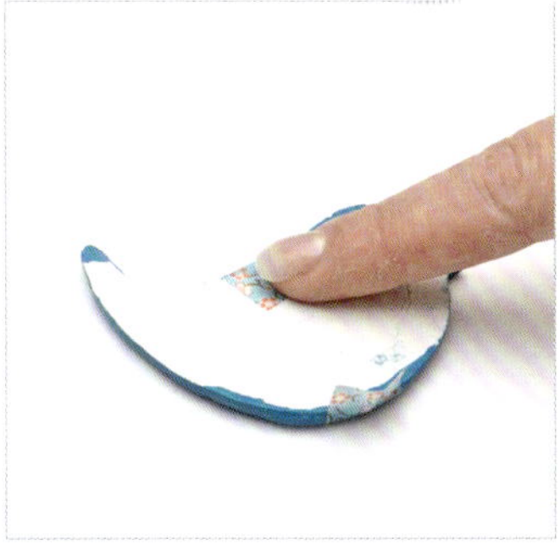

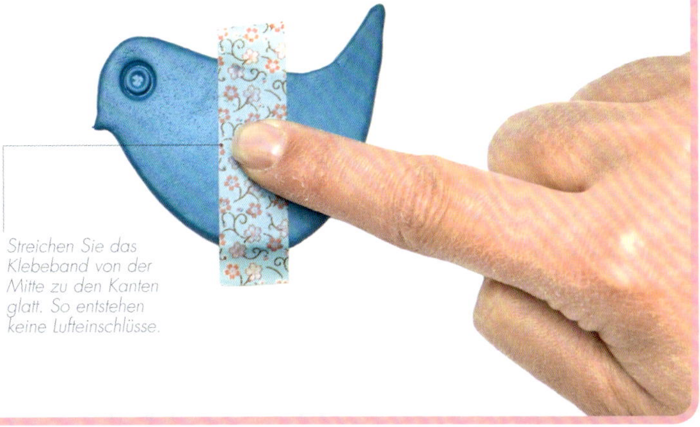

Streichen Sie das Klebeband von der Mitte zu den Kanten glatt. So entstehen keine Lufteinschlüsse.

TIPPS

- *Befestigen Sie die Broschennadel auf der Rückseite möglichst weit oben, sonst kippt der Vogel durch sein eigenes Gewicht nach vorn, wenn Sie die Brosche anstecken.*
- *Wenn Sie die Oberfläche texturieren möchten, tun Sie dies, bevor Sie die Vogelform ausschneiden.*
- *Fertigen Sie gleich eine ganze Vogelschar mit unterschiedlichen Texturen, Farben und Oberflächendekor an. Dann haben Sie eine große Auswahl.*
- *Zeichnen Sie eigene Vorlagen für ganz individuell gestaltete Broschen.*

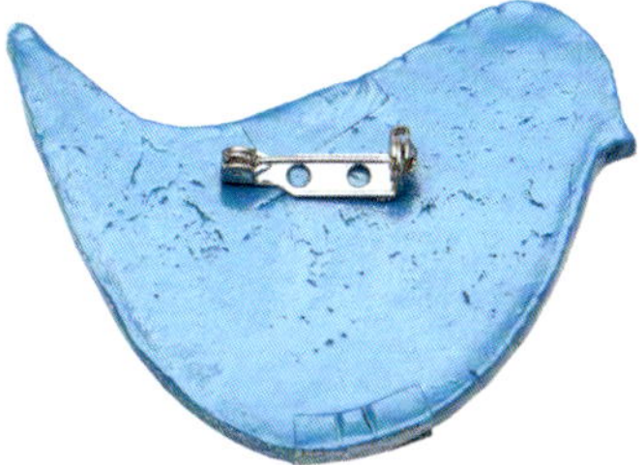

8 Sprühen Sie die Rückseite mit Farbe ein. Nach dem Trocknen kleben Sie die Broschennadel mittig etwa 1 cm von der Oberkante an.

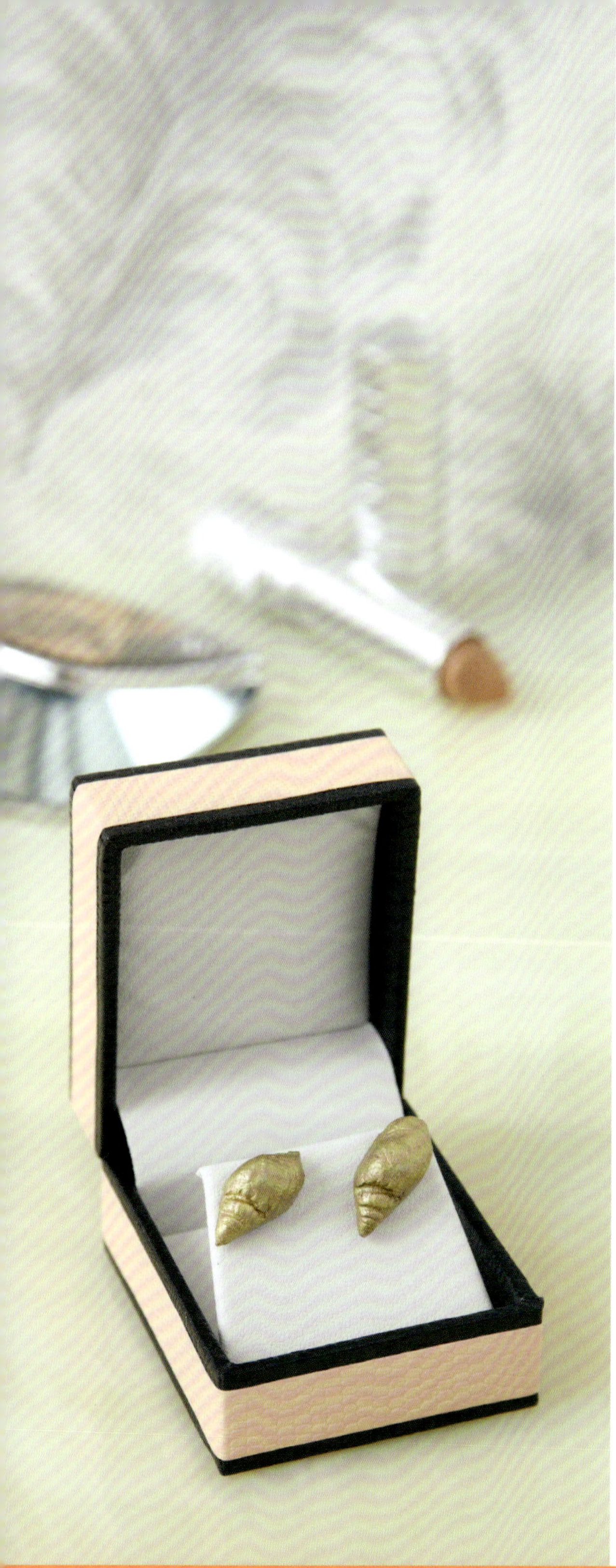

Exotische Ohrstecker

Was wäre ein Outfit ohne die passenden Ohrringe? Lassen Sie sich von diesen einfachen, aber wirkungsvollen Muschelmotiven inspirieren.

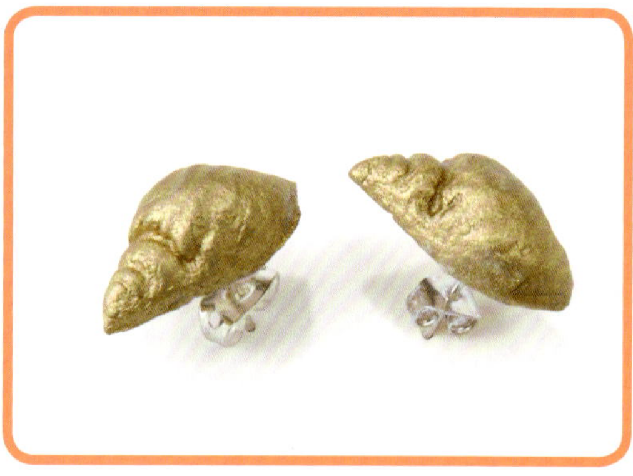

SIE BRAUCHEN

Lufttrocknenden Ton

Messer

Plastikfolie

Teigroller

Holzleisten

Nadel

Pinsel

Kleinen Gegenstand zum Abformen (z.B. eine Muschel)

2 Ohrstecker-Rohlinge mit Platte (6 mm) und Ohrmutter

Sekundenkleber

Stempelkissen (goldfarben)

Klaren, glänzenden Sprühlack

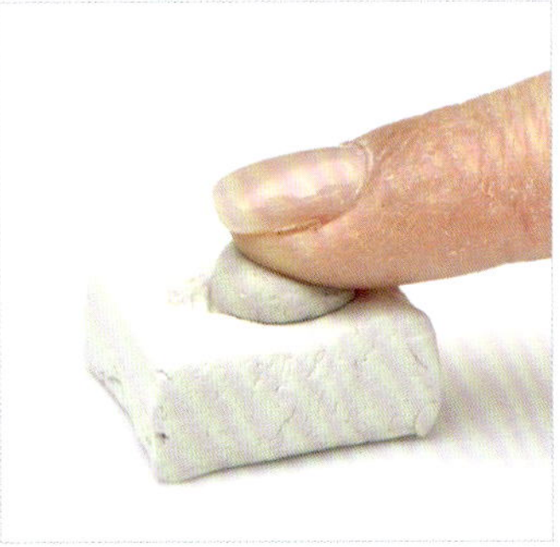

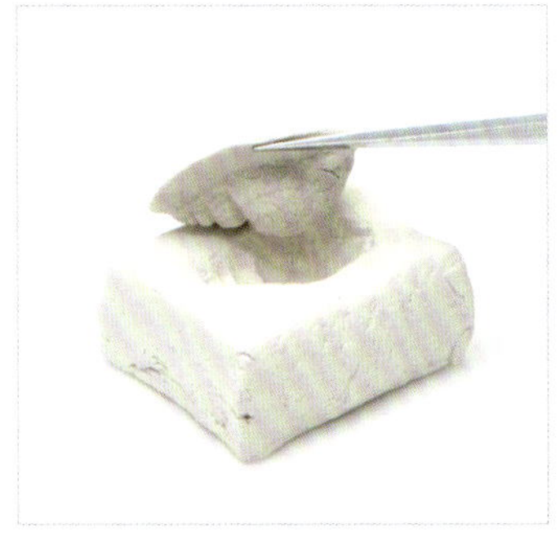

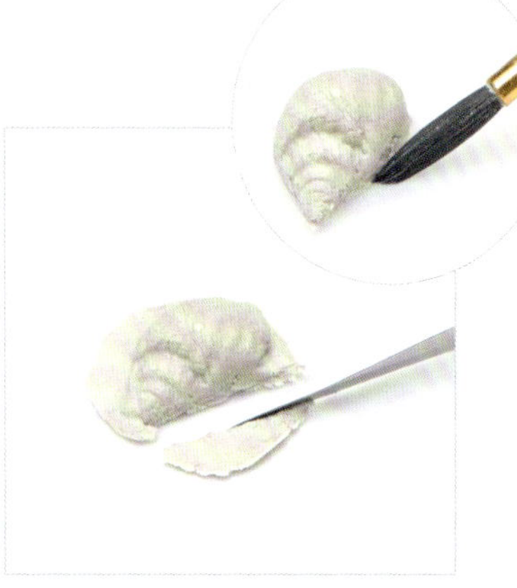

1 Fertigen Sie aus etwa 90 g lufttrocknendem Ton eine Eindrückform von dem Fundstück Ihrer Wahl an (siehe Seite 18-19) und lassen Sie sie 48 Stunden lang trocknen. Formen Sie mit den Handflächen eine kleine Kugel aus Ton und drücken Sie sie in die Form. Falls nötig, füllen Sie sie mit zusätzlichem Ton auf.

2 Heben Sie das Motiv mit einem Messer behutsam aus der Form, ohne das Muster zu beschädigen.

3 Schneiden Sie den überschüssigen Ton mit einem scharfen Messer ab. Tauchen Sie einen Pinsel in sauberes Wasser und glätten Sie den Rand und die Rückseite des Motivs.

Die Eindrückform kann immer wieder verwendet werden.

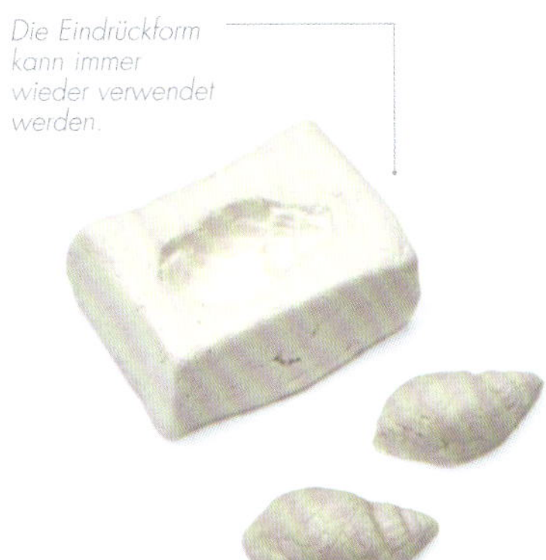

4 Fertigen Sie den zweiten Ohrring auf dieselbe Weise an. Lassen Sie die Stücke über Nacht trocknen.

DEKORIEREN

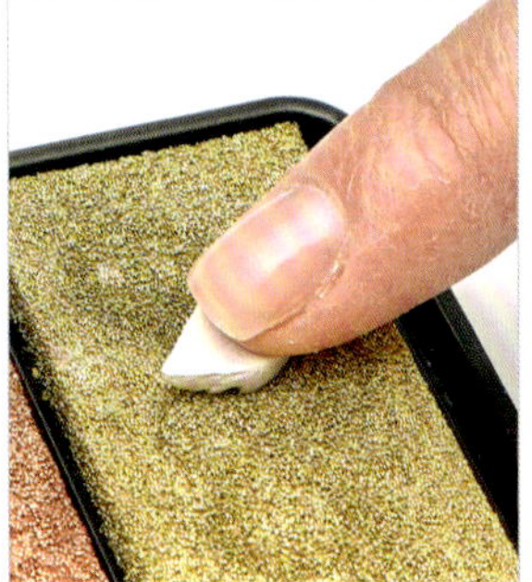

5 Drücken Sie die Motive vorsichtig auf das Stempelkissen, ohne die eingefärbten Flächen zu berühren.

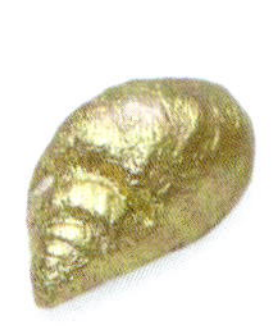

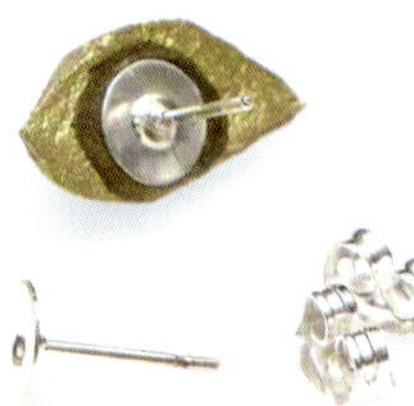

6 Nach dem Versiegeln kleben Sie die Muscheln mit Sekundenkleber mittig auf die Platten der Ohrstecker.

TIPPS

- *Der abzuformende Gegenstand sollte größer sein als die Platte am Ohrstecker.*

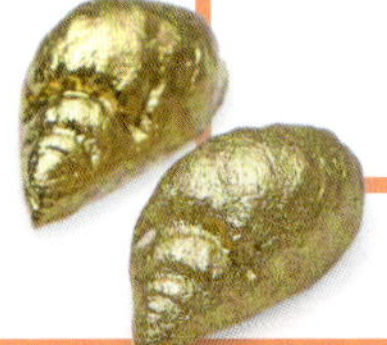

Bunte Vögel

Als Dekoration für zu Hause oder als Geschenk – für die fröhlichen Vogelpaare findet sich bestimmt in jedem Regal ein Plätzchen.

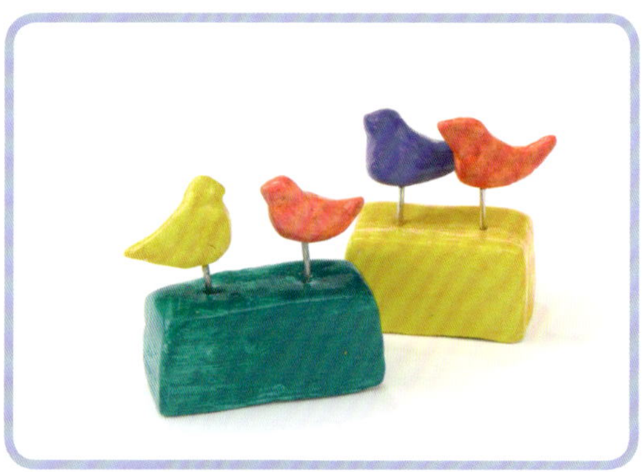

SIE BRAUCHEN

- Lufttrocknenden Ton
- Messer
- Plastikunterlage
- Teigroller
- Holzleisten
- Dicke Töpfernadel
- Pinsel
- Silberdraht, Durchmesser 1,2 mm
- Drahtschere
- Acrylfarbe (grün, gelb und pink)
- Kleinen Gegenstand zum Abformen (z.B. eine Muschel)
- Klaren, glänzenden Sprühlack

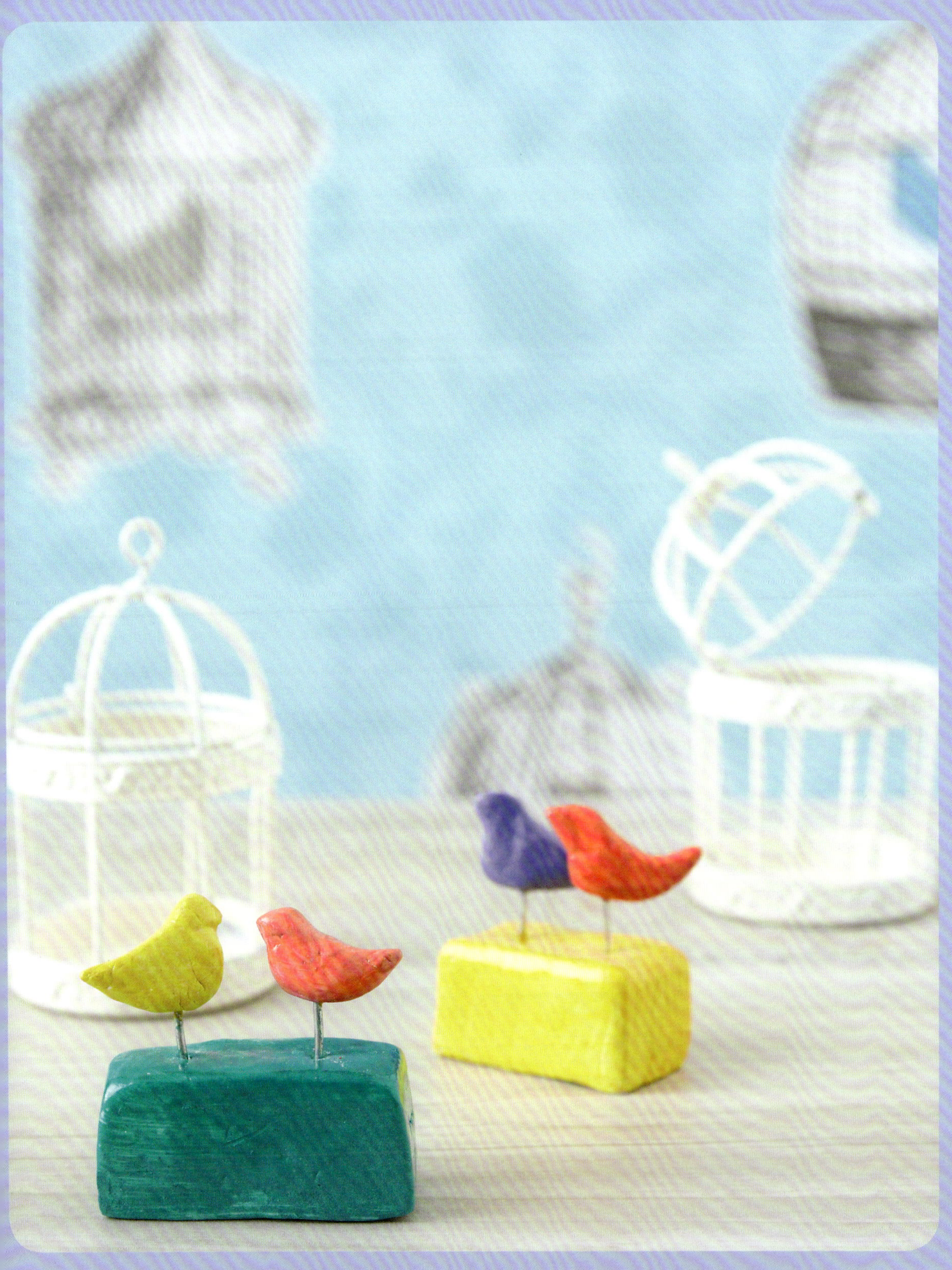

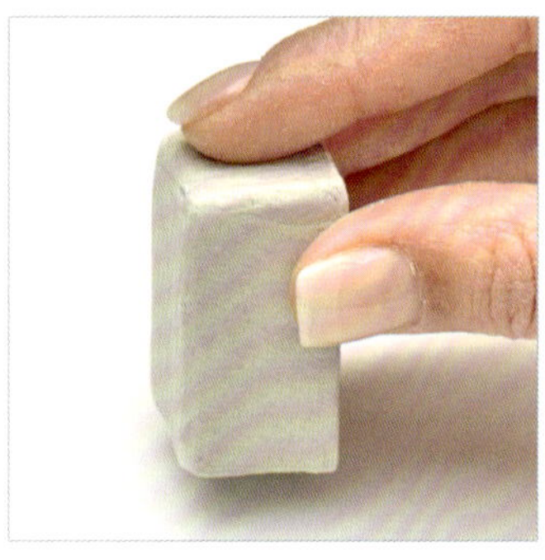

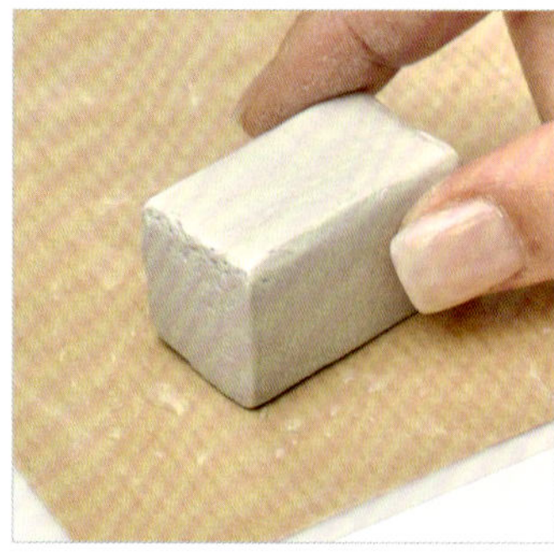

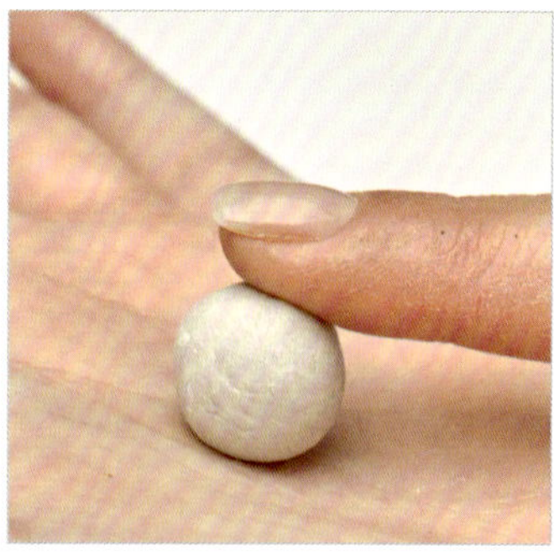

1 Walzen Sie etwa 90 g lufttrocknenden Ton zu einer Platte aus und schneiden Sie einen Block von 4 cm Länge und 2 cm Höhe und Breite zu. Klopfen Sie die Kanten auf einer Plastikunterlage gerade.

2 Glätten Sie die Kanten, indem Sie mit dem Tonblock mit kreisenden Bewegungen über eine feuchte Plastikunterlage fahren.

3 Formen Sie zwischen den Handflächen eine kleine Tonkugel mit etwa 1,5 cm Durchmesser.

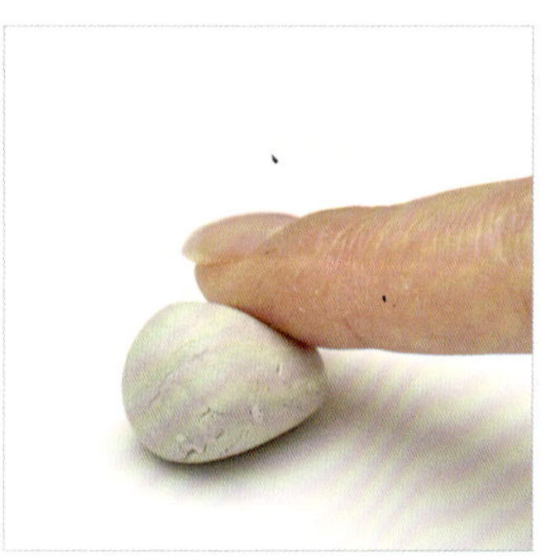

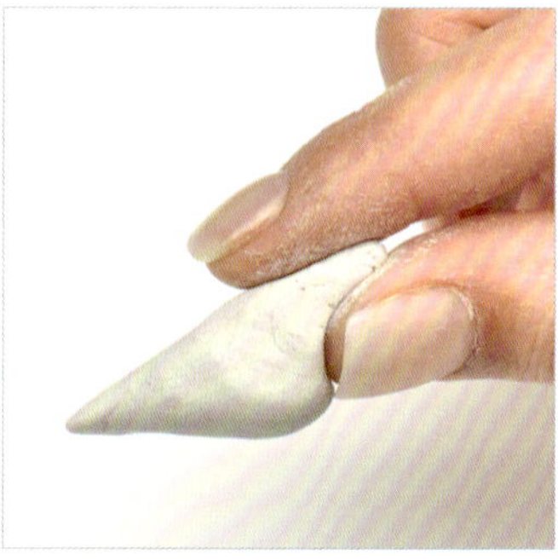

Kein Vogel sieht genauso aus wie der andere. Jeder ist einzigartig.

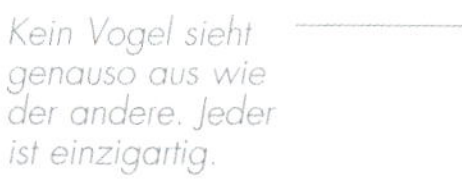

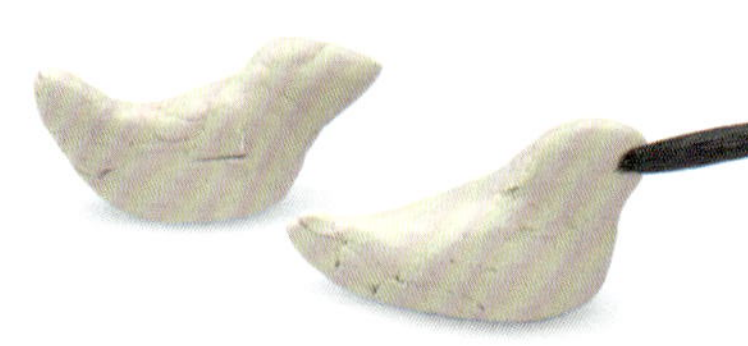

4 Machen Sie daraus einen Kegel mit gerundetem Ende, indem Sie die Kugel auf einer glatten Fläche hin- und herrollen.

5 Arbeiten Sie nun die Form des Vogels heraus: Formen Sie den Schwanz zwischen Daumen und Zeigefinger zu einer Spitze und modellieren Sie den Kopf am runden Ende des Kegels.

6 Tauchen Sie einen Pinsel in sauberes Wasser und glätten Sie die Oberflächen der Vögel damit.

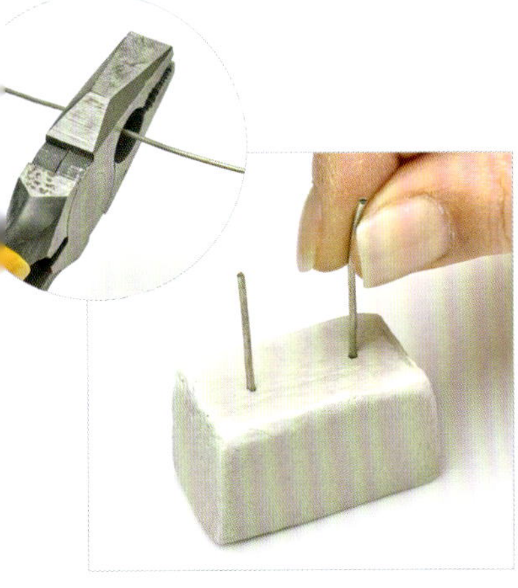

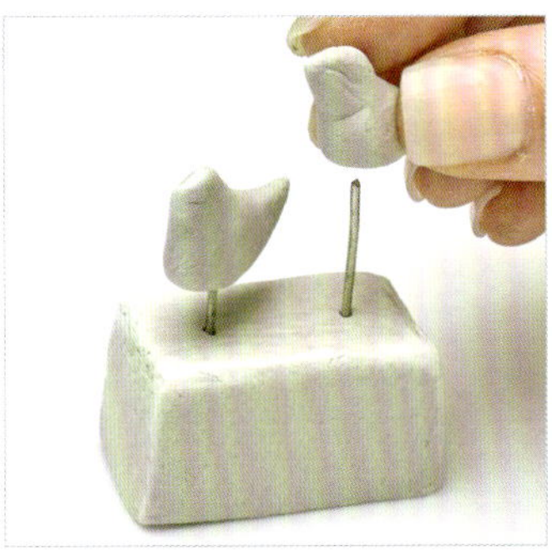

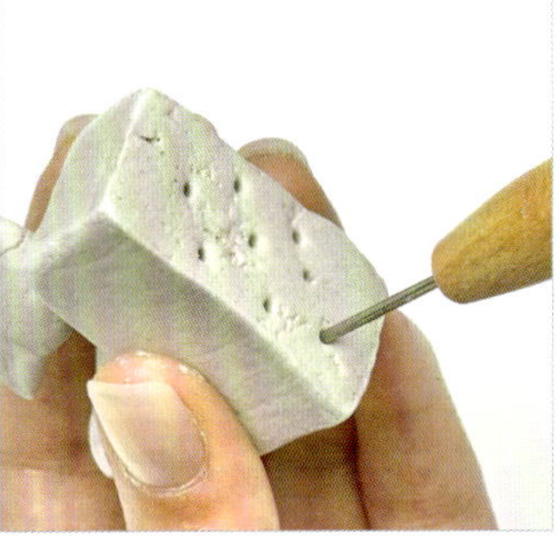

7 Schneiden Sie mit der Drahtschere 3 cm lange Stücke Silberdraht zu. Schieben Sie sie im Abstand von 2 cm voneinander in den Tonblock aus Schritt 1. Der Abstand zu den Kanten sollte etwa 1 cm betragen.

8 Stecken Sie die Vögel mittig auf die Drahtstücke.

9 Stechen Sie mit einer dicken Nadel mehrere Löcher in die Unterseite des Tonblocks. So reißt er nicht beim Trocknen. Lassen Sie das Stück ganz durchtrocknen.

TIPPS

- *Achten Sie darauf, dass die Vögel nicht von den Drahtenden durchbohrt werden.*
- *Auch andere Motive eignen sich als Miniaturskulpturen: Blumen, Eulen, Hüte, Sterne …*
- *Variieren Sie die Länge der Drahtstücke, auf die Sie die Vögel stecken.*
- *Falls Sie versehentlich einen Vogel oder den Tonblock mit Draht durchbohren, verschließen Sie das Loch mit etwas Ton und glätten Sie den Übergang mit einem nassen Pinsel oder Schwamm.*

DEKORIEREN

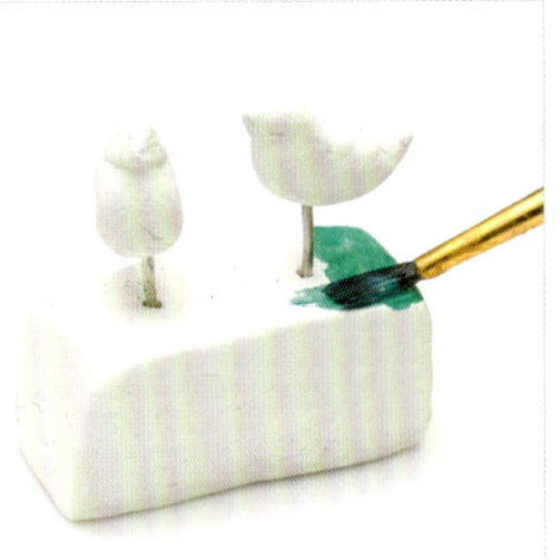

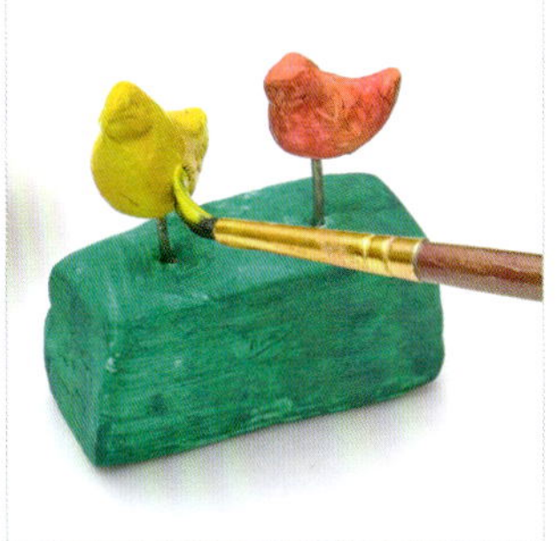

10 Versehen Sie den Tonblock mit einer gleichmäßigen Schicht Acrylfarbe. Fügen Sie nach dem Trocknen eventuell eine zweite Schicht hinzu.

11 Bemalen Sie die Vögel vorsichtig mit verschiedenen Farben. Nach dem Trocknen versiegeln Sie alles mit Glanzspray.

Ein Haus aus Ton

Sie sind so klein, dass sie in eine Hand passen, aber als Dekoration kommen sie ganz groß raus: Miniaturhäuser, die sich ganz nach Wunsch gestalten lassen.

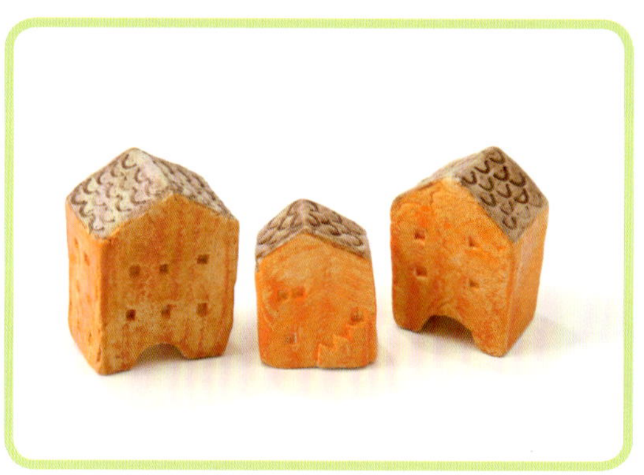

SIE BRAUCHEN

Lufttrocknenden Ton
Messer
Plastikfolie
Teigroller
Holzleisten
Dicke Töpfernadel
Pinsel
Modellierwerkzeuge
Vorlage von Seite 110
Pappe
Schere oder Cuttermesser
Schneidematte
Wasserfarbe (braun und orange)
Klaren, glänzenden Sprühlack

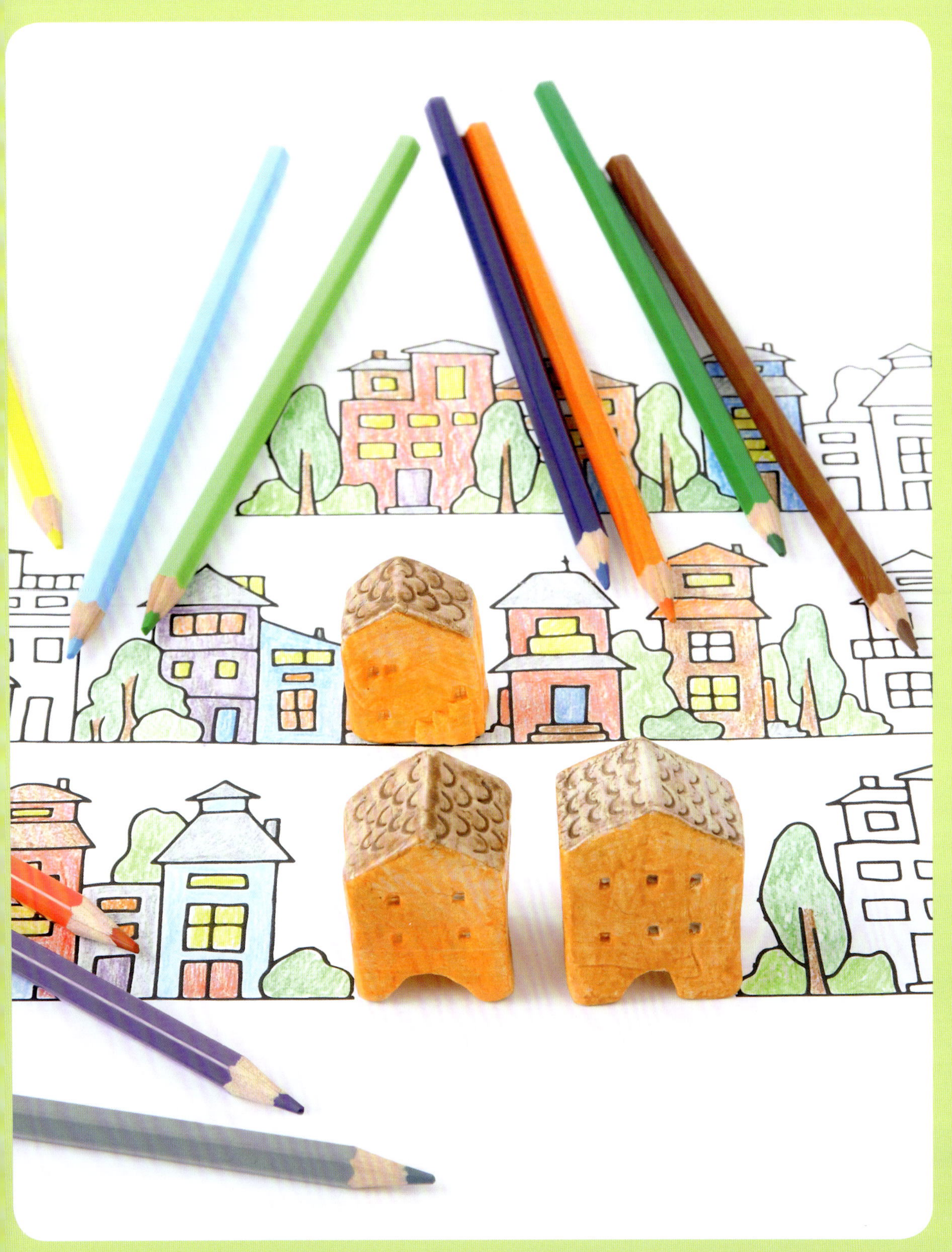

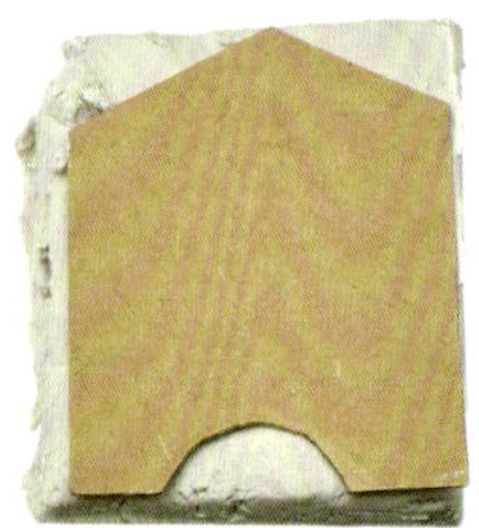

1 Walzen Sie etwa 90 g lufttrocknenden Ton zu einer Platte aus und schneiden Sie einen Block von 4,5 cm Länge, 3,5 cm Höhe und 2,5 cm Breite zu.

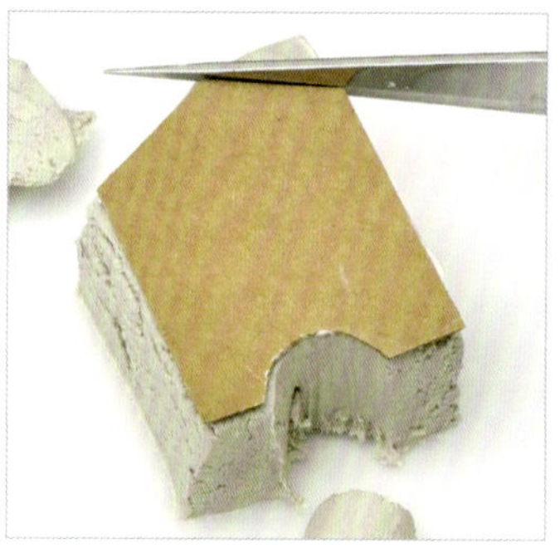

2 Kopieren Sie die Schablone von Seite 110 auf Pappe und schneiden Sie sie mit einer scharfen Schere oder einem Cuttermesser auf einer Schneidematte aus. Legen Sie sie auf den Tonblock und schneiden Sie den Umriss aus.

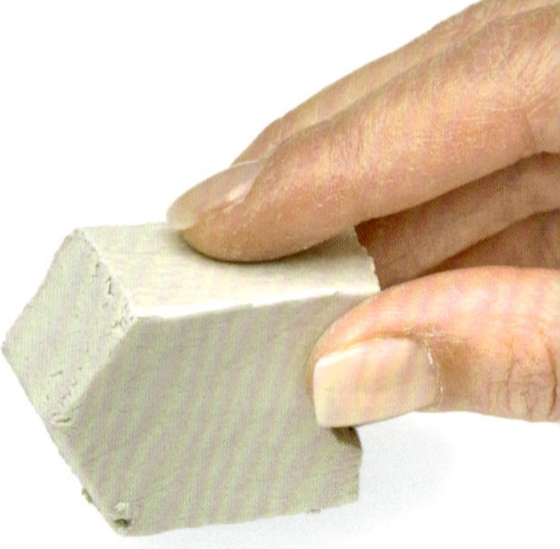

3 Klopfen Sie die Kanten auf einer Plastikunterlage gerade.

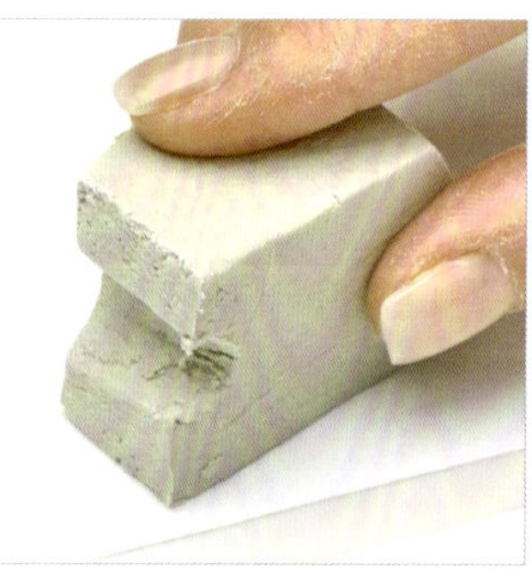

4 Glätten Sie die Kanten, indem Sie mit dem Ton mit kreisenden Bewegungen über eine feuchte Plastikunterlage fahren.

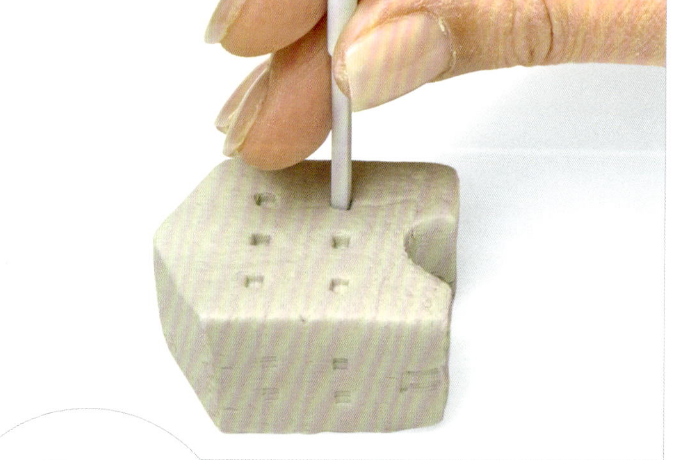

5 Prägen Sie Fenster, eine Tür und Dachschindeln mit Modellierwerkzeugen in den Ton.

Mit dem halbrunden Ende eines Modellierstabs lassen sich Dachziegel prägen.

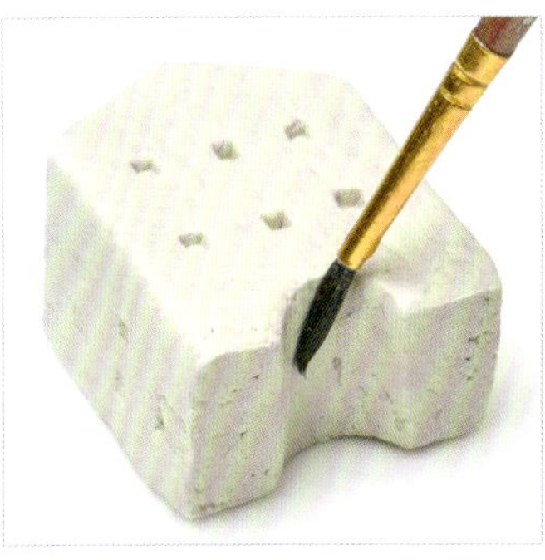

6 Tauchen Sie einen Pinsel in sauberes Wasser und glätten Sie die Oberfläche.

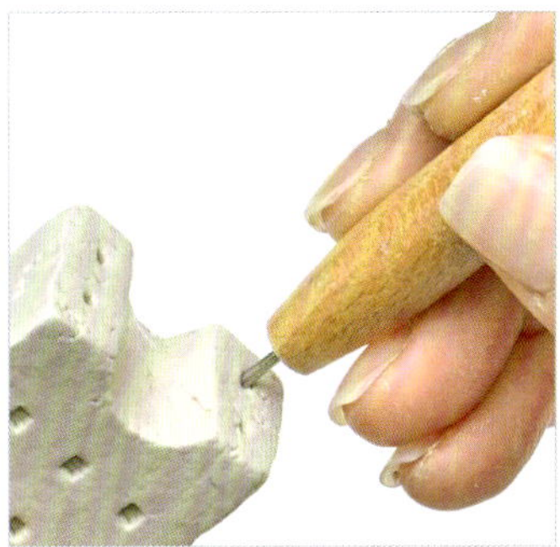

7 Machen Sie an der Unterseite Löcher mit einer dicken Töpfernadel. Auf diese Weise kann der Ton gleichmäßig durchtrocknen und reißt nicht. Lassen Sie das Haus trocknen.

TIPPS

- *Fügen Sie einen Schornstein, eine Treppe oder andere Details aus Ton an.*
- *Verändern Sie Form und Größe der Schablone, um eine Reihe unterschiedlicher Häuser herzustellen.*
- *Benutzen Sie verschiedene Farben, um den Häusern ihren ganz eigenen Charakter zu geben.*

DEKORIEREN

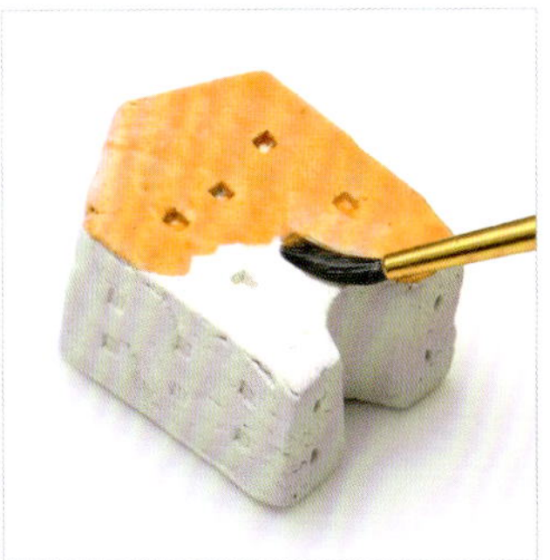

8 Bemalen Sie die Hauswände mit orangefarbener Wasserfarbe. Falls Sie mehrere Farbschichten auftragen wollen, lassen Sie die Farbe zwischendurch trocknen.

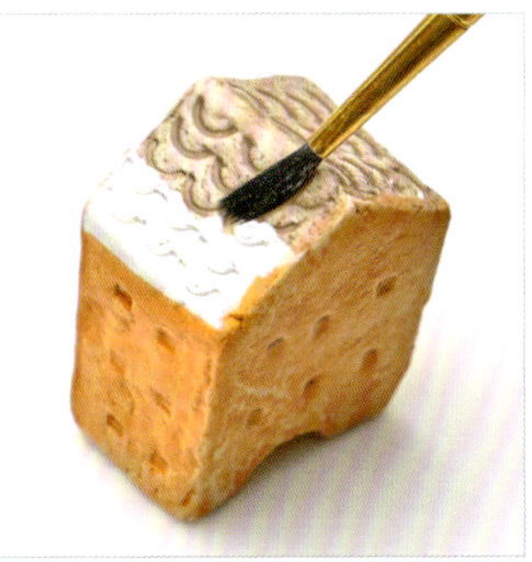

9 Für das Dach nehmen Sie braune Wasserfarbe.

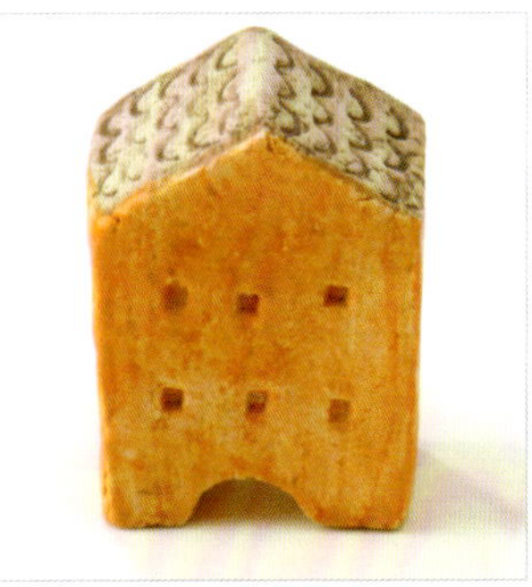

10 Tragen Sie mehrere Farbschichten auf. Lassen Sie die Farbe zwischendurch trocknen. Wenn alles getrocknet ist, versiegeln Sie das Haus mit Glanzspray.

Perlenarmband

Ein Armband für Sie selbst oder als Geschenk für eine Freundin? Nichts einfacher als das! Mit lufttrocknendem Ton und ein paar Utensilien können Sie wunderschön marmorierte Perlen im Nu herstellen.

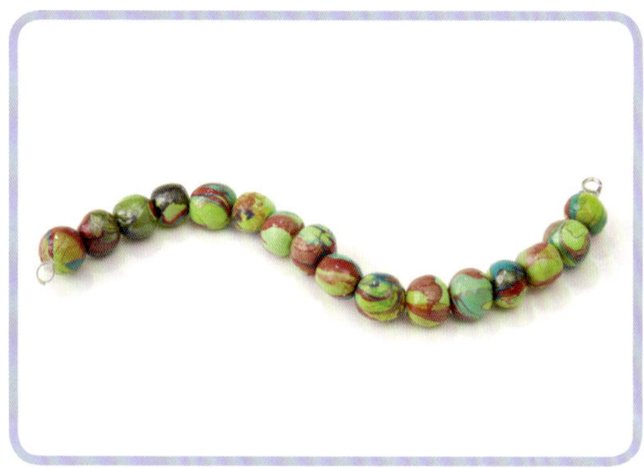

SIE BRAUCHEN

- Lufttrocknenden Ton
- Messer
- Plastikfolie
- Zahnstocher (für jede Perle einen)
- Schwamm
- Pinsel
- Sprühfarbe (grün)
- Nagellack (grün, blau, pink und metallic)
- Schüssel
- Verschluss
- Spaltring
- Schere
- Klaren, glänzenden Sprühlack
- Transparente Plastikschnur (Durchmesser 0,7 mm, 60 cm lang)

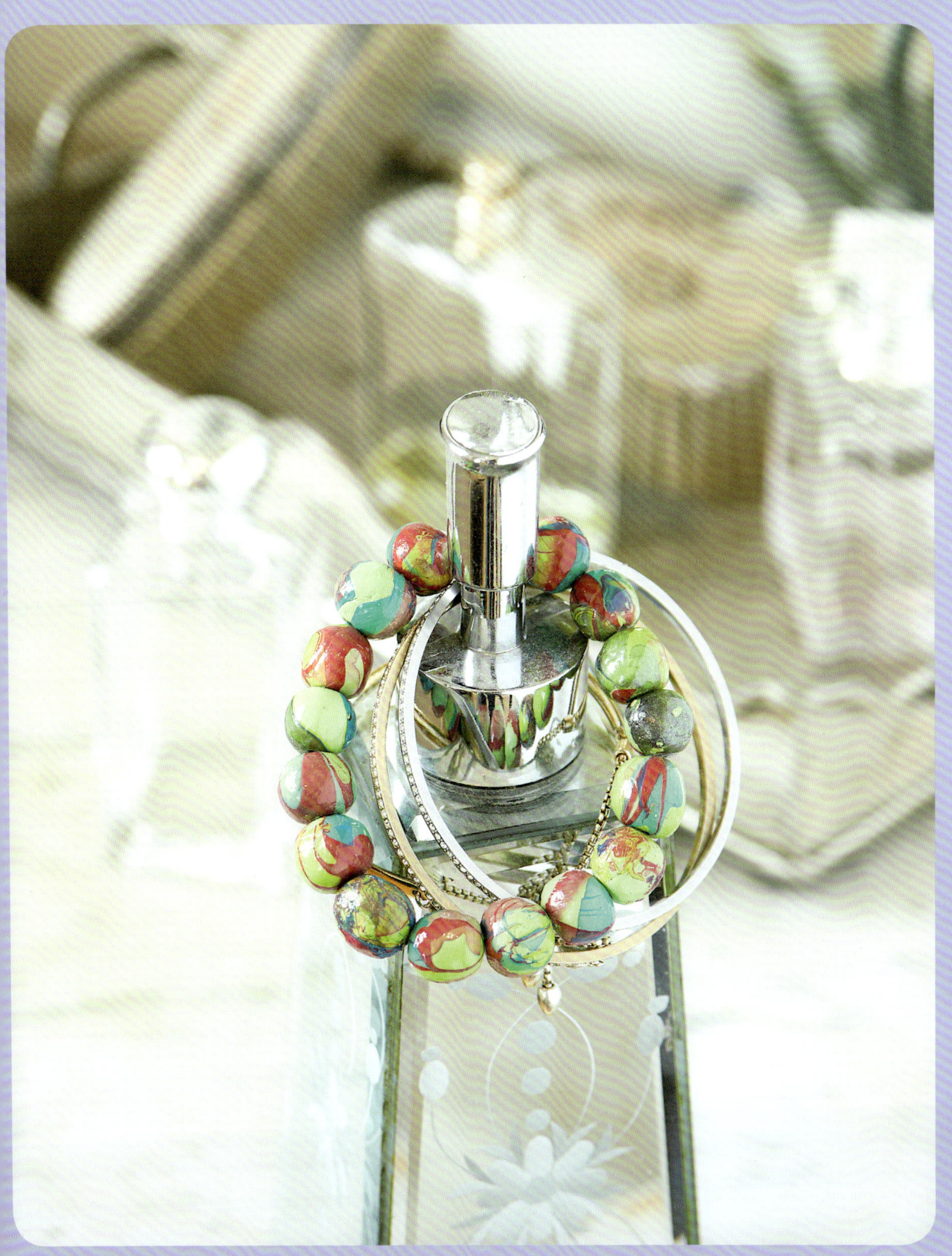

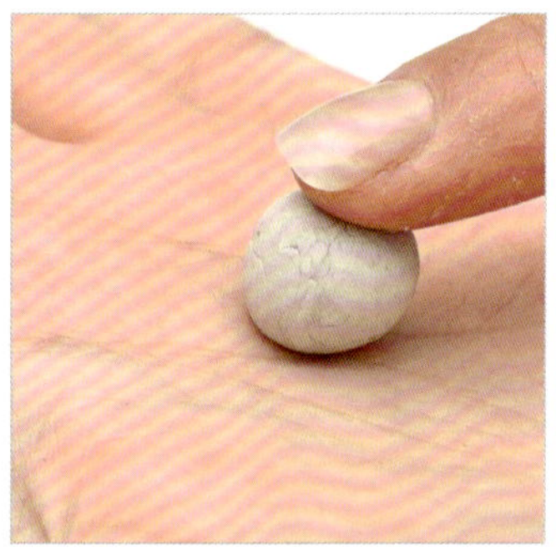

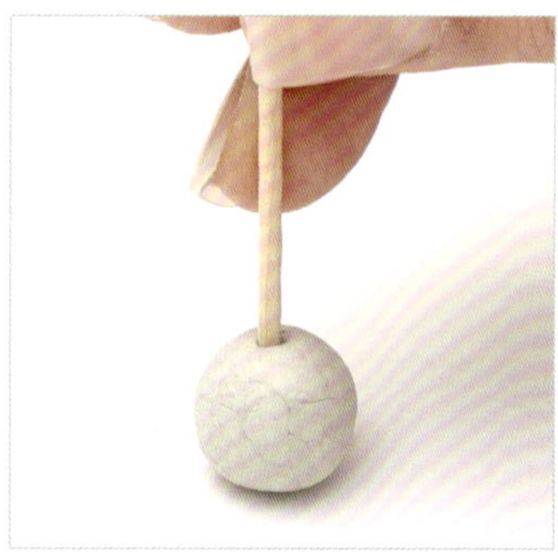

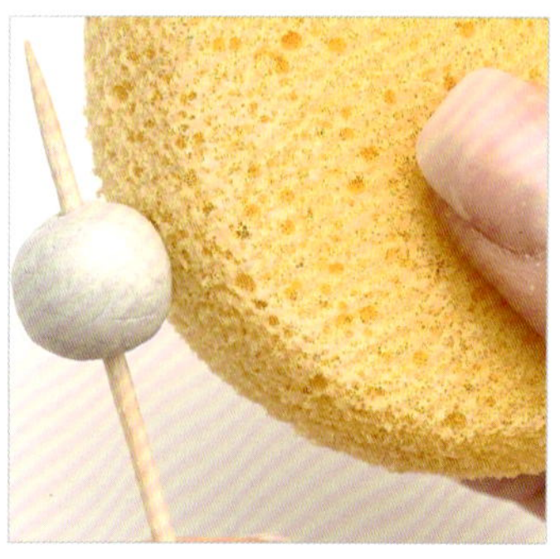

1 Schneiden Sie 16 etwa 15 g schwere Tonstücke ab und formen Sie daraus zwischen den Handflächen Kugeln. Sie haben einen Durchmesser von 1 cm.

2 Machen Sie mit einem Zahnstocher in jede Kugel ein Fädelloch. Stechen Sie das Loch von beiden Seiten, um sicherzugehen, dass es durch die ganze Perle geht.

3 Während die Perle noch auf dem Zahnstocher steckt, glätten Sie die Oberfläche mit einem feuchten Schwamm.

TIPPS

- *Wenn Sie eine Töpfernadel bis zum Ende durch das Fädelloch schieben, bekommt die Lochkante einen dekorativen Rand.*
- *Wenn Sie es etwas rustikaler mögen, fädeln Sie die Perlen statt auf Plastikschnur auf ein Lederband auf.*
- *Mit den Techniken zur Oberflächendekoration auf Seite 20-23 lassen sich auch auf Perlen interessante Texturen herstellen.*

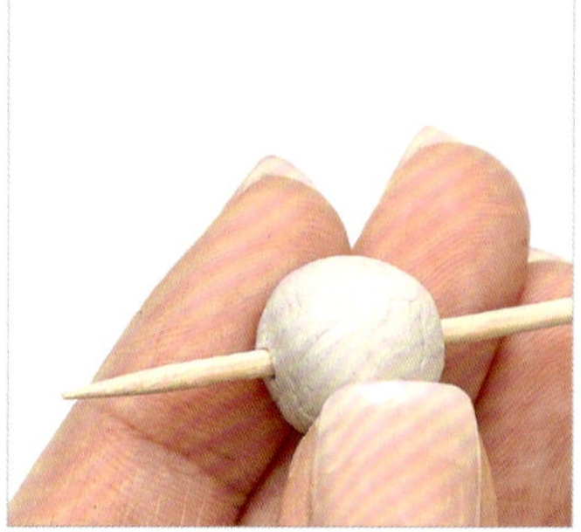

4 Drehen Sie die Perle behutsam auf dem Zahnstocher, um das Fädelloch auf etwa 3 mm zu erweitern.

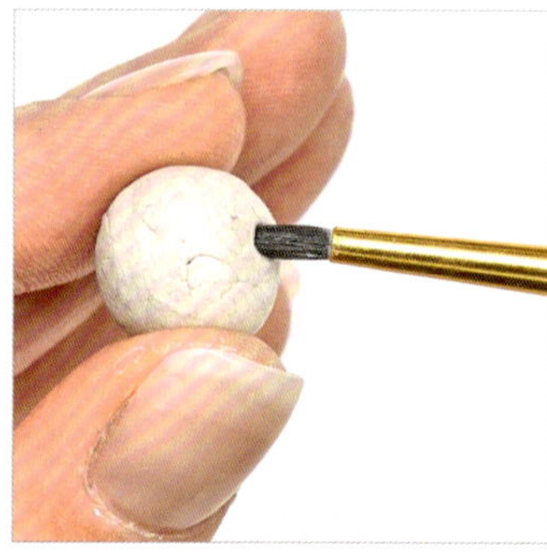

5 Ziehen Sie den Zahnstocher heraus und glätten Sie die Lochkanten mit einem feuchten Pinsel.

DEKORIEREN

Stecken Sie den Zahnstocher mitsamt Perle in einen Tonrest, um sie zu trocknen oder zu verzieren.

6 Lassen Sie die Perlen trocknen. Dann besprühen Sie sie mit einer Grundfarbe, die gleichzeitig als Versiegelung dient.

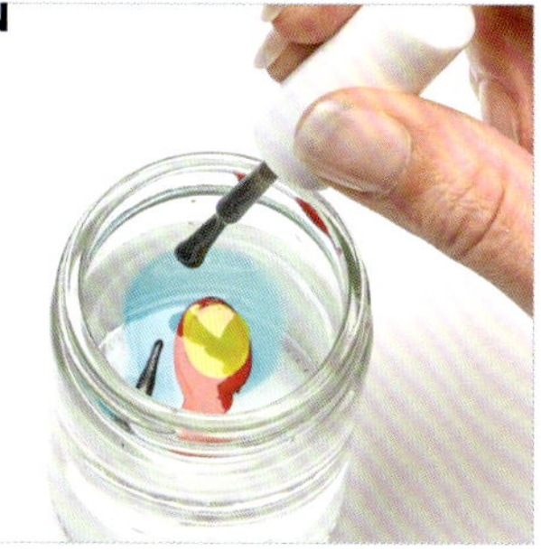

7 Füllen Sie ein Glas mit warmem Wasser und tupfen Sie farbigen Nagellack auf die Wasseroberfläche.

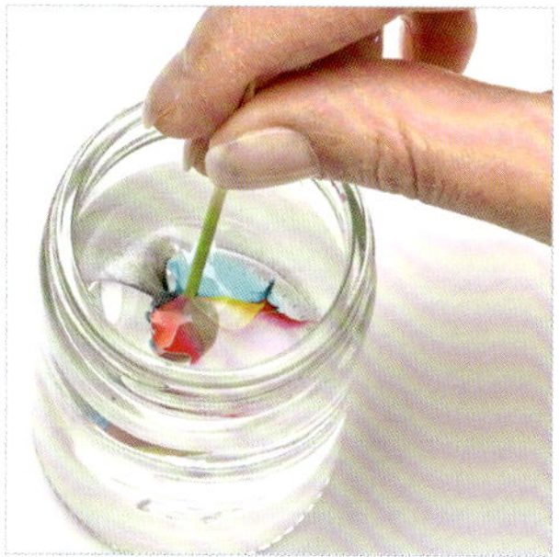

8 Tunken Sie die Perle am Zahnstocher in die Schicht aus Nagellack. Dann ziehen Sie sie vorsichtig hervor.

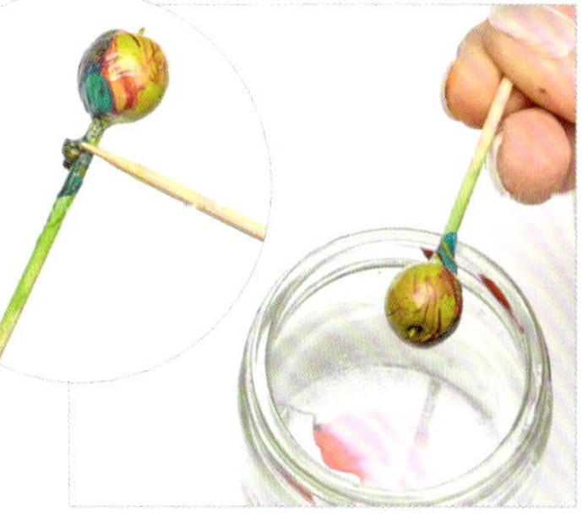

9 Entfernen Sie überschüssigen Nagellack mit einem weiteren Zahnstocher vom Rand der Fädellöcher. Lassen Sie den Lack trocknen, bevor Sie die Perle mit Glanzlack versiegeln.

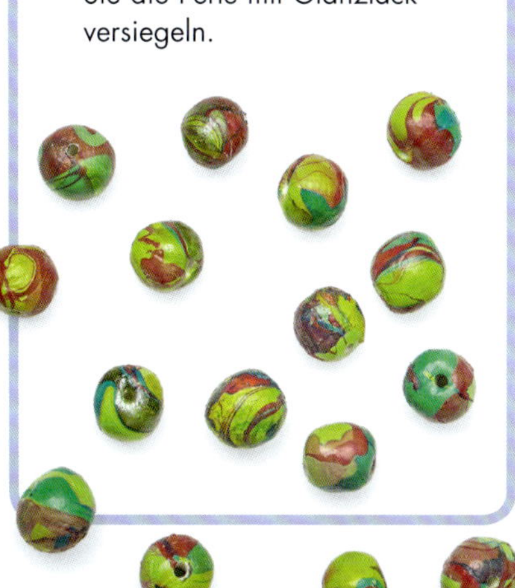

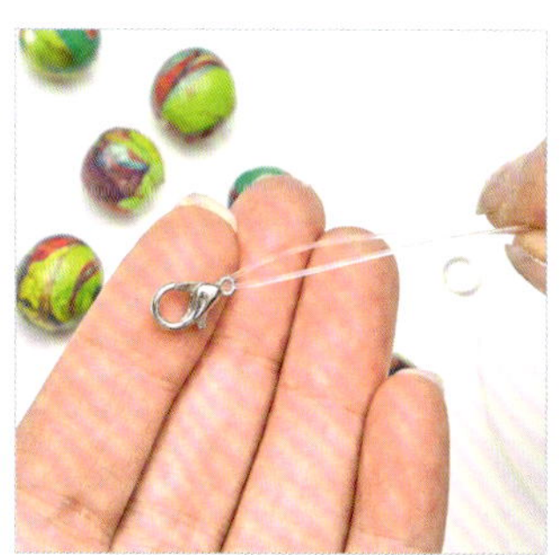

10 Schieben Sie einen Kettenverschluss in die Mitte einer 60 cm langen Plastikschnur und führen Sie die Enden der Schnur zusammen.

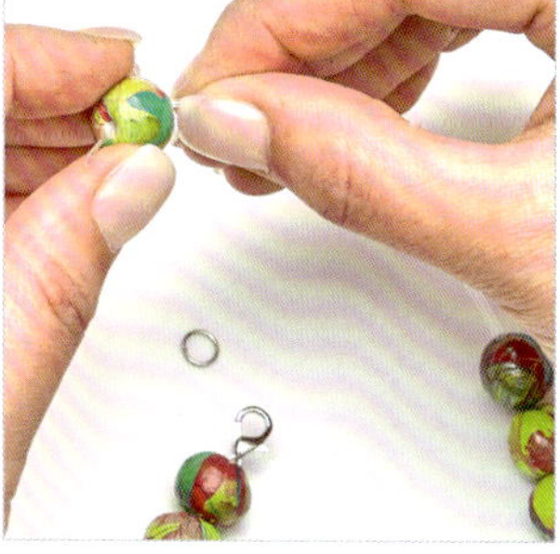

11 Fädeln Sie Perlen auf die doppelte Perlenschnur, bis das Armband die nötige Länge hat.

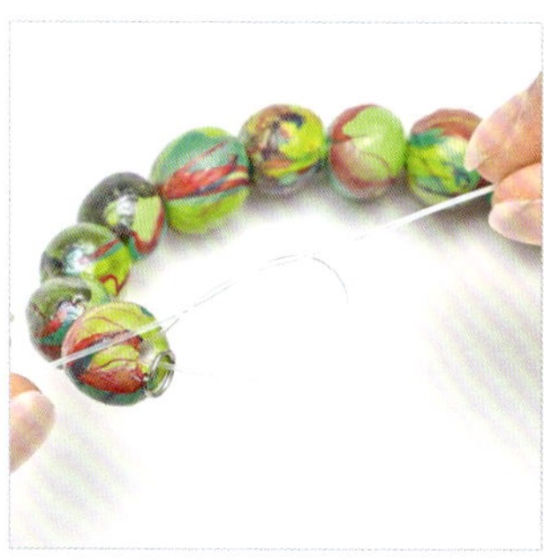

12 Befestigen Sie den Spaltring mit einem Doppelknoten.

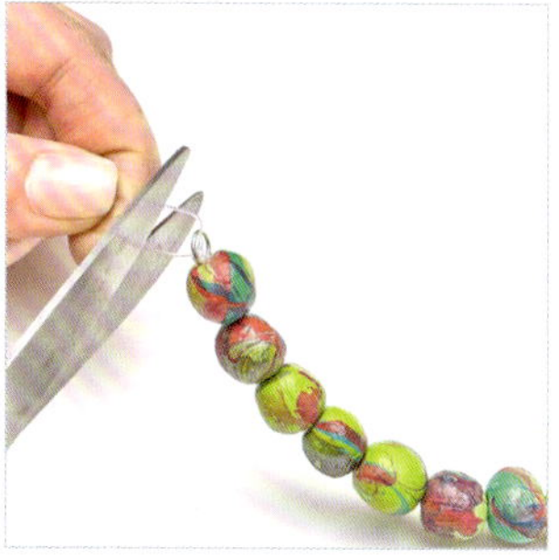

13 Schneiden Sie die überstehenden Schnurenden mit einer Schere ab.

Blütenkelch

Diese hübschen Kerzenhalter sind für drinnen und draußen geeignet. Besonders ansprechend wirken sie, wenn Sie gleich mehrere davon aufstellen.

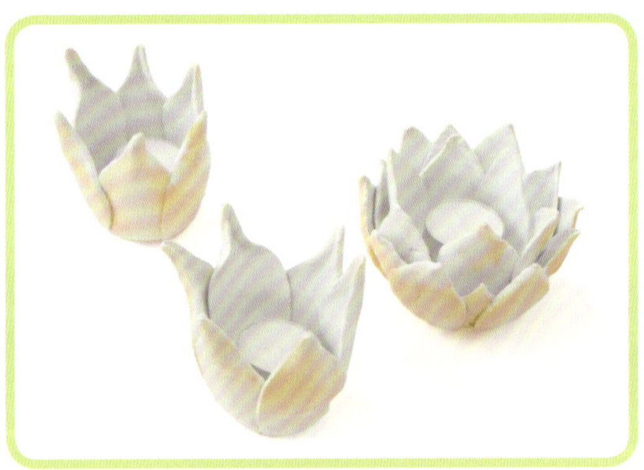

SIE BRAUCHEN

Lufttrocknenden Ton

Messer

Plastikfolie

Teigroller

Holzleisten

Töpfernadel

Runden Ausstecher (ca. 5,5 cm im Durchmesser)

Schwamm

Vorlage für Blütenblätter (Seite 110)

Pappe

Schere oder Cuttermesser

Schneidematte

Pinsel

Tasse, mit Plastikfolie ausgekleidet, oder Plastikschüssel, etwa 8 cm tief

Sprühfarbe (gelb und weiß)

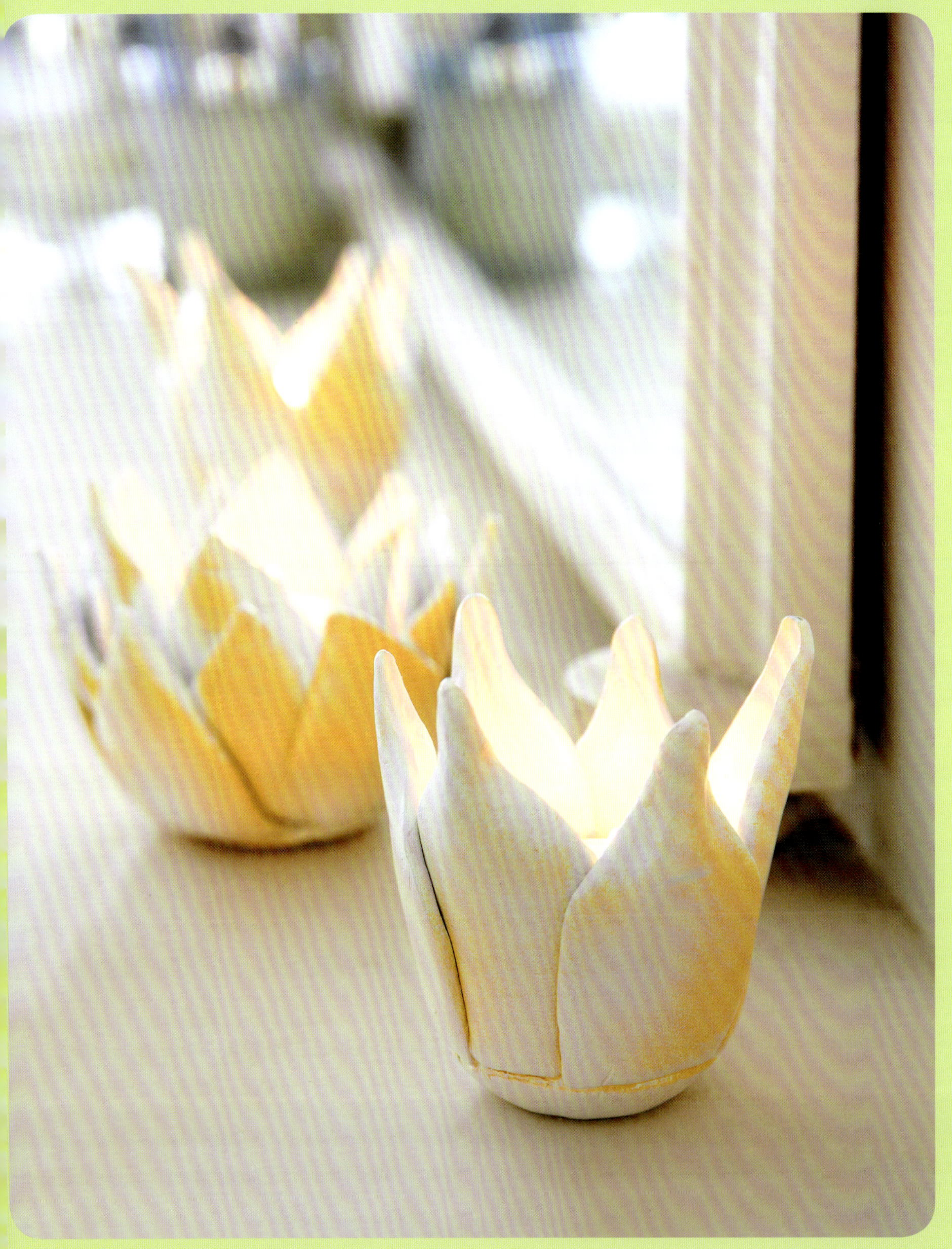

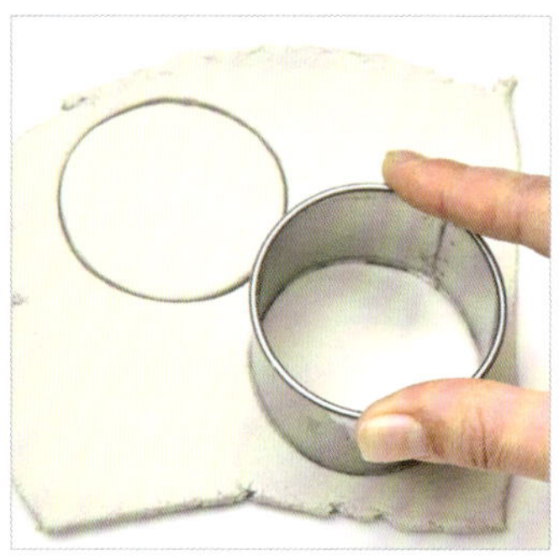

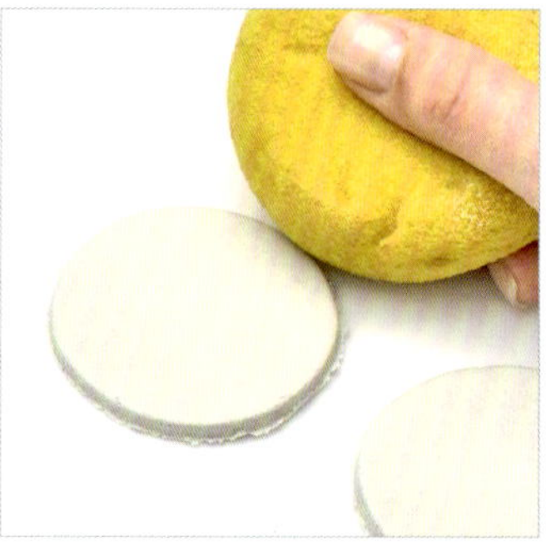

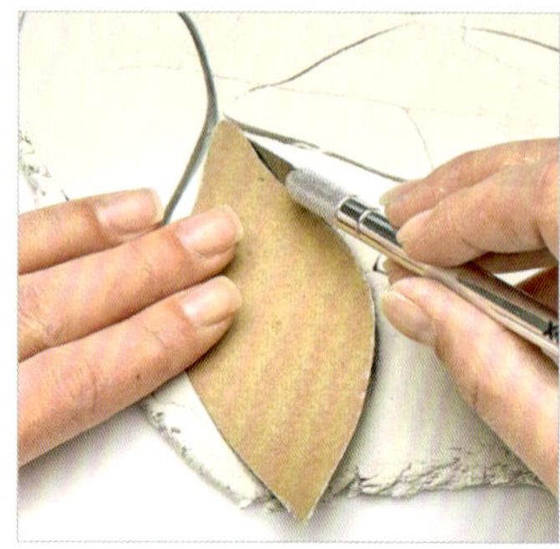

1 Walzen Sie etwa 60 g lufttrocknenden Ton zu einer 5 mm dicken Platte aus. Stechen Sie mit dem Ausstechförmchen zwei Kreise aus.

2 Befeuchten Sie einen kleinen Schwamm und glätten Sie vorsichtig die Kanten der Kreise.

3 Walzen Sie etwa 120 g lufttrocknenden Ton zu einer 5 mm dicken Platte aus. Kopieren Sie die Schablone von Seite 110 auf Pappe und schneiden Sie sie mit einer scharfen Schere oder einem Cuttermesser auf einer Schneidematte aus. Schneiden Sie sechs Blütenblätter aus der Tonplatte aus.

TIPPS

- *Experimentieren Sie mit unterschiedlichen Blattformen und –oberflächen.*
- *Wenn die Kanten der Blütenblätter beim Biegen reißen, glätten Sie die Risse vorsichtig mit einem feuchten Finger.*
- *Lassen Sie die Blütenblätter stärker überlappen. Dafür brauchen Sie mehr Blütenblätter und eine größere Schüssel, sonst wird die Öffnung der Blüte zu eng.*

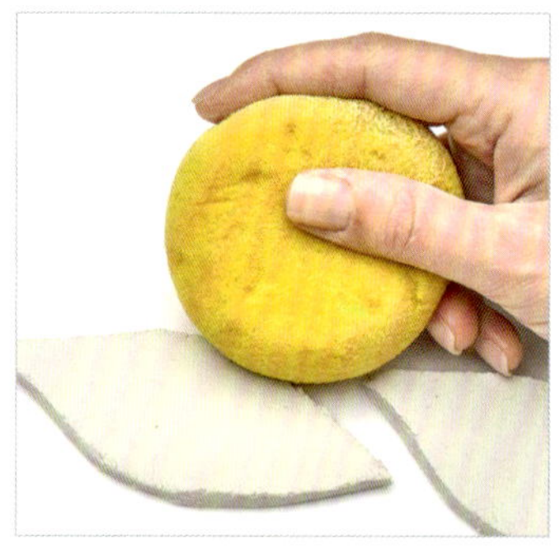

4 Glätten Sie die Kanten der Blütenblätter mit den Fingern und mit einem feuchten Schwamm.

5 Biegen Sie die Blütenblätter, sodass sie eine organische Form annehmen.

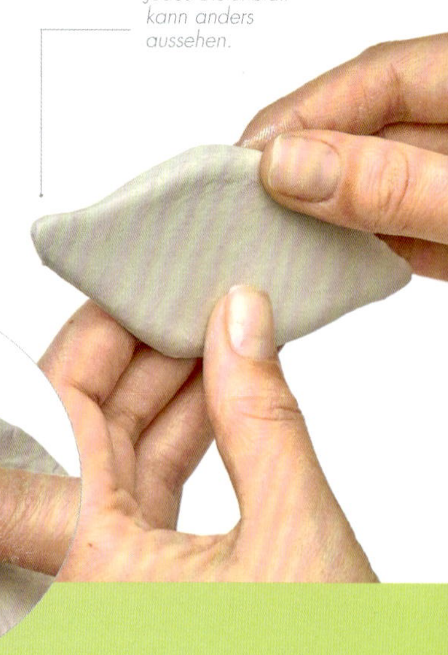

Jedes Blütenblatt kann anders aussehen.

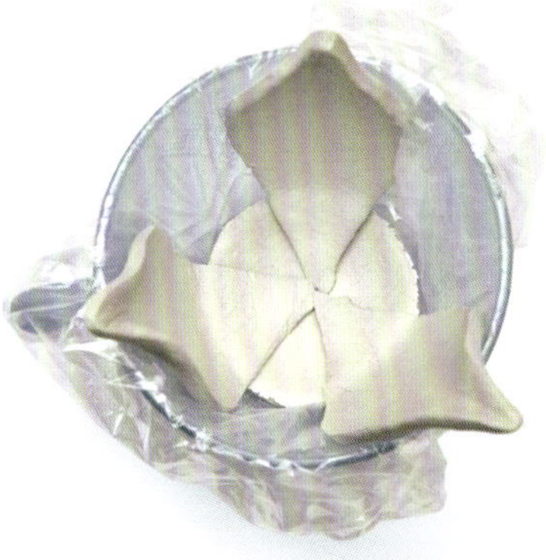

6 Legen Sie einen der Tonkreise in eine Plastikschüssel oder eine mit Plastikfolie ausgekleidete Tasse. Legen Sie drei Blütenblätter in regelmäßigem Abstand auf den Kreis.

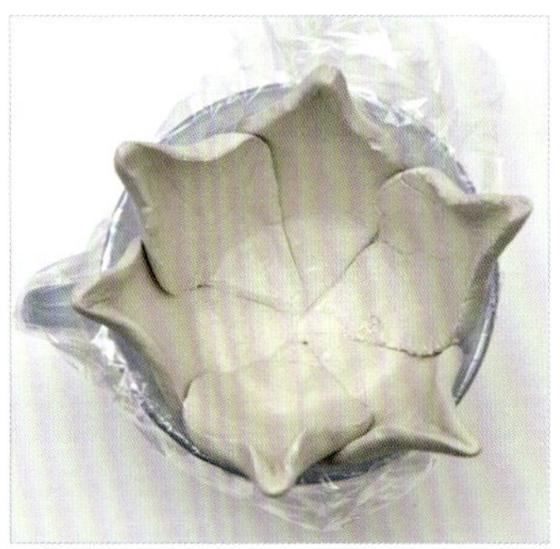

7 Legen Sie drei weitere Blütenblätter in die Lücken zwischen den ersten drei.

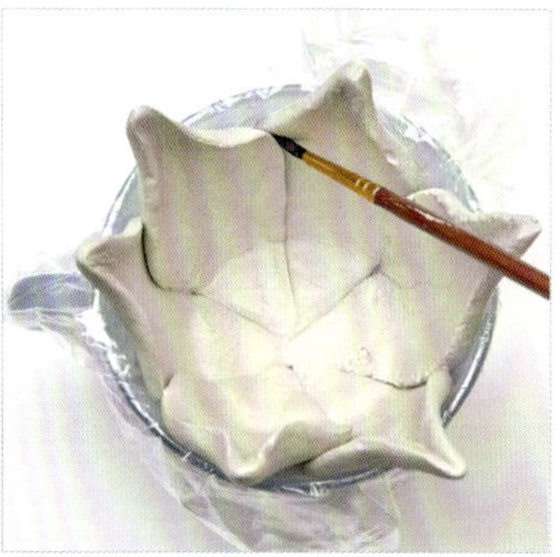

8 Glätten Sie die Übergänge mit einem feuchten Schwamm und einem Pinsel. Auf diese Weise haften die Blütenblätter aneinander.

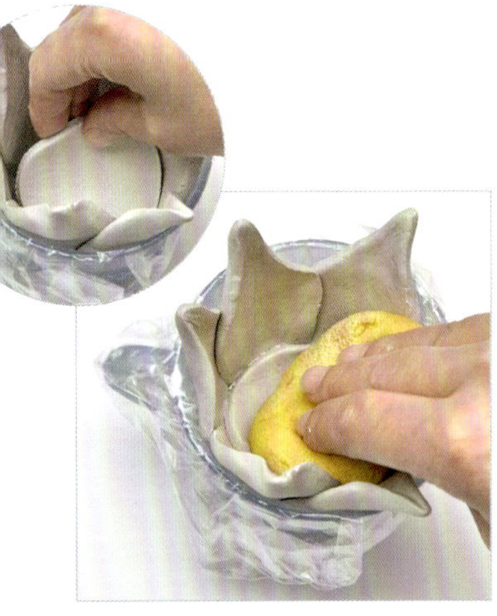

9 Legen Sie den zweiten Kreis vorsichtig auf den Boden der Blüte, sodass die Ansatzstellen überdeckt sind und eine ebene Fläche für die Kerze entsteht. Glätten Sie den oberen Kreis mit einem feuchten Schwamm, damit er gut haftet. Lassen Sie die Blüte durchtrocknen.

DEKORIEREN

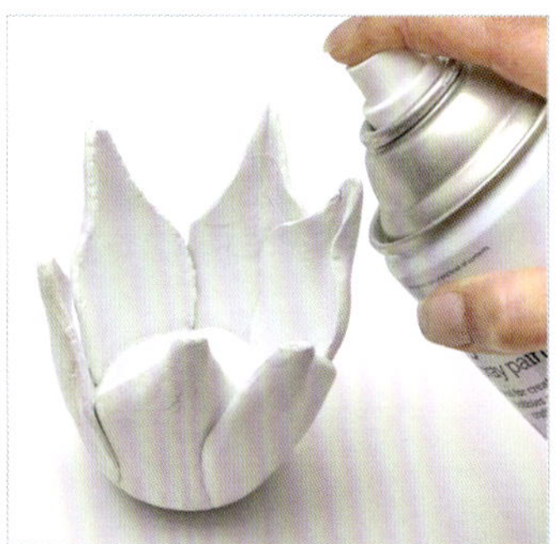

10 Sprühen Sie die Blüte von innen mit weißer Farbe ein. Nach dem Trocknen können Sie eine weitere Schicht auftragen. Dann drehen Sie die Blüte um und besprühen Außenwand und Boden.

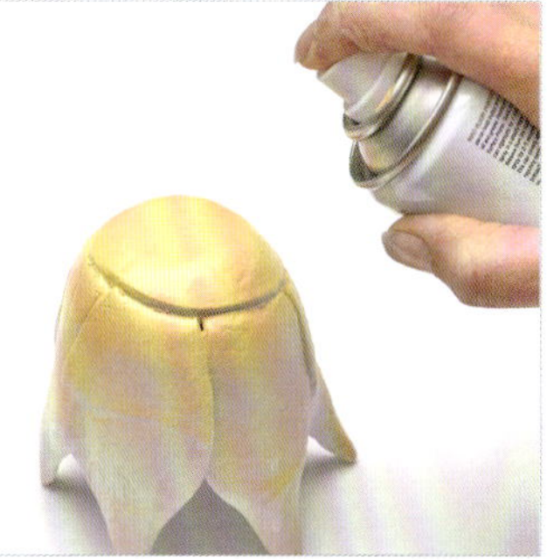

11 Nach dem Trocknen fügen Sie eine feine Schicht in einer anderen Farbe hinzu, sodass die Übergänge zwischen den Farben fließend sind. Die Farbe dient zugleich als Versiegelung.

Blumentopf mit Ecken & Kanten

Die geometrische Form dieser Blumentöpfe passt besonders gut zu Kakteen und anderen Sukkulenten. Ein Plus für jede Fensterbank!

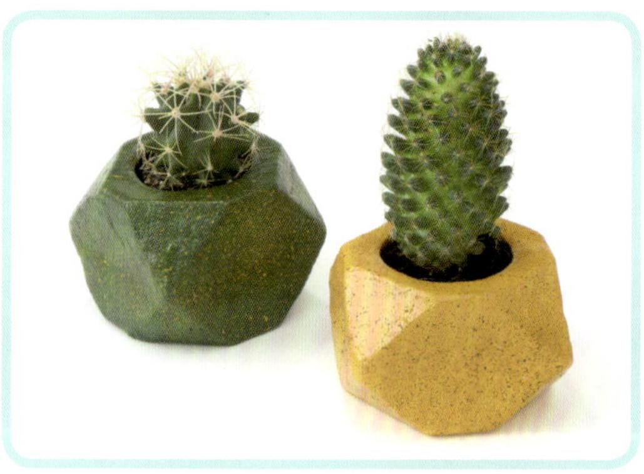

SIE BRAUCHEN

Lufttrocknenden Ton

Messer

Plastikfolie

Runden Ausstecher (ca. 5,5 cm im Durchmesser)

Lineal

Modellierstab mit flachem Kopf

Schwamm

Zahnbürste

Farbpalette

Acrylfarbe (ockergelb und braun)

Klaren, glänzenden Sprühlack

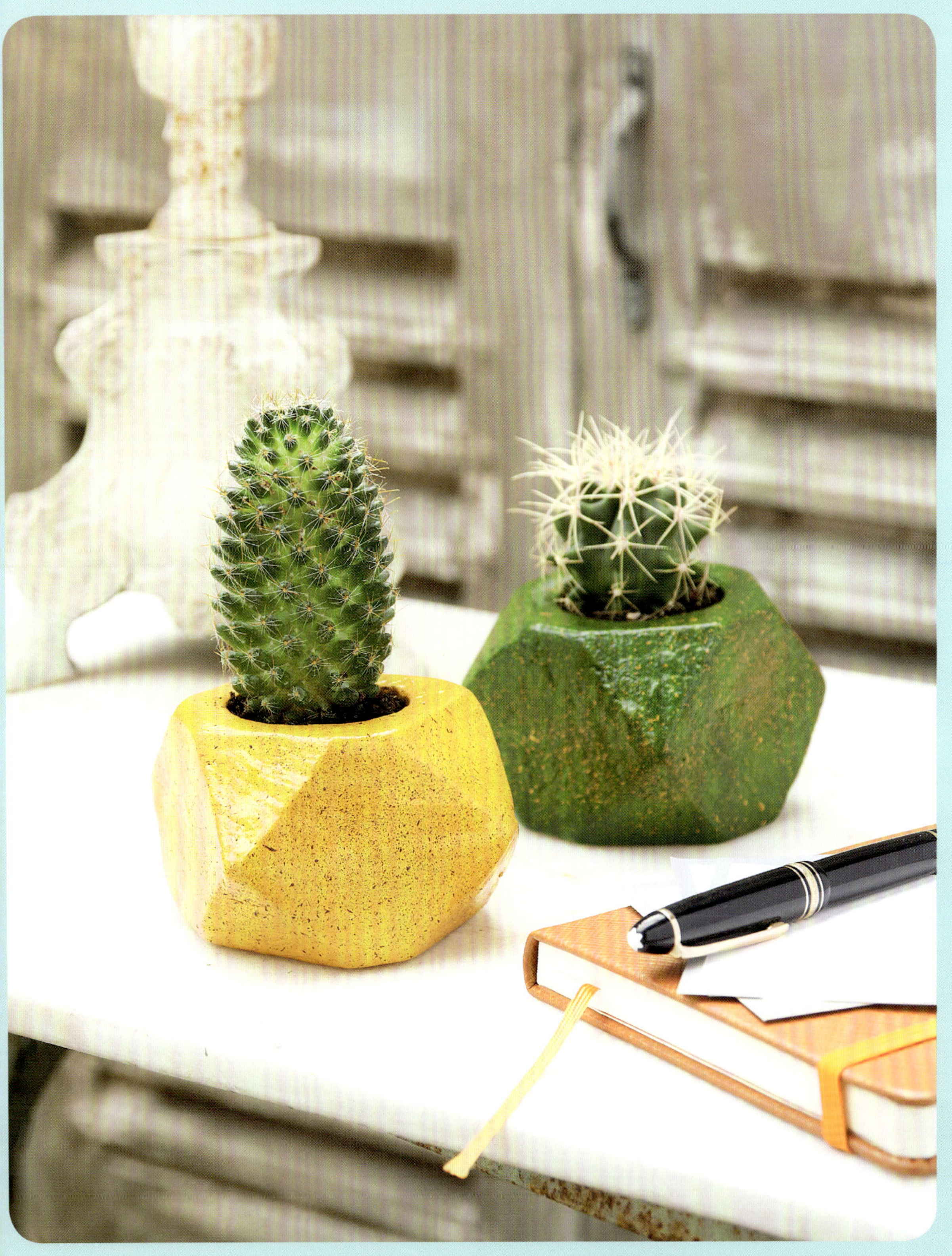

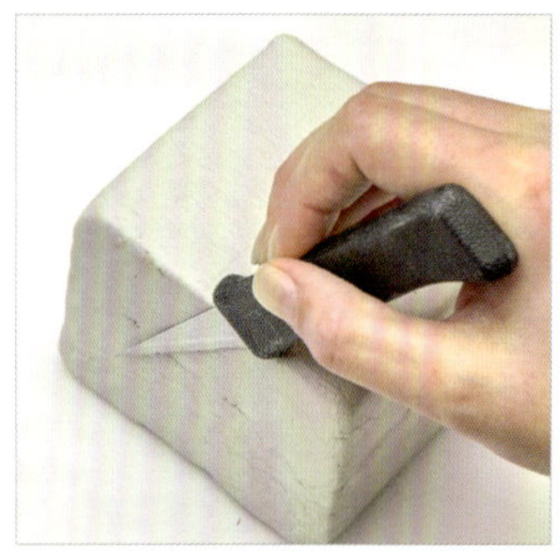

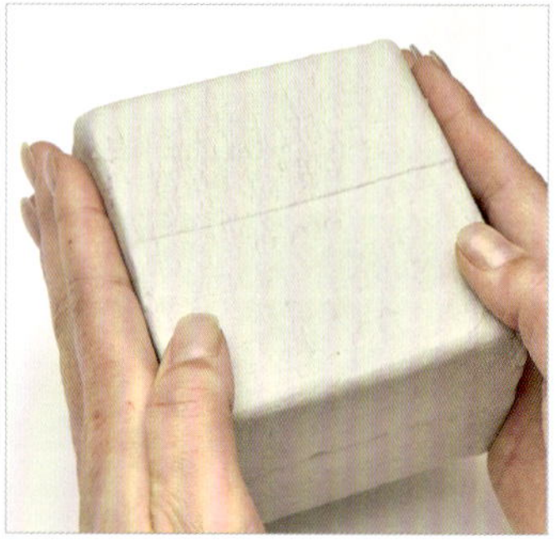

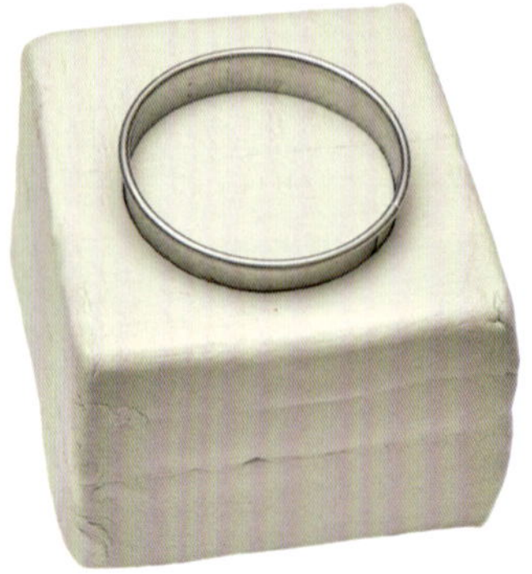

1 Schneiden Sie mit einem scharfen Messer aus einem 1 kg schweren Tonklotz einen 9 cm langen, 9 cm breiten und 7 cm hohen Block zu.

2 Schneiden Sie überschüssigen Ton mit einem Messer ab und klopfen Sie mit den Kanten des Blocks auf einen ebenen Untergrund.

3 Legen Sie einen runden Ausstecher in die Mitte des Blocks und drücken Sie ihn in den Ton. Dann ziehen Sie ihn wieder heraus. Machen Sie den Abdruck nicht zu tief.

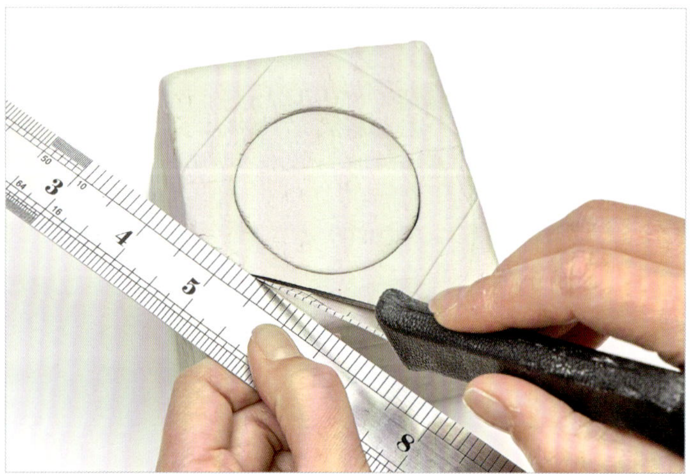

4 Schrägen Sie die Ecken ab. Zeichnen Sie zunächst mit einem Lineal und der Messerspitze die Schnittkanten ein. Sie sollten im Abstand von 1 cm vom Kreis verlaufen.

5 Markieren Sie mit einer horizontalen Linie die Mitte der Seitenwände des Tonblocks.

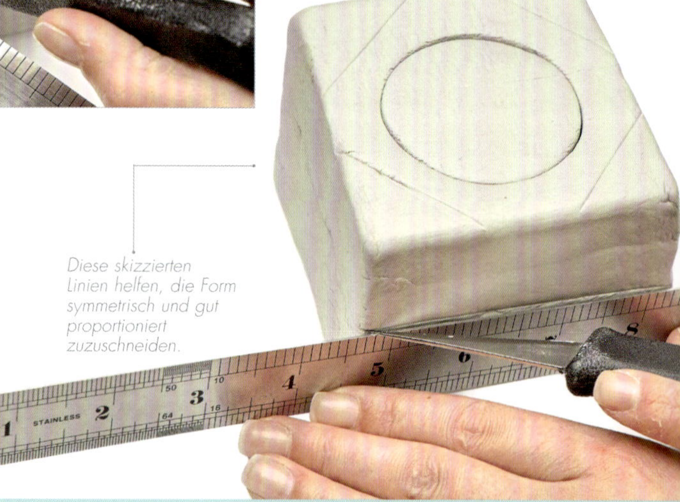

Diese skizzierten Linien helfen, die Form symmetrisch und gut proportioniert zuzuschneiden.

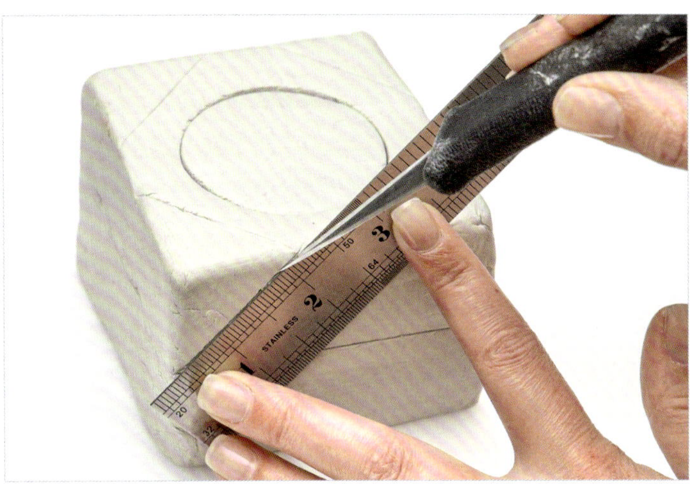

6 Markieren Sie an den vier oberen Ecken die Verbindung der Eckpunkte zur horizontalen Mittellinie.

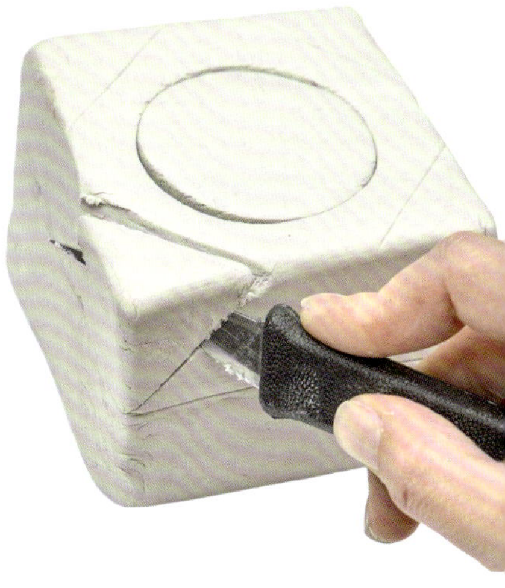

7 Schneiden Sie die Ecken an den eingezeichneten Linien ab.

8 Markieren Sie die Schnittlinien an der unteren Hälfte des Tonblocks, parallel zu denen der oberen Hälfte. Schneiden Sie die Ecken mit einem scharfen Messer ab.

Achten Sie beim Schneiden darauf, dass Sie das Messer gleichmäßig führen und den Ansatzwinkel beibehalten.

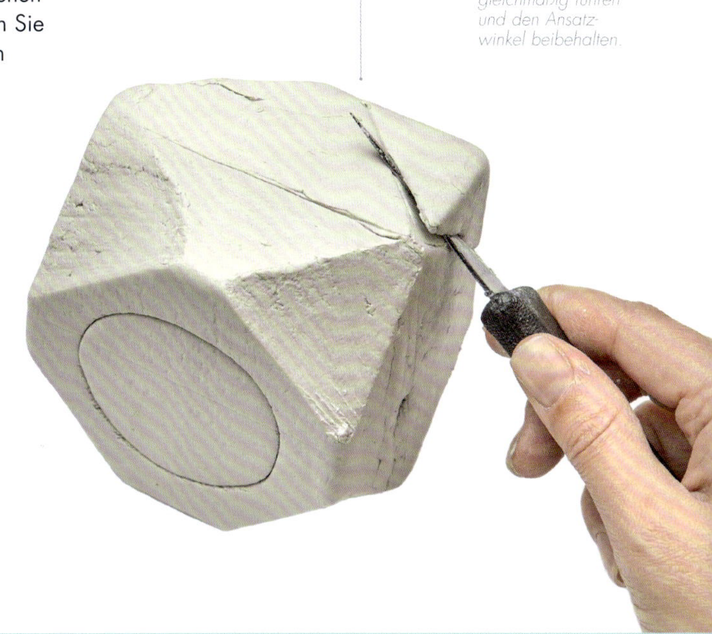

TIPPS

- *Probieren Sie auch andere geometrische Formen mit Ecken und Kanten aus.*
- *Bei einem so massiven Tonblock können beim Trocknen Risse entstehen. Füllen Sie sie mit lufttrocknendem Ton, solange der Block noch feucht ist.*

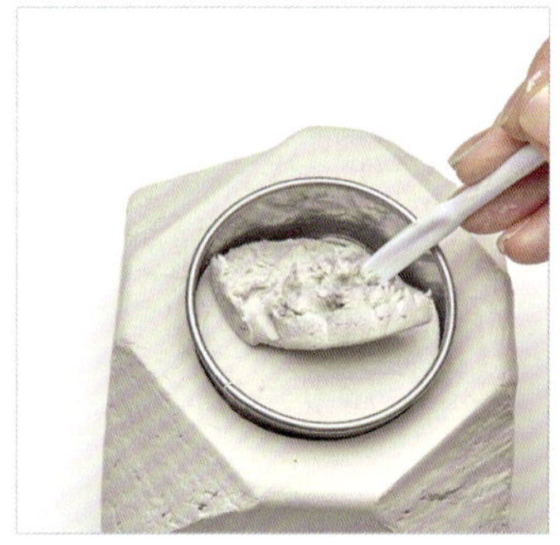

9 Drücken Sie den Ausstecher wieder in den Ton und tragen Sie aus dem Innern eine etwa 2,5 cm dicke Schicht ab. Ein Modellierstab mit flachem Kopf ist dafür ideal.

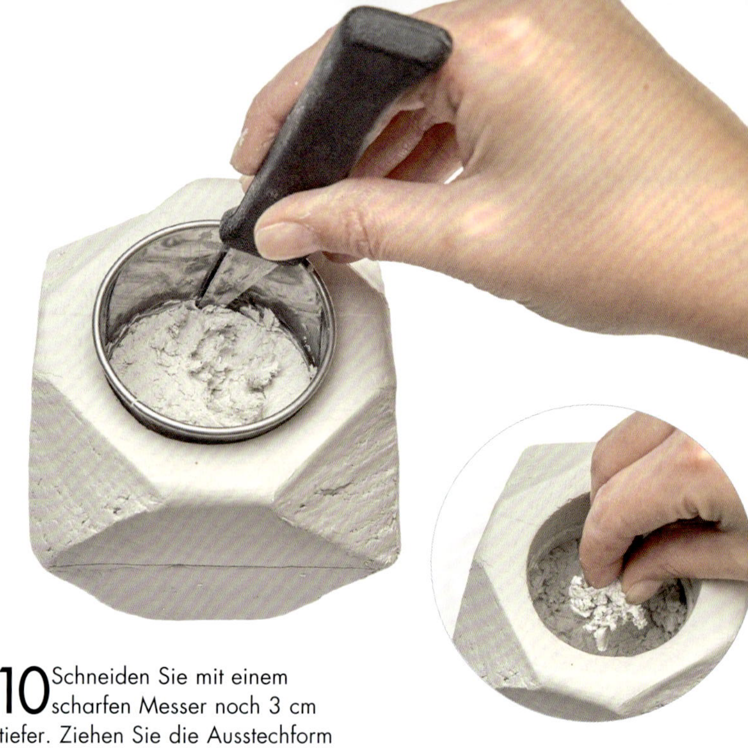

10 Schneiden Sie mit einem scharfen Messer noch 3 cm tiefer. Ziehen Sie die Ausstechform heraus und entfernen Sie den verbleibenden Ton mit dem Modellierstab und den Fingern.

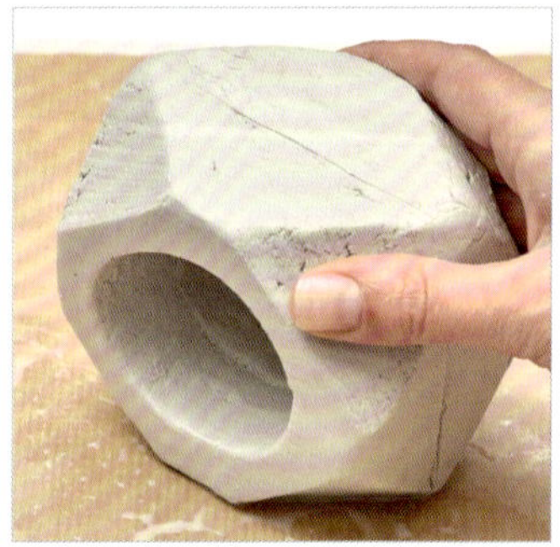

11 Klopfen Sie mit der Form vorsichtig auf einen ebenen Untergrund. Fahren Sie mit den Flächen in kreisförmigen Bewegungen über eine feuchte Plastikmatte, um die Kanten besser herauszuarbeiten.

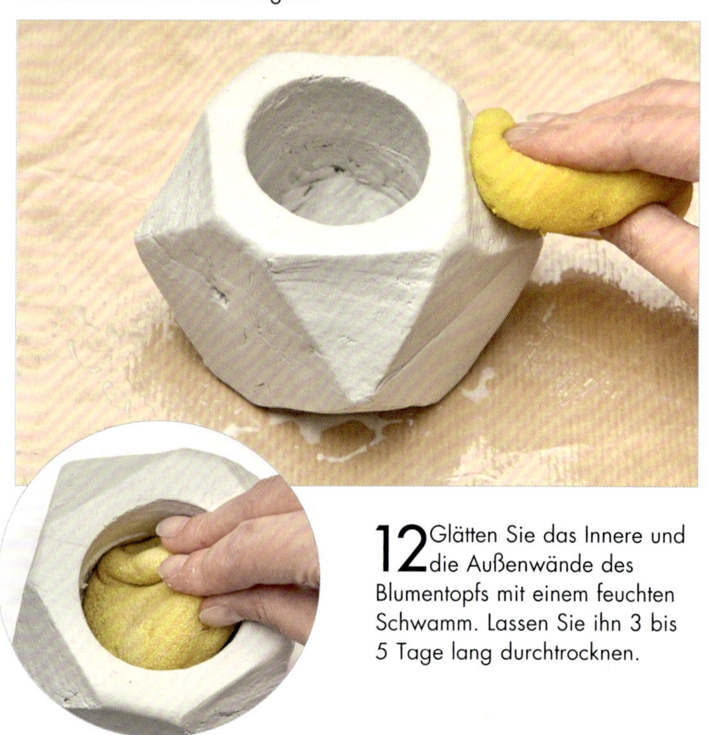

12 Glätten Sie das Innere und die Außenwände des Blumentopfs mit einem feuchten Schwamm. Lassen Sie ihn 3 bis 5 Tage lang durchtrocknen.

DEKORIEREN

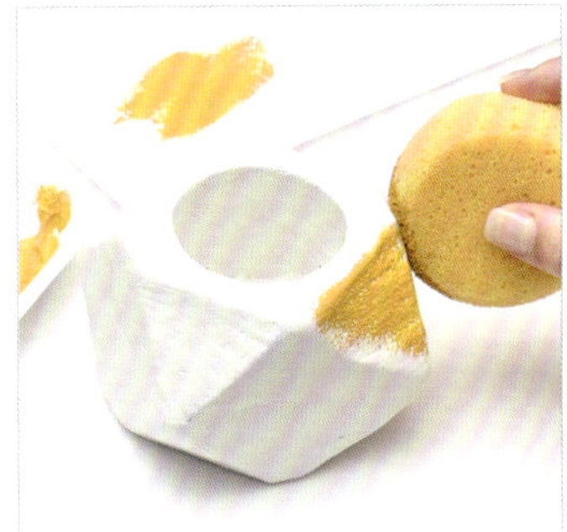

13 Färben Sie die Oberfläche mit Acrylfarbe, die Sie mit dem Schwamm auftragen. Lassen Sie die Farbe an der Oberkante und den Seiten trocknen, bevor Sie sich die Unterseite vornehmen. Der Schwamm darf nicht zu sehr mit Farbe getränkt sein. Tragen Sie weitere Farbschichten auf, wenn die erste trocken ist.

14 Wenn die Farbe getrocknet ist, besprenkeln Sie die Oberfläche mithilfe einer Zahnbürste mit einer zweiten Farbe. Nach dem Trocknen versiegeln Sie den Blumentopf mit Glanzspray, sodass kein Wasser ins Material eindringt, wenn Sie die Pflanze darin gießen.

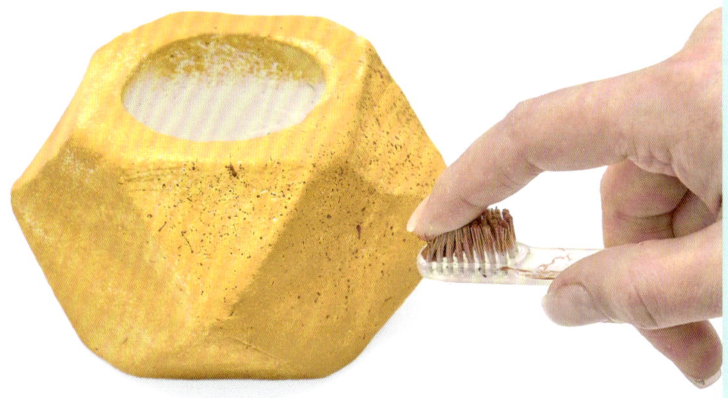

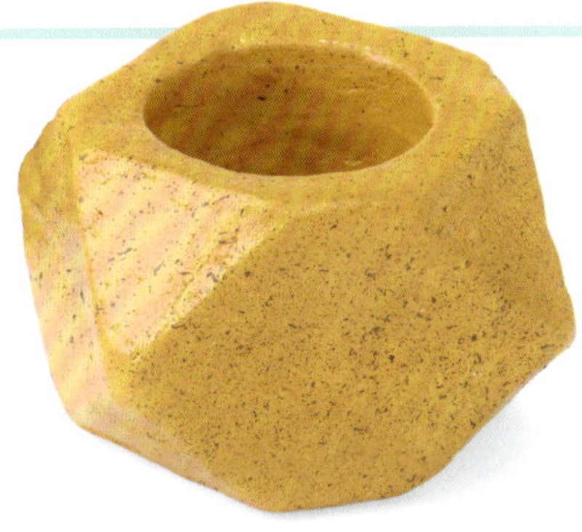

15 Nach dem Verzieren und Versiegeln können Sie eine Pflanze in die Öffnung setzen

Deckeldose aus Wülsten

Haarspangen? Büroklammern? Kleingeld? In diesen kleinen Dosen können Sie solche Dinge hübsch und ordentlich aufbewahren – und der Deckel verhindert, dass sie zustauben.

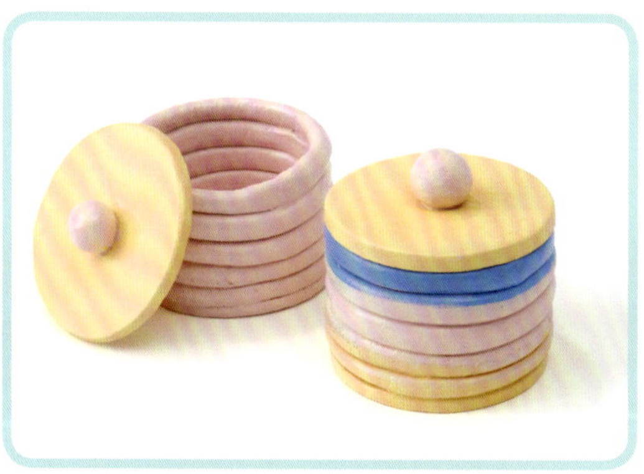

SIE BRAUCHEN

Lufttrocknenden Ton

Messer

Plastikfolie

Teigroller

Holzleisten

Töpfernadel

Runden Ausstecher oder Schüssel (10 cm Durchmesser)

Papier

Pappröhre (8 cm Durchmesser, 8 cm lang)

Pinsel

Sprühfarbe (hellblau, gelb und pink)

Klebeband

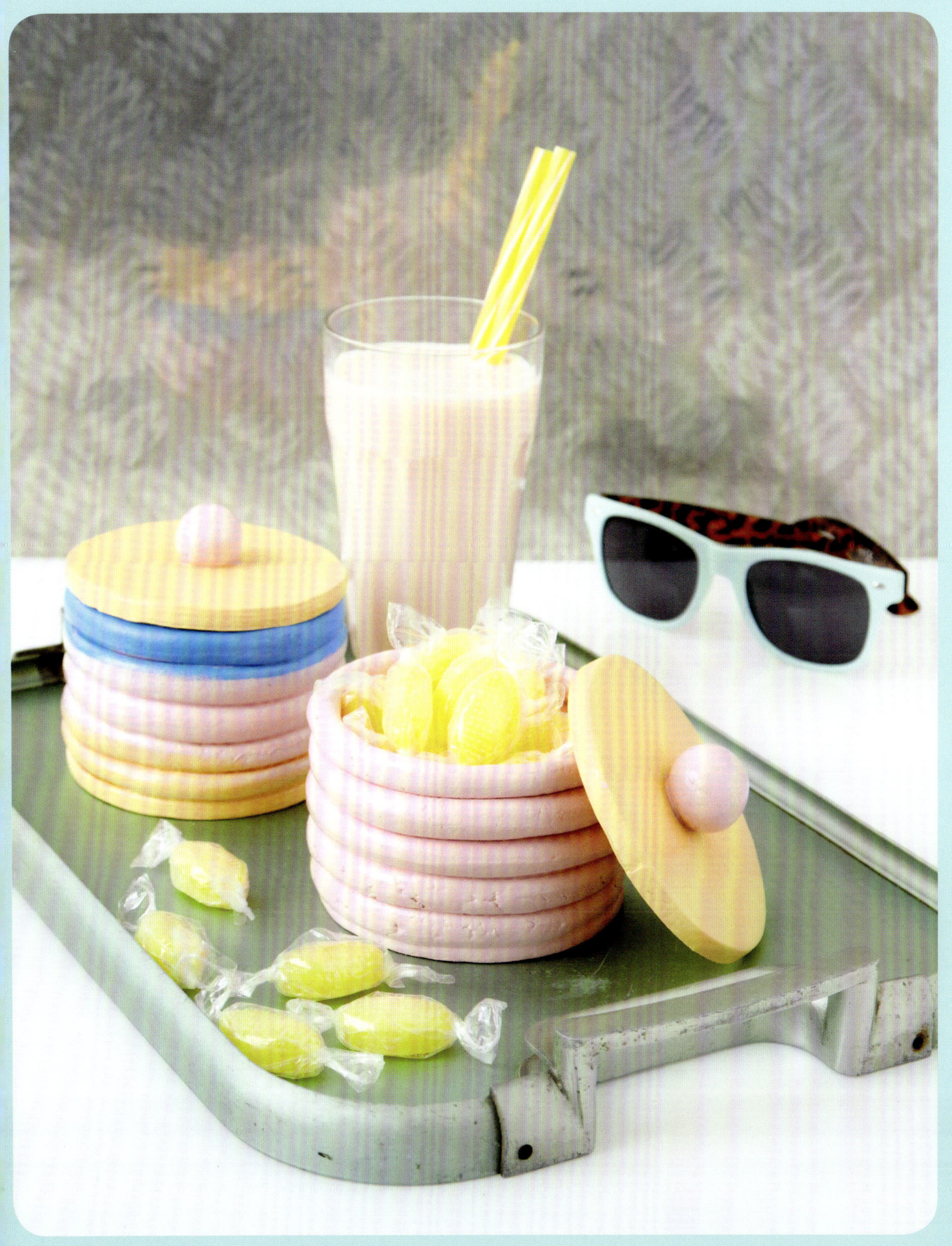

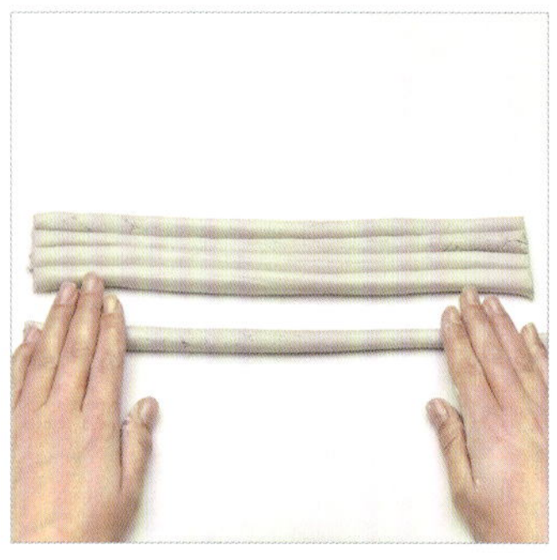

1 Fertigen Sie aus jeweils 90 g lufttrocknendem Ton fünf Wülste an (siehe Seite 15). Rollen Sie sie mit beiden Händen von der Mitte zu den Enden hin, bis sie etwa 1 cm dick sind.

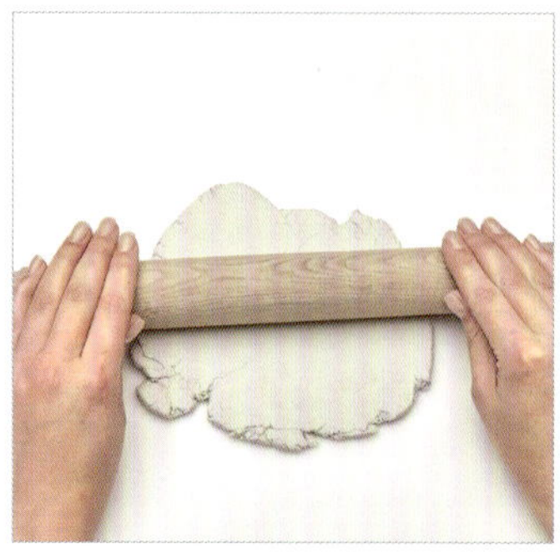

2 Walzen Sie etwa 180 g lufttrocknenden Ton zu einer 1 cm dicken Platte aus.

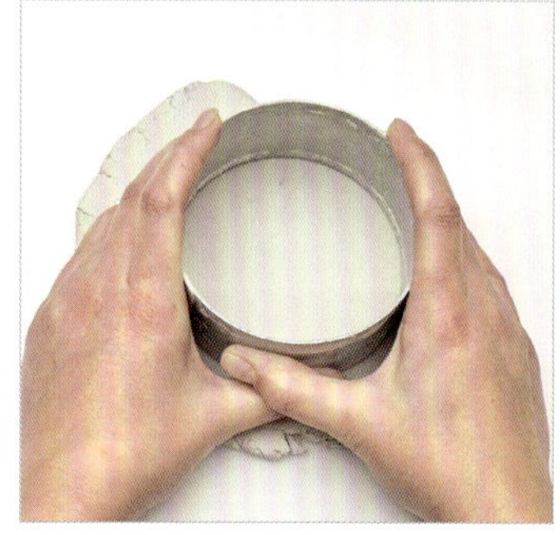

3 Schneiden Sie mit einer runden Ausstechform oder mithilfe einer Schüssel zwei Kreise für Boden und Deckel aus.

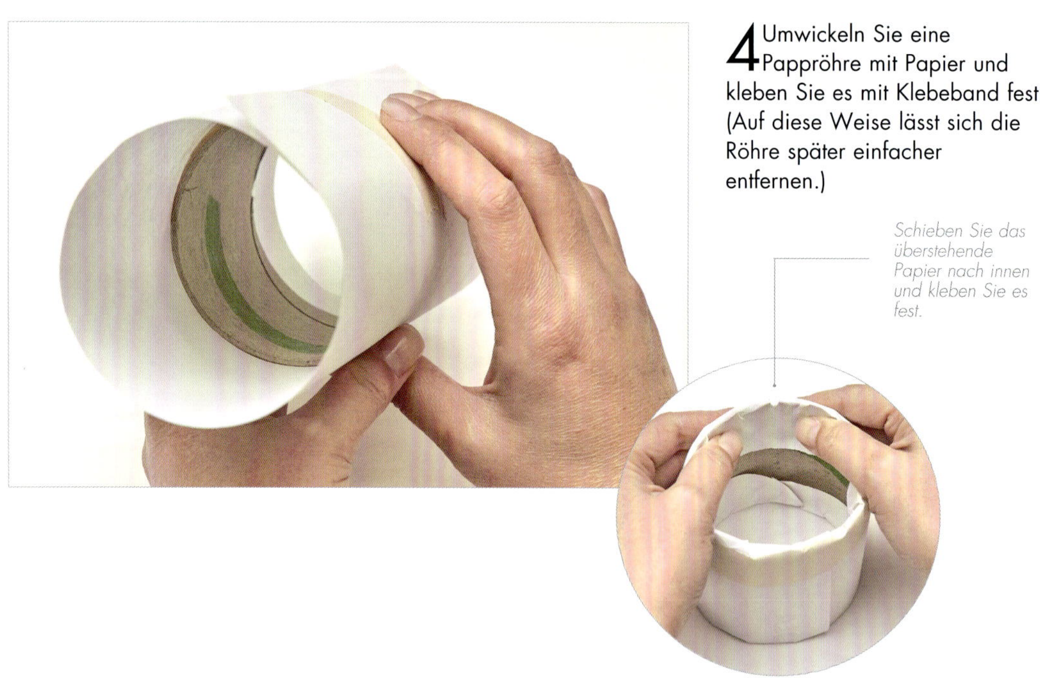

4 Umwickeln Sie eine Pappröhre mit Papier und kleben Sie es mit Klebeband fest. (Auf diese Weise lässt sich die Röhre später einfacher entfernen.)

Schieben Sie das überstehende Papier nach innen und kleben Sie es fest.

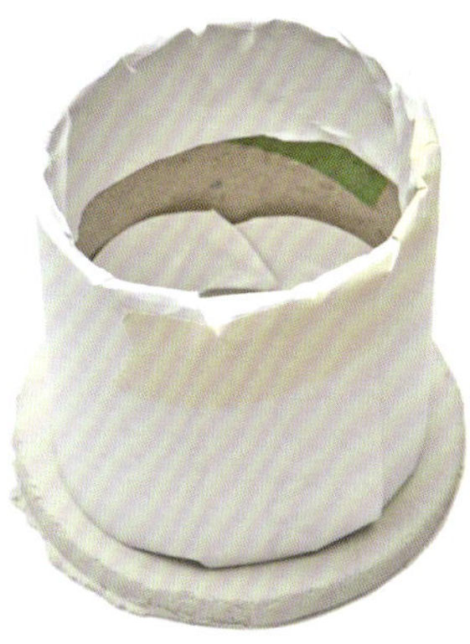

5 Stellen Sie die Papprröhre mittig auf den Dosenboden, sodass ein 1 cm Rand bleibt.

TIPPS

- *Ummanteln Sie Schüsseln mit Plastikfolie und benutzen Sie sie als Überform, um Dosen in unterschiedlichen Formen und Größen herzustellen.*
- *Lassen Sie einige Ansatznähte zwischen den Wülsten sichtbar, während Sie andere verstreichen. Dadurch entsteht ein interessanter Effekt.*

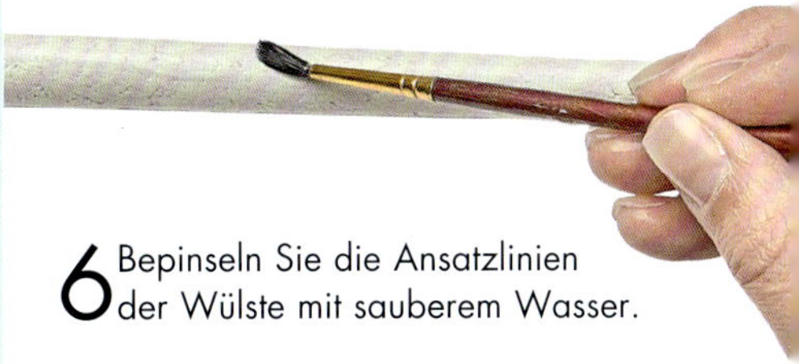

6 Bepinseln Sie die Ansatzlinien der Wülste mit sauberem Wasser.

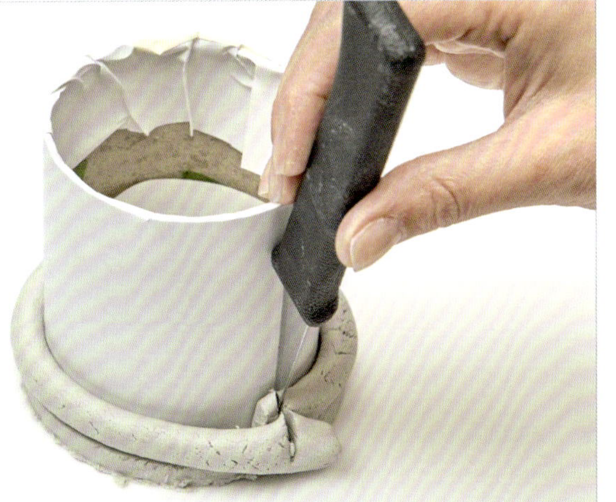

7 Legen Sie den ersten Wulst auf den Deckelboden und drücken Sie ihn leicht an. Lassen Sie die Enden überlappen und machen Sie einen geraden Schnitt durch beide Wülste, um einen sauberen Ansatz zu bekommen.

8 Verstreichen Sie den Ansatz der Wulstenden mit angefeuchteten Fingern.

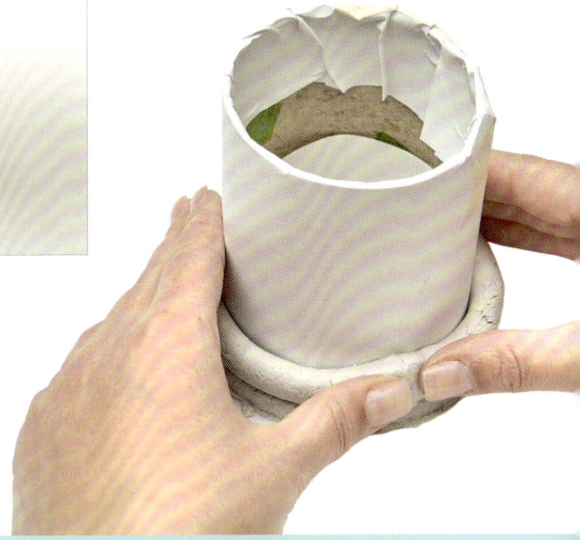

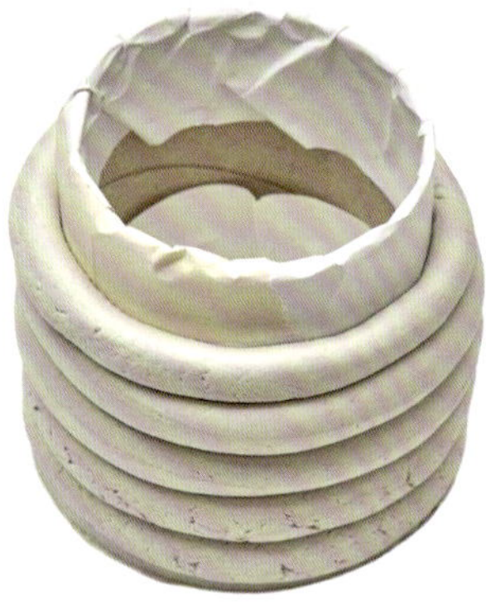

9 Fügen Sie die restlichen Wülste an, bis die Dose etwa 7 cm hoch ist.

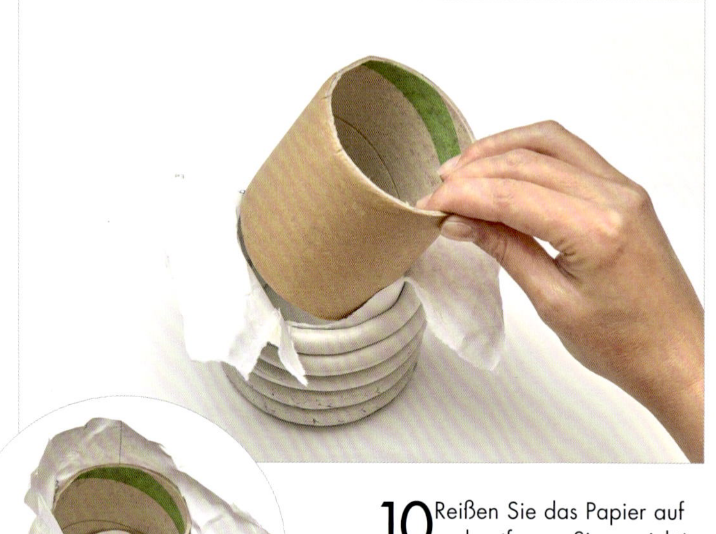

10 Reißen Sie das Papier auf und entfernen Sie vorsichtig die Pappröhre, sonst reißt der Ton beim Trocknen.

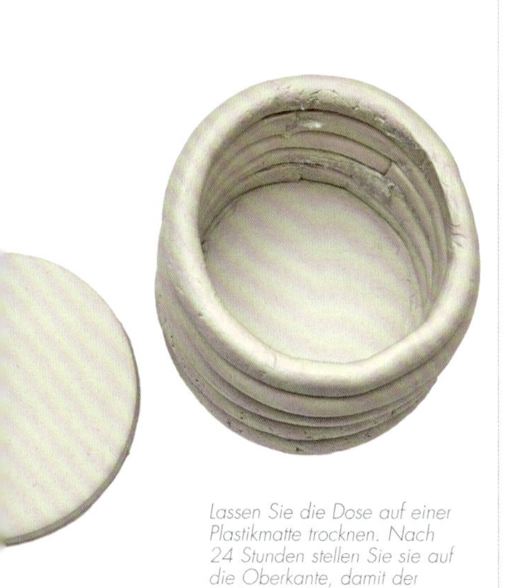

Lassen Sie die Dose auf einer Plastikmatte trocknen. Nach 24 Stunden stellen Sie sie auf die Oberkante, damit der Boden gleichmäßig trocknet.

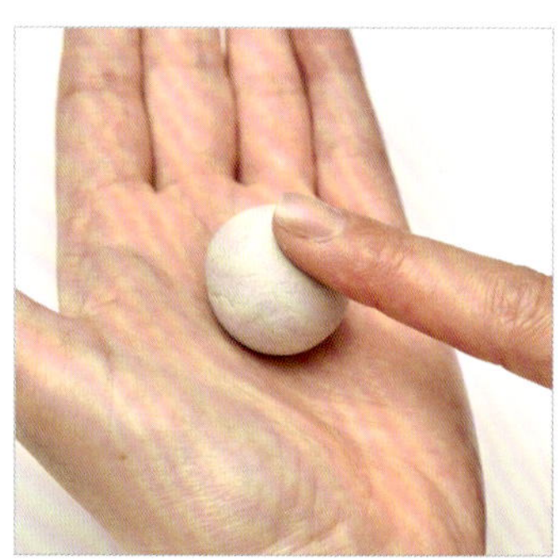

11 Für den Deckelknauf formen Sie zwischen den Handflächen eine 2 cm große Tonkugel. Drücken Sie sie vorsichtig auf den angefeuchteten Deckel, den Sie bei Schritt 3 ausgestochen haben.

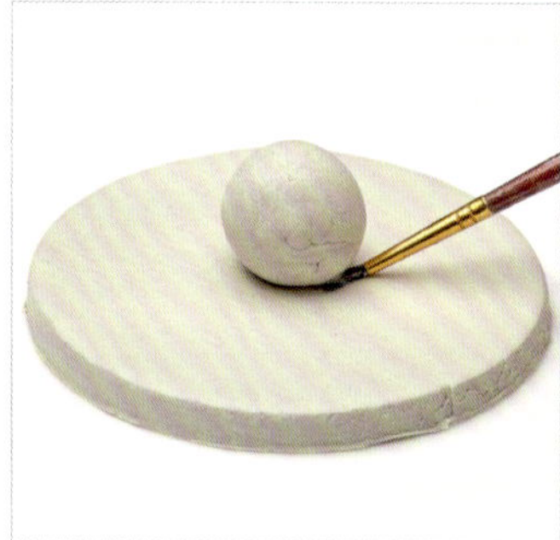

12 Tauchen Sie einen Pinsel in sauberes Wasser und fahren Sie damit um den Ansatz des Knaufs, um ihn am Deckel zu befestigen.

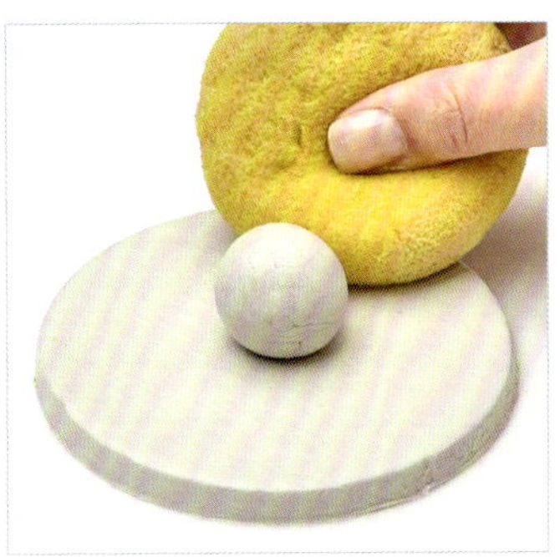

13 Glätten Sie die Dose und den Deckel vorsichtig mit einem feuchten Schwamm.

TIPPS

- *Bei der Dekoration der Dose sind Ihrer Fantasie keine Grenzen gesetzt: Experimentieren Sie mit Farbverläufen oder decken Sie einzelne Flächen mit Klebeband ab.*
- *Machen Sie in der Deckelmitte ein Loch und befestigen Sie statt der Tonkugel eine große Perle darauf.*

DEKORIEREN

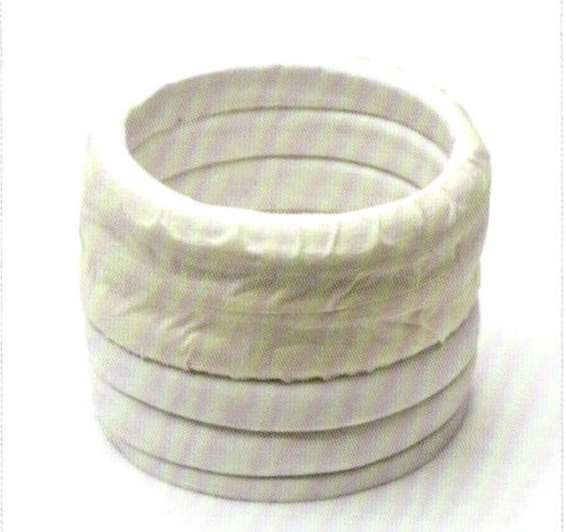

14 Kleben Sie die Bereiche ab, die freibleiben sollen. Sprühen Sie den Boden und die unteren Wülste mit der ersten Farbe ein.

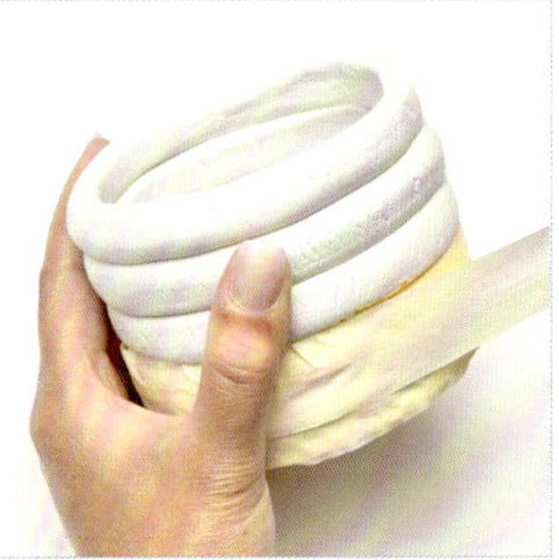

15 Wenn die Farbe trocken ist, decken Sie die Bereiche ab, die freibleiben sollen, und sprühen Sie die zweite Farbe auf.

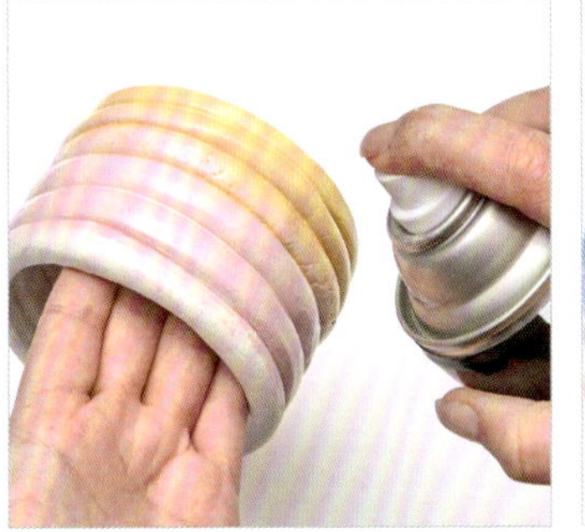

16 Ohne Abkleben entsteht ein fließender Farbverlauf.

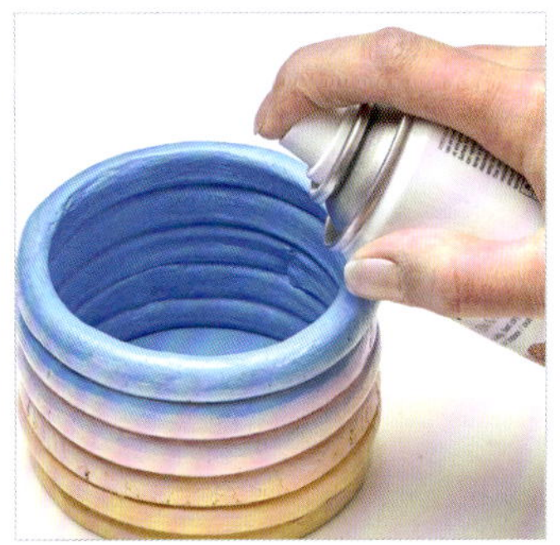

17 Wenn die Farbe trocken ist, besprühen Sie den oberen Teil und das Innere mit der dritten Farbe.

DEN DECKEL DEKORIEREN

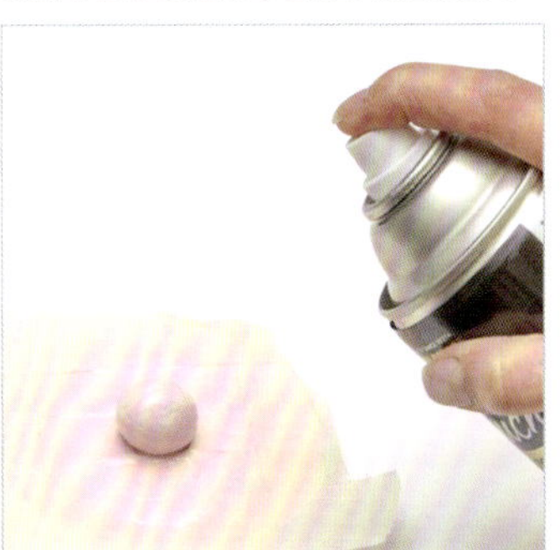

18 Besprühen Sie den Deckel mit der ersten Farbe. Dann decken Sie alles bis auf den Knauf ab und geben ihm eine andere Farbe.

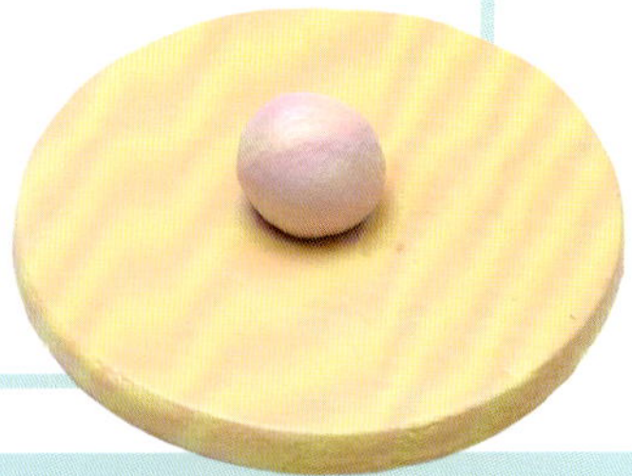

Ballonschalen

Diese Schälchen lassen sich im Nu herstellen – als Kerzenhalter oder Bonbonschalen oder zur Aufbewahrung für Sammelsurium aller Art.

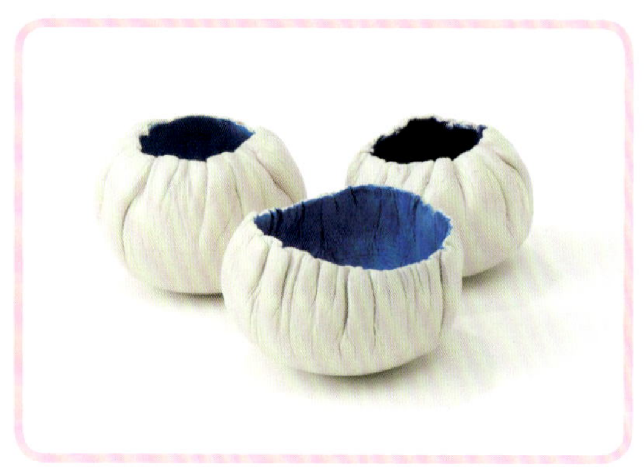

SIE BRAUCHEN

- Lufttrocknenden Ton
- Messer
- Plastikfolie
- Teigroller
- Holzleisten
- Töpfernadel
- Schüssel (16 cm Durchmesser)
- Schwamm
- Luftballon
- Frischhaltefolie
- Schere
- Pinsel
- Acrylfarbe (blau)
- Farbpalette
- Klaren, glänzenden Sprühlack

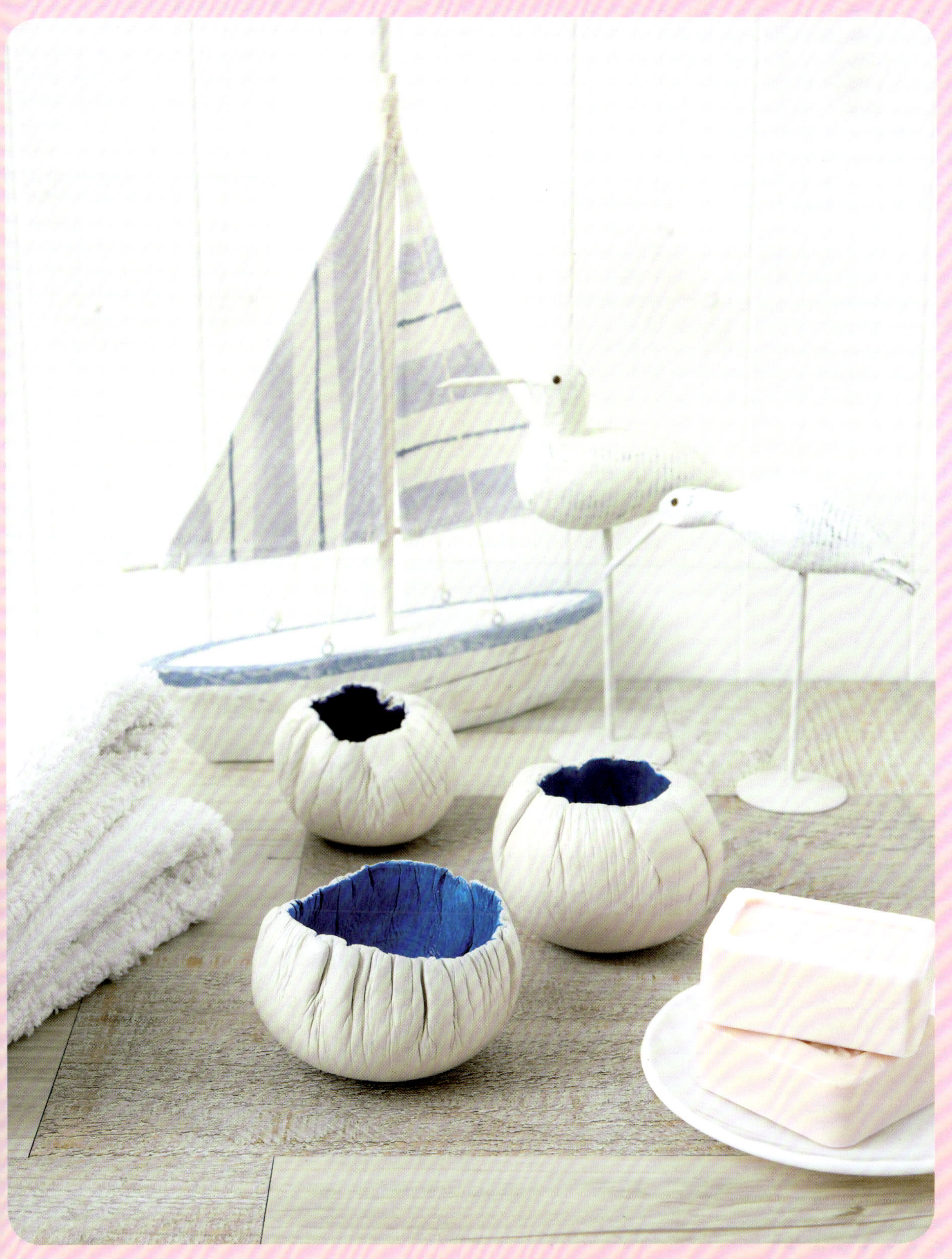

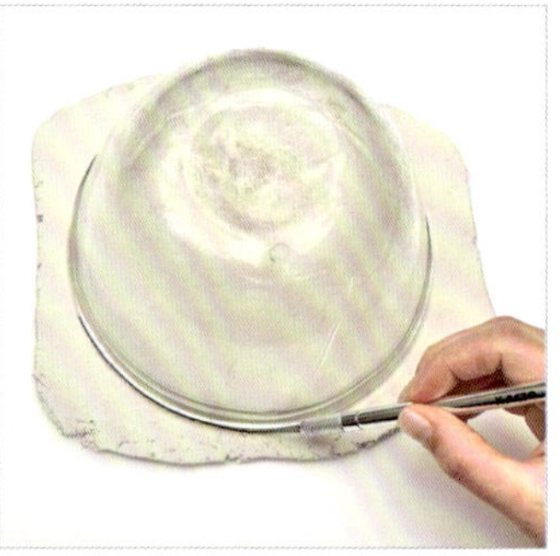

1 Walzen Sie etwa 150 g lufttrocknenden Ton zu einer 5 mm dicken Platte aus. Stellen Sie eine umgedrehte Schüssel darauf und schneiden Sie mit einem scharfen Messer um den Rand.

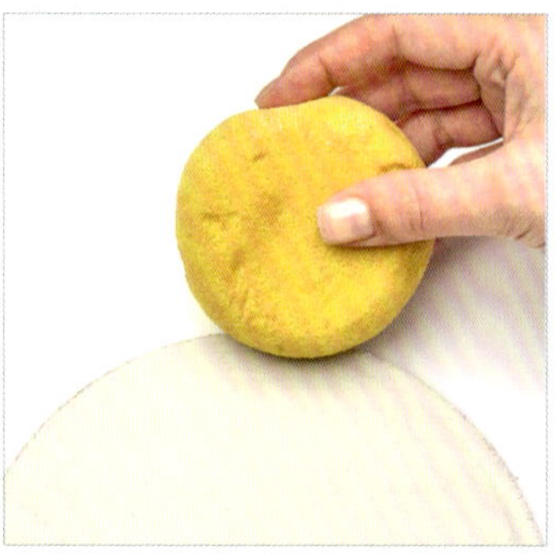

2 Befeuchten Sie einen Schwamm und glätten Sie die Schnittkante.

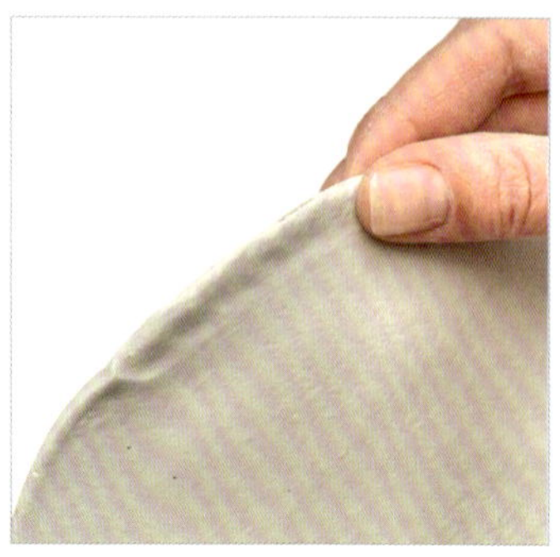

3 Ziehen Sie mit Daumen und Zeigefinger einen kleinen Rand hoch.

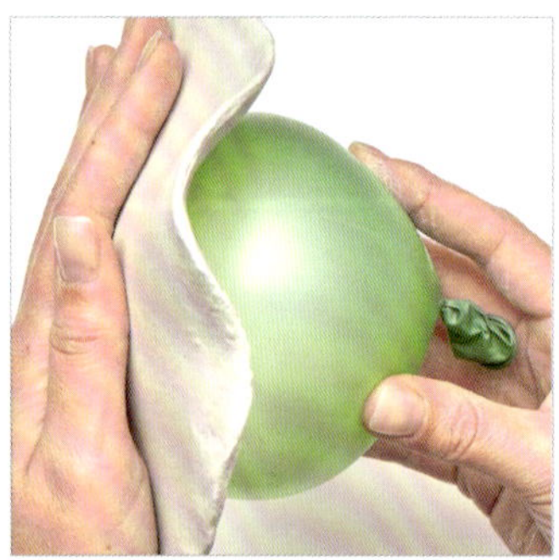

4 Pusten Sie den Ballon auf, bis er einen Durchmesser von 8 cm hat. Legen Sie den Tonkreis auf das runde Ballonende.

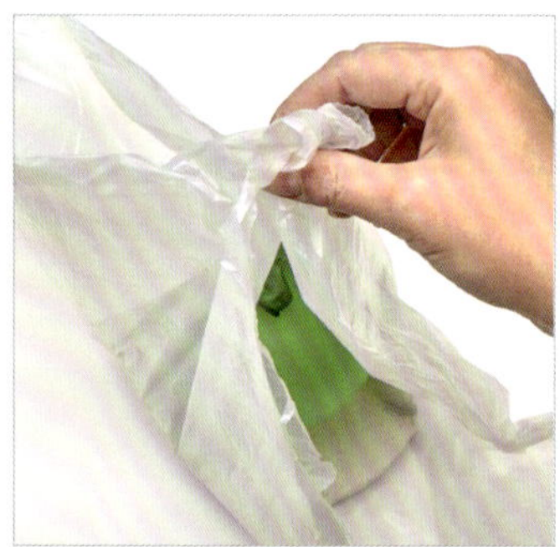

5 Schneiden Sie ein 35 x 35 cm großes Stück Plastikfolie zu, legen Sie den Ballon mit dem Ton hinein und ziehen Sie damit die Tonplatte um den Ballon.

TIPPS

- *Fügen Sie mehrere fertige Schalen mit etwas Sekundekleber zusammen.*
- *Bei der farblichen Gestaltung können Sie nach Herzenslust experimentieren: Verwenden Sie mehrere Farben für das Innere oder sprühen Sie auch die Außenseite ein.*
- *Variieren Sie mit der Größe der Ballons, um unterschiedlich große Schalen anzufertigen.*

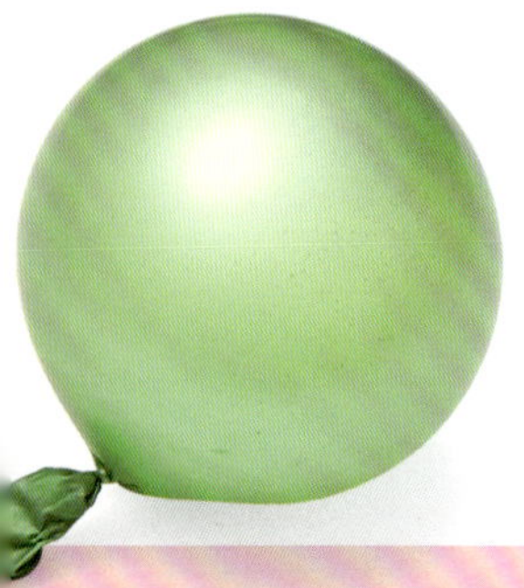

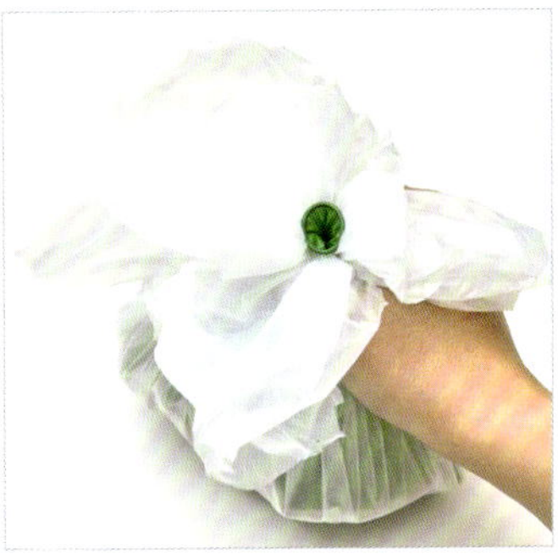

6 Raffen Sie die Plastikfolie um den Ballon und drehen Sie sie um das verknotete Ende des Ballons.

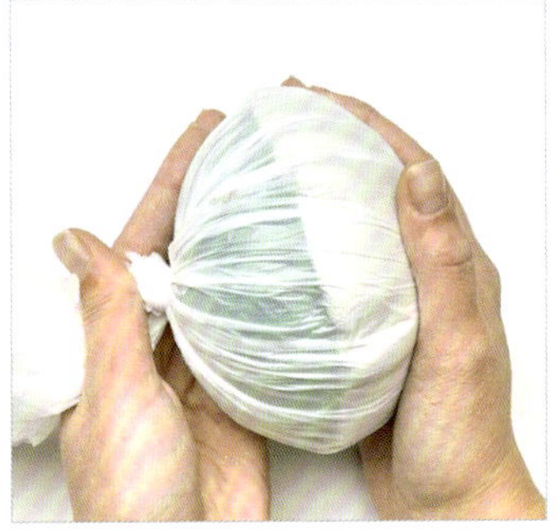

7 Drücken Sie behutsam auf die Form, um die Oberfläche zu glätten.

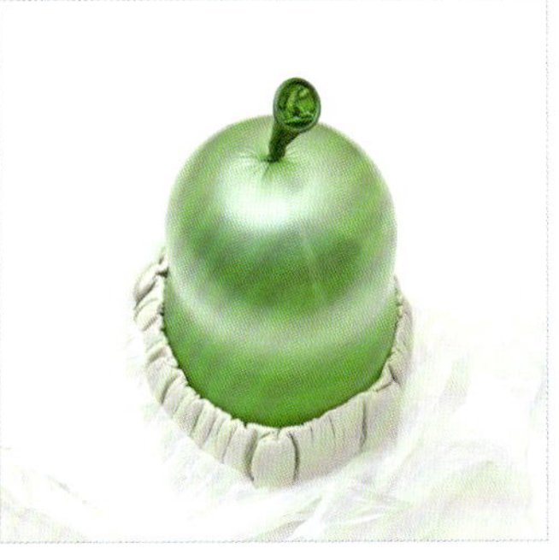

8 Ziehen Sie die Plastikfolie vorsichtig ab.

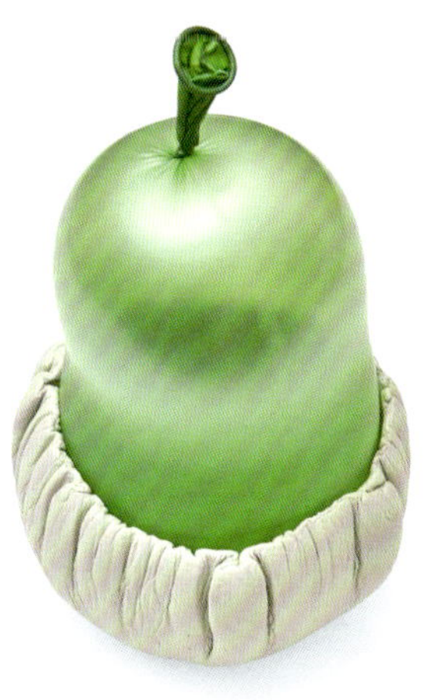

9 Lassen Sie den Ton um den Ballon trocknen, um die Form zu stabilisieren. Wenn die Schale trocken ist, stechen Sie einfach in den Ballon.

DEKORIEREN

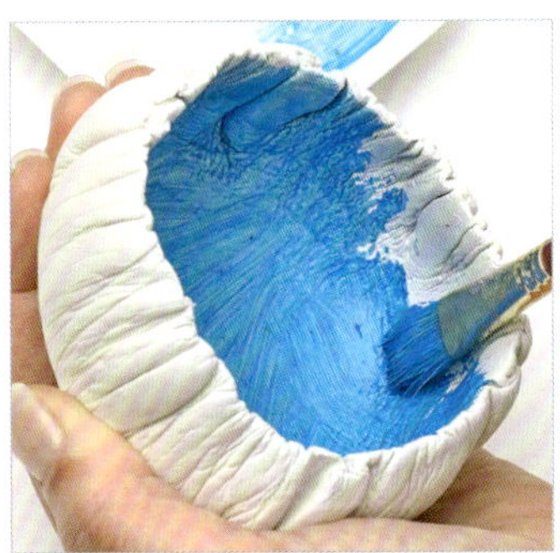

10 Tragen Sie auf der Innenseite zwei oder drei Schichten blaue Acrylfarbe auf. Lassen Sie jede Schicht trocknen, bevor Sie die nächste auftragen. Achten Sie darauf, dass keine Farbe an die Außenseite gelangt.

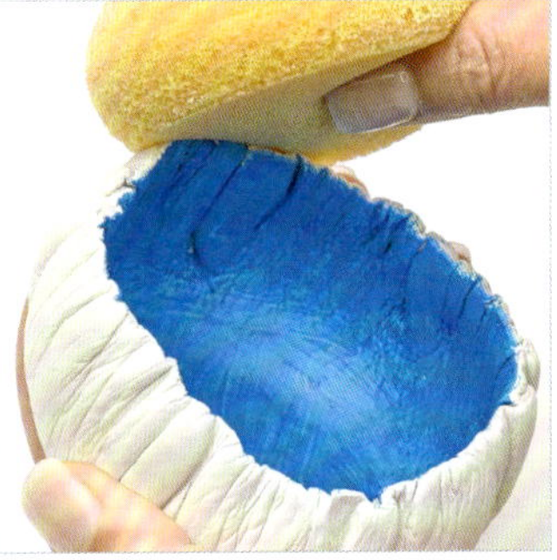

11 Wischen Sie mit einem feuchten Schwamm alle Farbspritzer an der Außenwand ab. Wenn alles getrocknet ist, versiegeln Sie die Schale mit Glanzspray. Bevor Sie den Boden versiegeln, sollte die Oberkante trocken sein.

Schälchen mit Marmormuster

Das Wunderbare an diesen kleinen Schalen ist, dass jede anders aussieht. Als Geschenke für Freunde und Familie oder als Dekoration für Ihr Zuhause sind sie schnell und ohne großen Aufwand herzustellen.

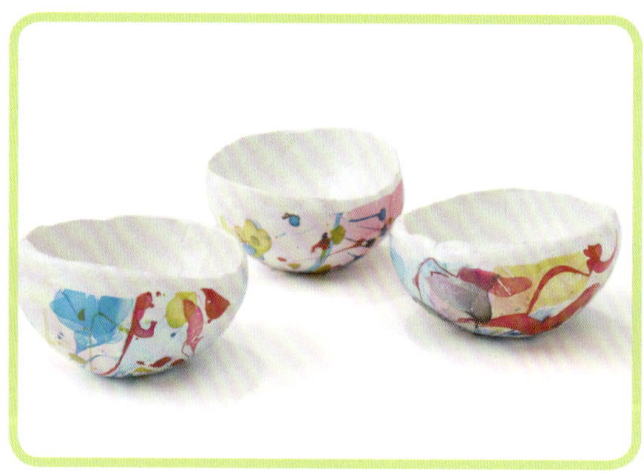

SIE BRAUCHEN

Lufttrocknenden Ton

Messer

Ball (etwa 6 cm Durchmesser)

Modellierstab mit flachem Kopf

Plastikfolie

Nagellack (grün, pink, blau und metallic)

Plastikbehälter (8 x 8 cm)

Klaren, glänzenden Sprühlack

Weißen Sprühlack

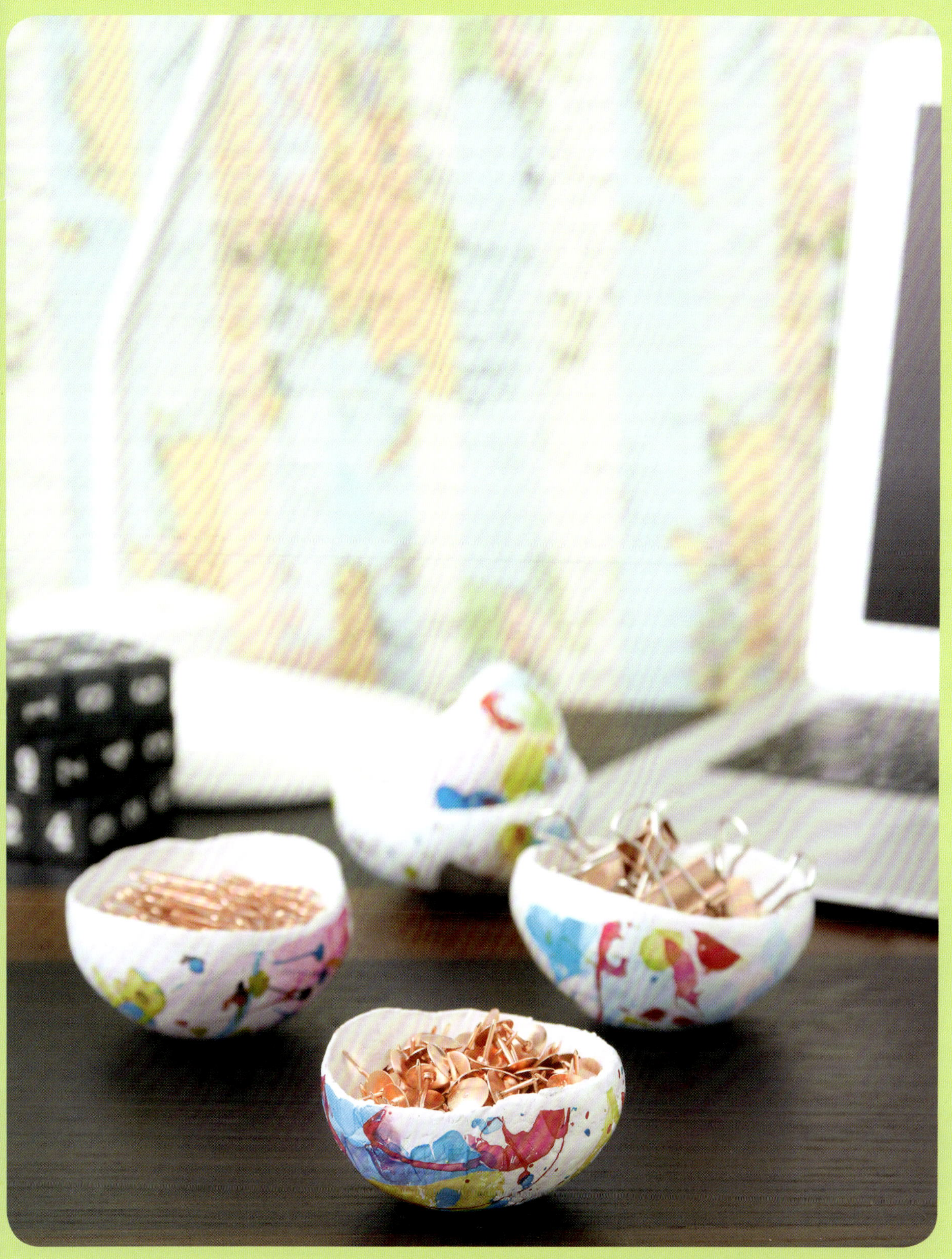

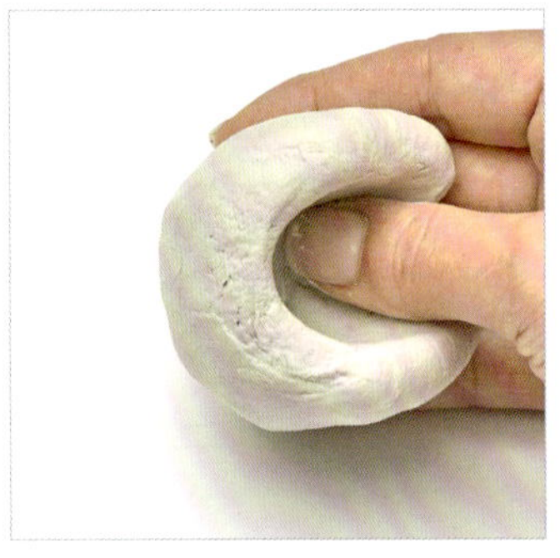

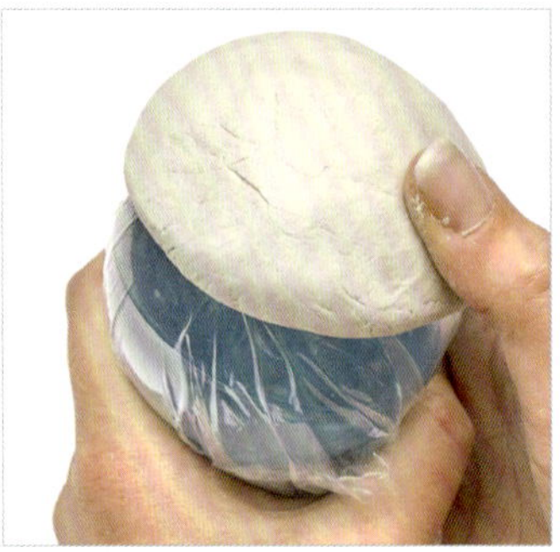

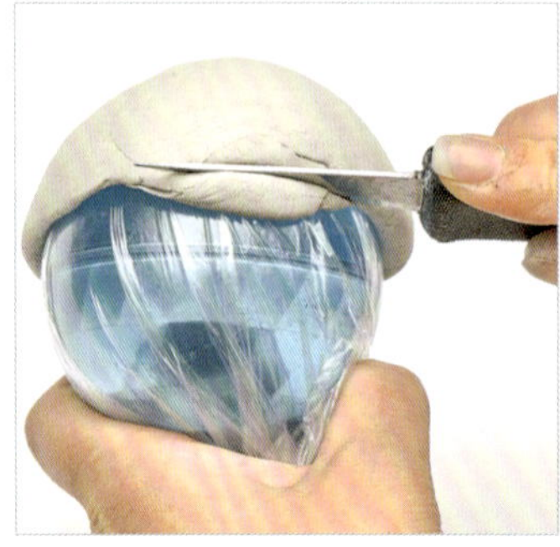

1 Fertigen Sie in Daumendrucktechnik (Seite 12-13) aus 70 g lufttrocknendem Ton eine kleine Schale mit einer Wandstärke von 6 mm an.

2 Bedecken Sie einen kleinen Ball mit Plastikfolie und drücken Sie die Schale darauf. Der Ball sorgt für eine saubere Form und dient gleichzeitig als Stütze.

3 Begradigen Sie den Schalenrand mit einem Messer.

TIPPS

- *Vergessen Sie nicht, die Schale zum Trocknen vom Ball zu nehmen, damit der Ton ungehindert schrumpfen kann und nicht reißt.*
- *Die Plastikfolie um den Ball verhindert, dass der Ton am Ball klebt.*
- *Versiegeln Sie die Schalen, bevor Sie sie mit Nagellack marmorieren, sonst kann es passieren, dass der Lack abblättert.*

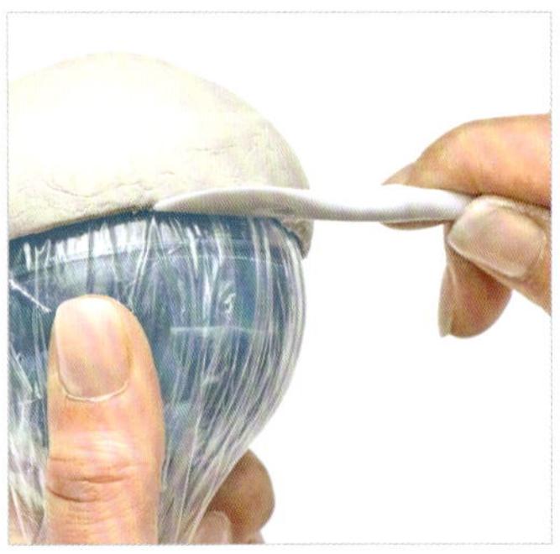

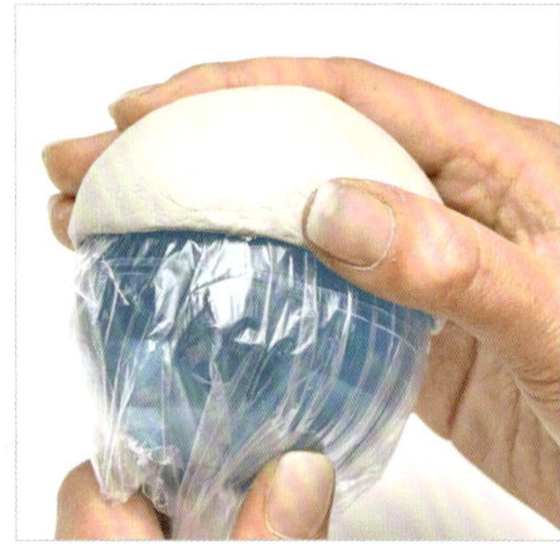

4 Versäubern Sie den Rand der Schale mit dem flachen Ende eines Modellierstabs.

5 Um den Rand ein wenig dünner zu machen, drücken Sie ihn vorsichtig auf den Ball.

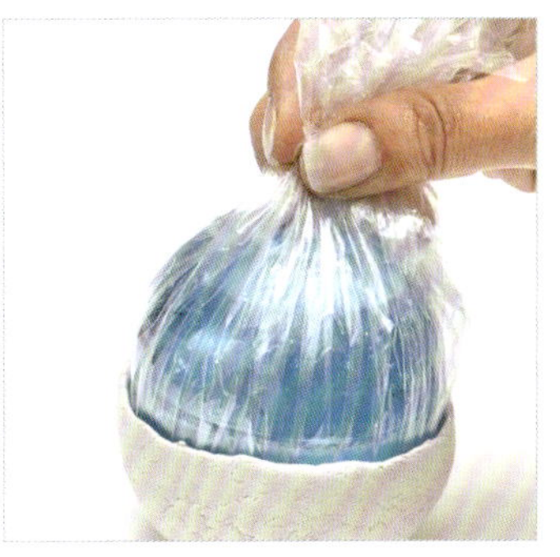

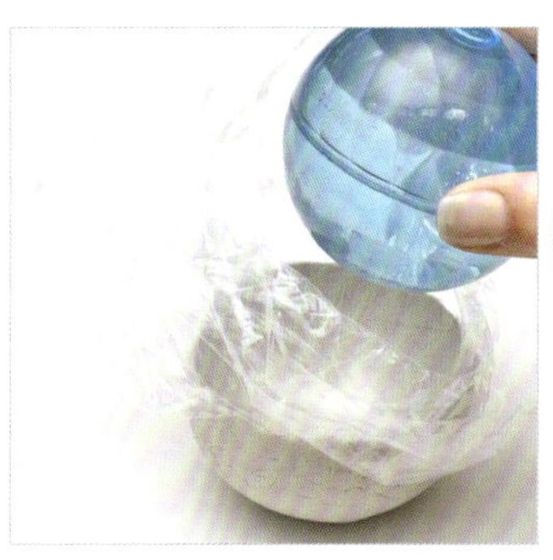

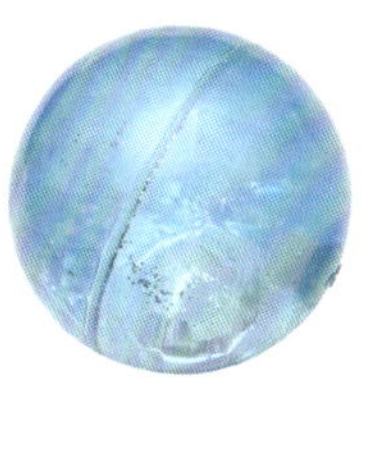

6 Klopfen Sie mit dem Boden der Schale behutsam auf eine Plastikmatte, um ihn abzuflachen.

7 Ziehen Sie den Ball vorsichtig aus der Schale.

8 Entfernen Sie die Plastikfolie und lassen Sie die Schale trocknen, bevor Sie sie mit mehreren Schichten Glanzlack versiegeln.

DEKORIEREN

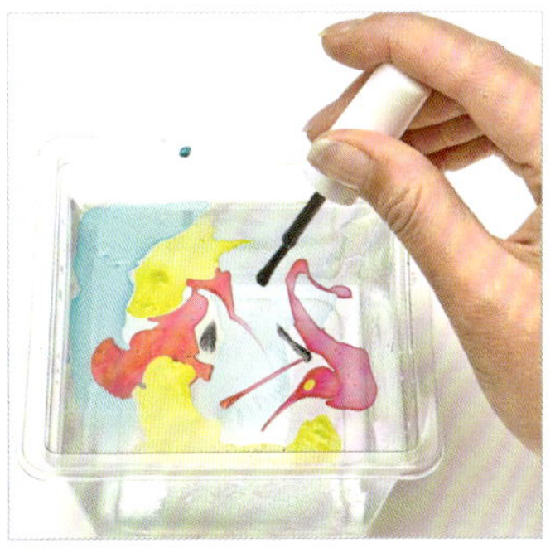

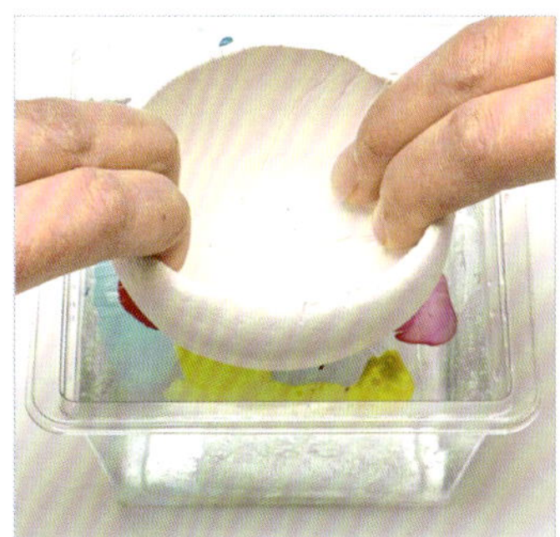

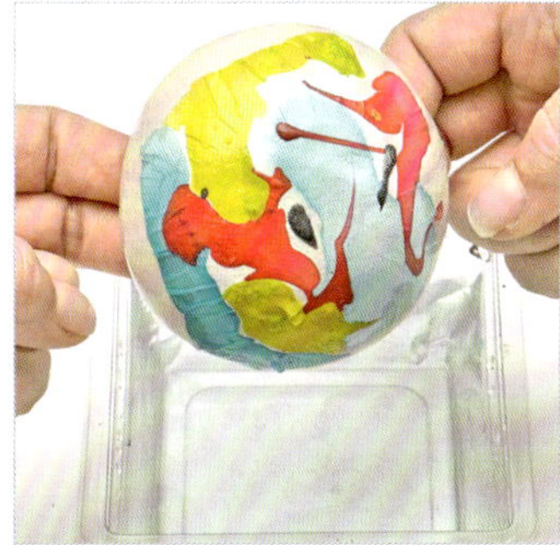

9 Füllen Sie warmes Wasser in einen passenden Behälter und lassen Sie Nagellack in unterschiedlichen Farben auf die Oberfläche tropfen.

10 Fassen Sie die Schale an der Innenseite und tauchen Sie sie ins Wasser. Achten Sie darauf, dass kein Wasser ins Innere läuft.

11 Heben Sie die Schale vorsichtig aus dem Wasser, stellen Sie sie auf die Oberkante und lassen Sie sie trocknen. Danach tragen Sie eine weitere Schicht Glanzlack auf.

Ein, zwei, drei Schalen

Mit der Daumendrucktechnik lassen sich nur recht kleine Schalen herstellen, doch die Gestaltungsmöglichkeiten sind endlos. Die drei Schälchen, die wir hier aneinandergefügt haben, erinnern an eine Erbsenschote.

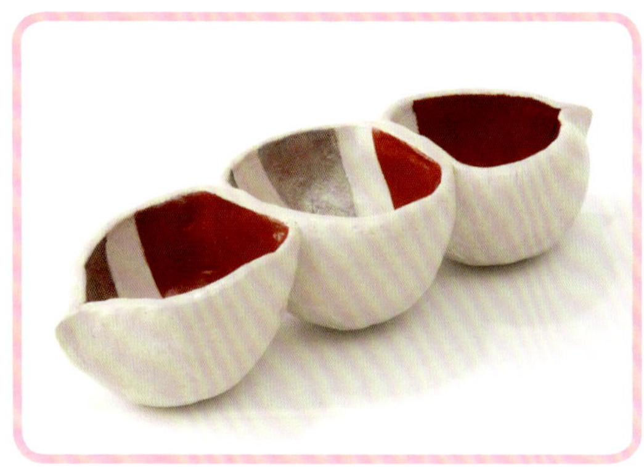

SIE BRAUCHEN

Lufttrocknenden Ton

Messer

Plastikfolie

Zahnbürste

Pinsel

Schwamm

Washi-Tape (Klebeband)

Farbpalette

Acrylfarbe (rot, silber, weiß)

Klaren, glänzenden Sprühlack

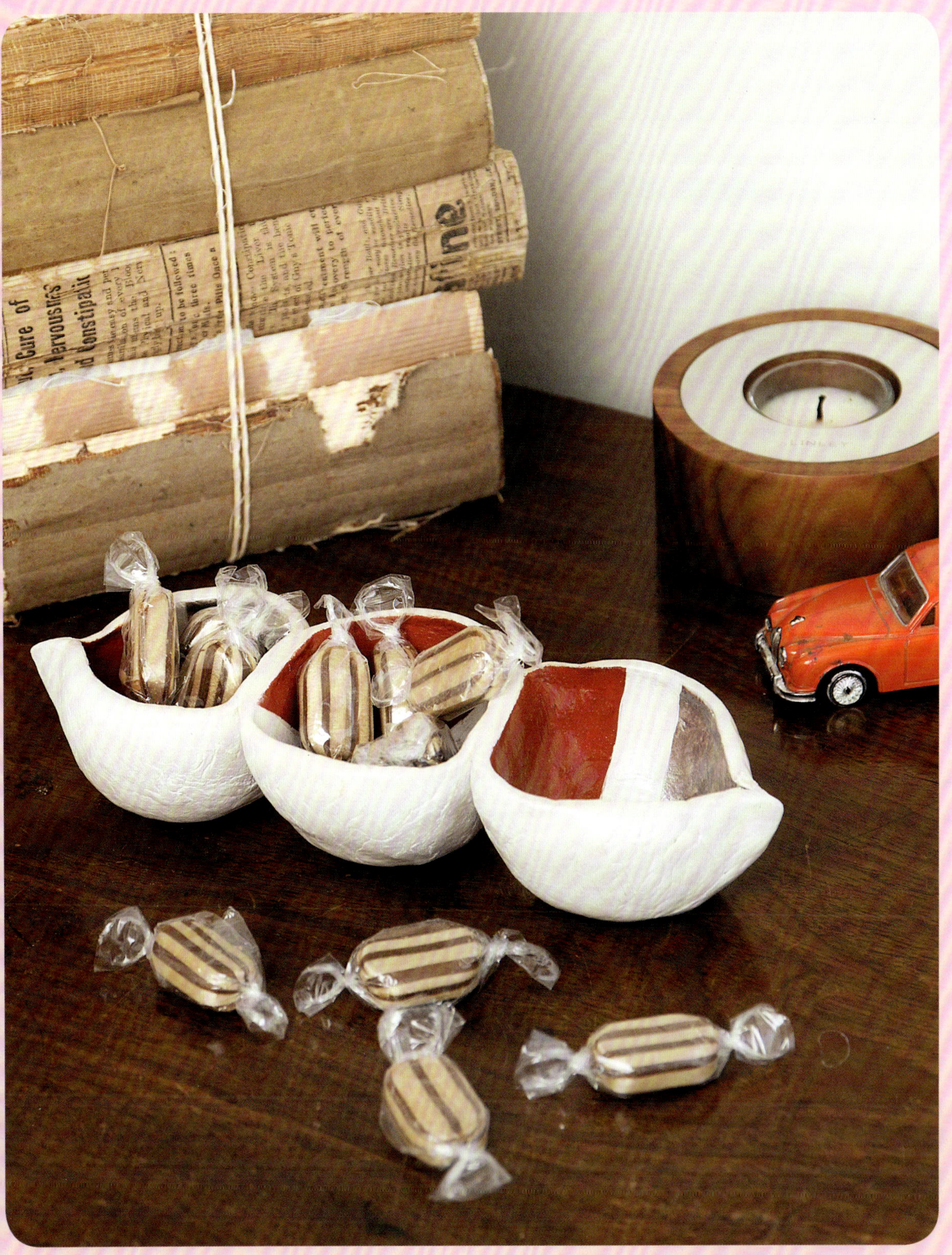
Cure of

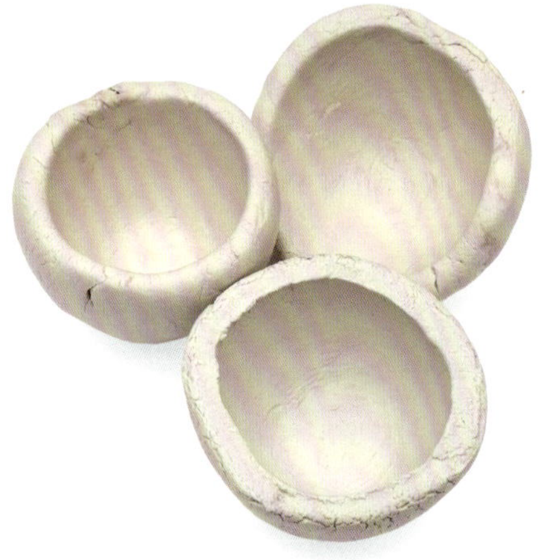

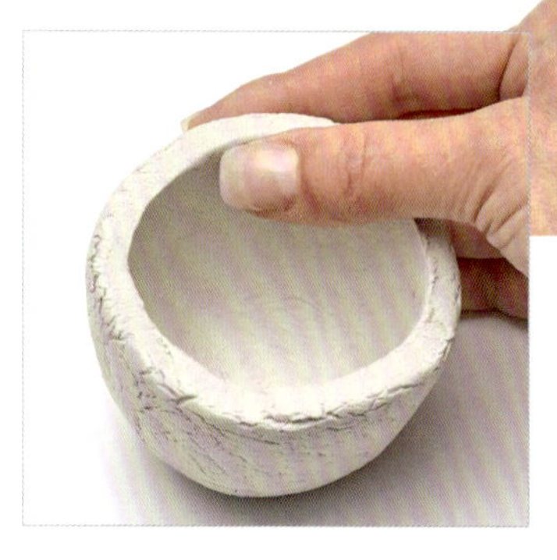

1 Fertigen Sie in Daumendrucktechnik (Seite 12-13) drei kleine Schalen an. Für jede Schale brauchen Sie etwa 140 g lufttrocknenden Ton.

2 Arbeiten Sie mit Daumen und Zeigefinger den Rand der Schalen heraus. Lassen Sie die beiden äußeren Schalen spitz zulaufen.

TIPPS

- *Die meisten in Daumendruck gefertigten Schalen sind nicht größer als 15 cm.*
- *Beim Modellieren trocknet der Ton, sodass er reißen kann, wenn Sie den Rand zur Spitze zusammendrücken. Mit etwas Wasser lassen sich solche Risse einfach reparieren: Befeuchten Sie die Kanten und fügen Sie sie zusammen.*

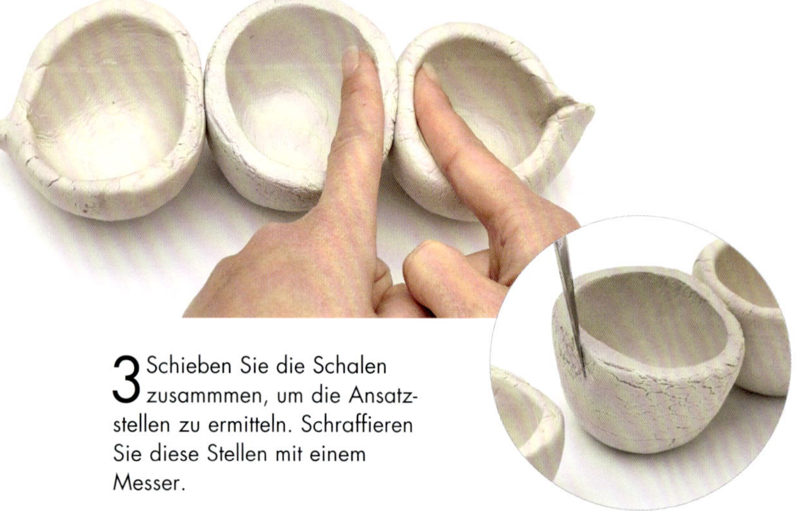

3 Schieben Sie die Schalen zusammmen, um die Ansatzstellen zu ermitteln. Schraffieren Sie diese Stellen mit einem Messer.

4 Tragen Sie mit einer Zahnbürste reichlich Wasser auf die schraffierten Stellen auf.

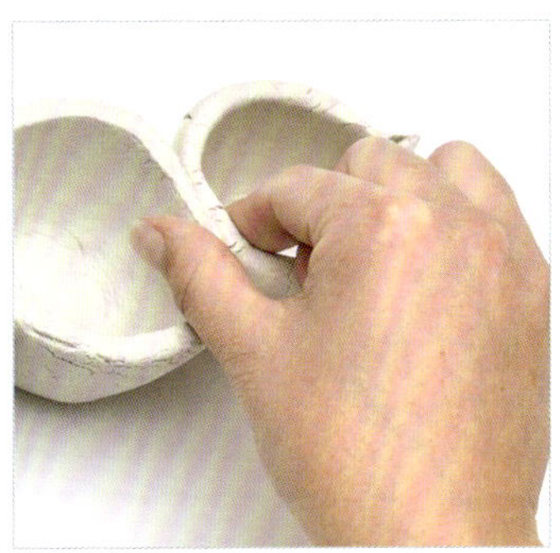

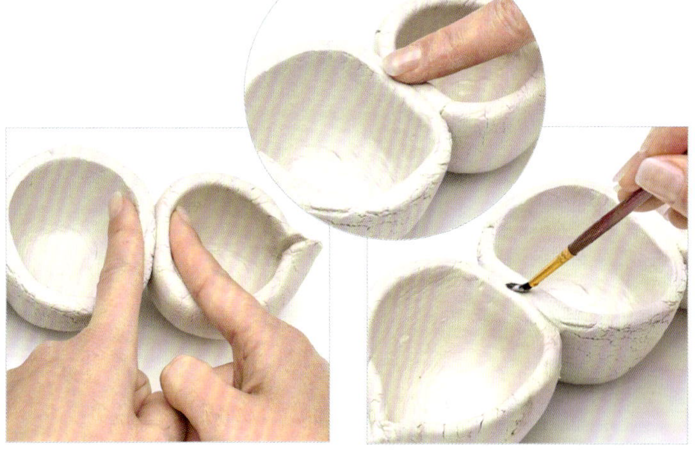

5 Schieben Sie die Schalen zusammen und drücken Sie sie an den Ansatzstellen vorsichtig zusammen.

6 Glätten Sie die Ansätze zwischen den Schalen mit einem nassen Finger. Wenn die Ansätze nicht mehr zu sehen sind, bringen Sie die Schalen behutsam in die gewünschte Form.

7 Tauchen Sie einen Pinsel in sauberes Wasser und glätten Sie die Ansätze. Nach Wunsch können Sie alle Oberflächen mit einem feuchten Schwamm bearbeiten.

DEKORIEREN

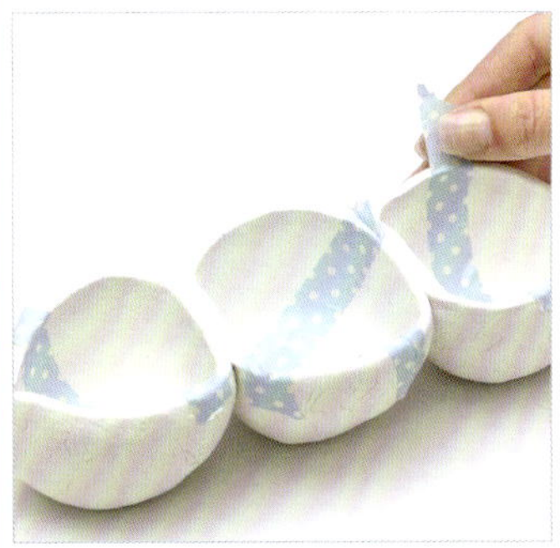

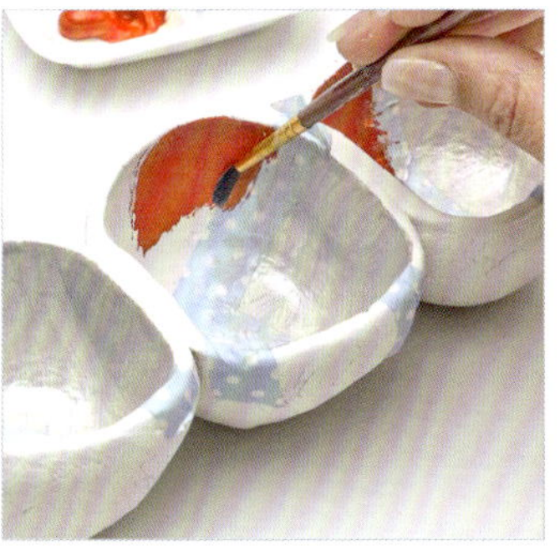

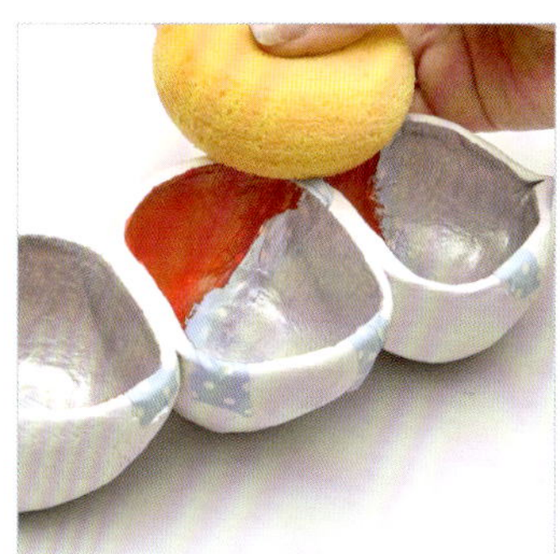

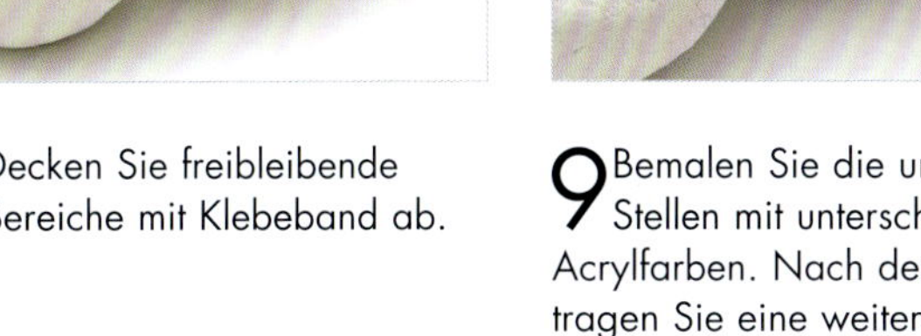

8 Decken Sie freibleibende Bereiche mit Klebeband ab.

9 Bemalen Sie die unbeklebten Stellen mit unterschiedlichen Acrylfarben. Nach dem Trocknen tragen Sie eine weitere Schicht auf.

10 Entfernen Sie überschüssige Farbe am Rand mit einem feuchten Schwamm.

11 Wenn die Farbe trocken ist, ziehen Sie das Klebeband ab. Tupfen Sie weiße Farbe auf, wo die Farbe unter das Klebeband gelaufen ist. Wenn alles trocken ist, versiegeln Sie die Schalen mit Glanzspray.

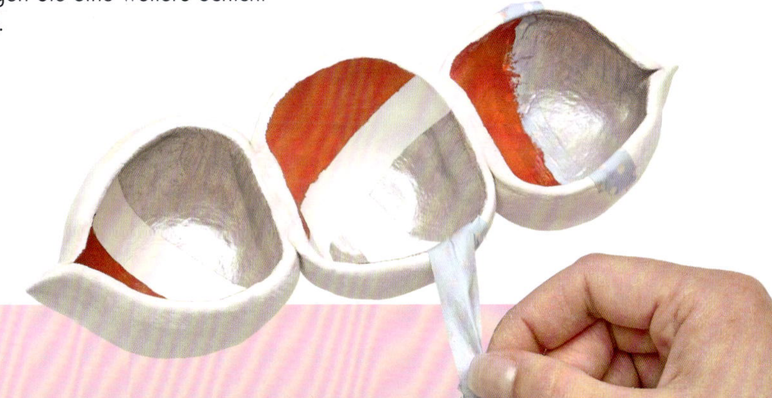

Schablonen

Schablonen sind immer dann nützlich, wenn Sie mehrere Gegenstände in derselben Form und Größe herstellen wollen. Wenn Sie sie aus einem stabilen Material wie Pappe zuschneiden, können Sie sie immer wieder verwenden.

Zum Ausschneiden von Vorlagen oder Schablonen nehmen Sie am besten ein Cuttermesser und ein Metalllineal, um saubere, gerade Kanten zu bekommen. Als Unterlage eignet sich eine Schneidematte, damit Ihre Arbeitsfläche keinen Schaden nimmt. Arbeiten Sie sorgfältig und mit Ruhe – das ist sicherer und garantiert ein besseres Ergebnis.

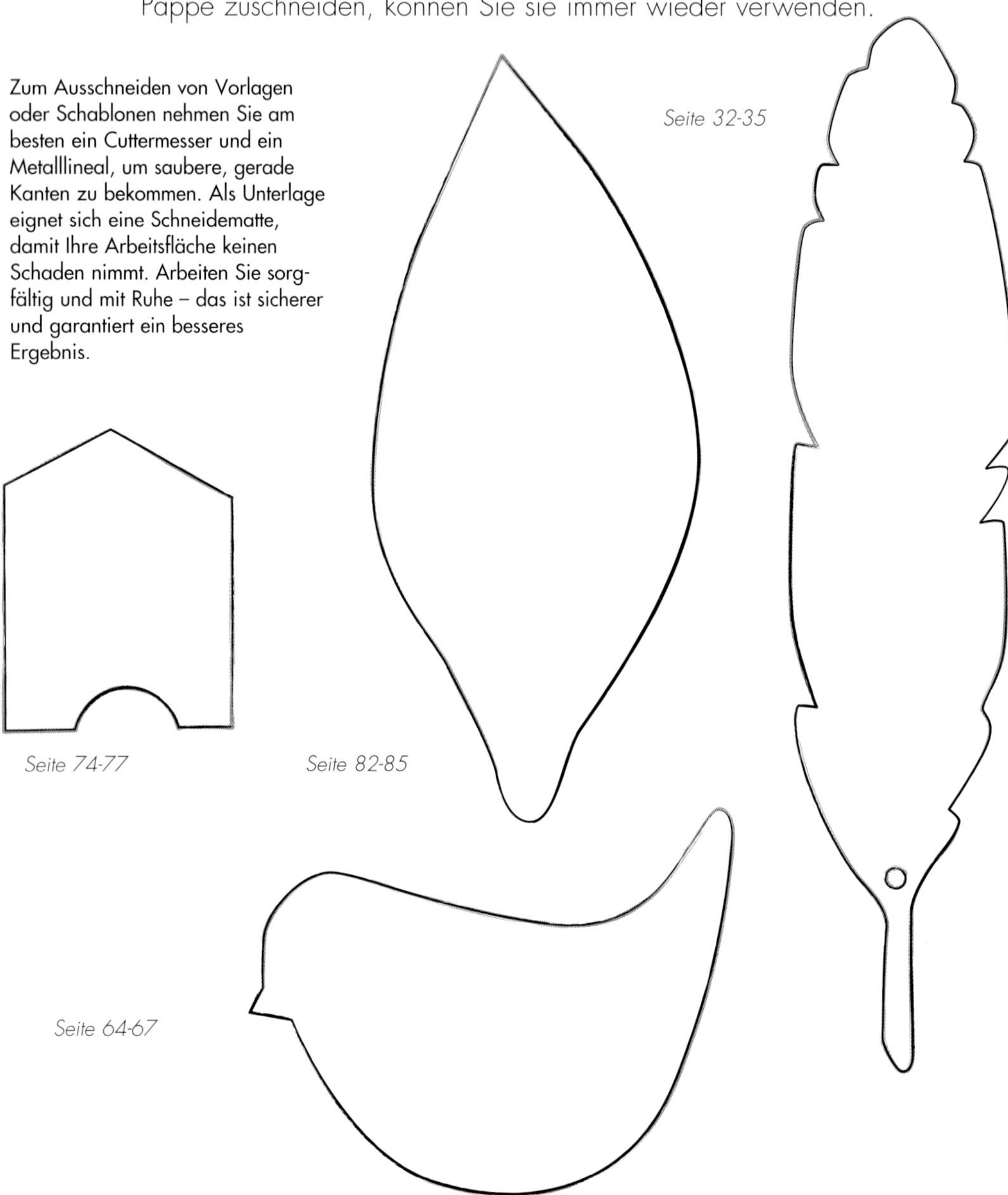

Seite 32-35

Seite 74-77

Seite 82-85

Seite 64-67

Register

A
Abdrücke 23
Aufbewahrung 7, 9
Ausrüstung 10-11

B
Ballonschalen 98-101
Baumschmuck 36-39
Blumentöpfe 86-91

D
Daumendrucktechnik 12
  Ein, zwei, drei Schalen 106-109
  Schälchen mit Marmormuster 102-105
Deckeldosen 28, 92-97

E
Eindrückformen 23

F
Farben 10
Federanhänger 32-35, 110

G
Gesundheit und Sicherheit 11
Glanzversiegelung 24

H
Häuser aus Ton 74-77, 110
Holzleim 8-9

K
Kerzenhalter 82-85, 110
Knöpfe 52-55
Konsistenz 7

L
Lufttrocknender Ton 7
  Arbeiten mit 7-8
  Eindrückformen 18-19
  einfärben 9
  Oberflächendekoration 20-23
  Plattentechnik 16-17
  Versiegeln 24-25
  Wulsttechnik 14-15

M
Maisstärke 8-9
Marmorieren 23
  Perlen 78-81
  Schälchen 102-105
Modelliermasse selbst herstellen 8-9
Modelliertechniken 12-17
  Daumendrucktechnik 12
  Plattentechnik 16
  Wulsttechnik 14
Modellierwerkzeuge 10

N
Nagellack 23, 78-81, 102-105

O
Oberflächendekoration 20
  Abkleben 21
  Bemalen 20
  mit dem Schwamm 22
  mit der Sprühdose 22
  mit der Zahnbürste 22
  mit Nagellack 23
  mit Schablonen 20
  Stempeln 21
  Vorbereitung der Oberfläche 20
Ohrstecker, exotisch 68-69

P
Perlen, bunte 60-63
Perlenarmband, marmoriert 78-81
Plattentechnik 16
  Ballonschalen 98-101
  Blütenkelch 82-85
  Bunte Vögel 70-73
  Ein Haus aus Ton 74-77
  Federanhänger 32-35, 110
  Festlicher Baumschmuck 36-39
  Kleine Knöpfe 52-55
  Ornamente für Deckeldosen 28-31
  Schälchen mit Prägemuster 44-47
  Spiegelparade 48-51
  Vogelbrosche 64-67
  Wandschmuck 40-43
Projekte 28-109
  Ballonschalen 98-101
  Blumentopf mit Ecken & Kanten 86-91
  Blütenkelch 82-85, 110
  Bunte Perlen 60-63
  Bunte Vögel 70-73
  Deckeldose aus Wülsten 92-97
  Ein Haus aus Ton 74-77, 110
  Ein, zwei, drei Schalen 106-109
  Exotische Ohrstecker 68-69
  Federanhänger 32-35, 110
  Festlicher Baumschmuck 36-39
  Kleine Knöpfe 52-55
  Ornamente für Deckeldosen 28-31
  Perlenarmband 78-81
  Ring mit Prägemuster 56-59
  Schälchen mit Marmormuster 102-105
  Schälchen mit Prägemuster 44-47
  Spiegelparade 48-51
  Vogelbrosche 64-67, 110
  Wandschmuck 40-43
PVA-Kleber 25

Index

R
Ring, mit Prägemuster 56-59

S
Schablonen 20, 110
Schälchen
  Ballonschalen 98-101
  Dreier- 106-109
  mit Marmormuster 102-105
  mit Prägemuster 44-47
  Schneiden 8
Spiegel 48-51

T
Trocknen 8

V
Versiegelung 24-25
Vogelbrosche 64-67, 110

W
Wandschmuck 40-43
Wasser (Schlicker) 7-8
Wasserfeste Versiegelung 24
Werkzeuge 10
Wulsttechnik 14
  Deckeldose in 92-97

Danksagung

Die Bildrechte an allen Schritt-für-Schritt-Abbildungen liegen bei Quarto Publishing plc. Bei der Einholung der Rechte wurde größte Sorgfalt angewandt. Sollten nicht alle Rechteinhaber ausfindig gemacht worden sein, entschuldigen wir uns und bitten darum, mit dem Verlag Kontakt aufzunehmen, damit bei künftigen Auflagen des Buches entsprechende Korrekturen eingefügt werden können.

Seite 5: Jon Fisher (Porträt der Autorin). Alle anderen Fotos: Fay de Winter.

DANKSAGUNG DER AUTORIN

Hier möchte ich die Gelegenheit beim Schopf ergreifen und allen danken, die mir geholfen haben, dieses Buch zu schreiben, allen voran dem Team von Quarto. Ohne ihre Unterstützung hätte ich es nicht geschafft. Danke fürs Mutmachen und dafür, dass ihr an mich geglaubt habt.
Besonderer Dank geht an alle, die mich im Laufe meines Studiums an der University of the Arts in London, an der Central Saint Martins und der University for the Creative Arts in Farnham unterstützt und mich mit dem Wissen und dem Enthusiasmus ausgestattet haben, meinen Weg als Keramikerin zu gehen.
Außerdem möchte ich meinen Kollegen und Kolleginnen am Sutton College dafür danken, dass ich ihre Keramikwerkstatt benutzen durfte.
Und natürlich danke ich auch meiner Familie und meinen Freunden, die immer für mich da waren und nicht müde wurden, den Werdegang dieses Buches zu begleiten. Danke an alle, die mir hinter den Kulissen geholfen haben!